완역 설도시집

완역 설도시집

펴낸곳 서울대학교출판문화원
펴낸이 오연천
역해자 류창교

초판 1쇄 인쇄 2012년 10월 25일
초판 1쇄 발행 2012년 11월 1일
출판등록 제15-3호

주소 서울 관악구 관악로 1 우편번호 151-742
대표전화 02-880-5252 팩스 02-888-4148
마케팅팀(주문상담) 02-889-4424, 02-880-7995
이메일 snubook@snu.ac.kr
홈페이지 www.snupress.com
영문홈페이지 eng.snupress.com

ISBN 978-89-521-1385-6 93820

완역

설도시집

설도 지음 ― 류창교 역해

서울대학교출판문화원

The Complete Poems of the T'ang Dynasty Courtesan Xue Tao

Translated with Commentary by ChangGyo Ryu

Seoul National University Press

시는 인간 삶에 대한 예술적 기록이요, 마음의 무늬이다. 시 속에는 삶이 있고, 마음이 있고, 생각이 있고, 정서가 있고, 경험이 있고, 또 문화가 있다. 설도薛濤는 중국시의 황금기였던 당대唐代의 여성 시인이다. 설도의 시 속에는 여성의 삶이 있고, 여성의 마음, 여성의 경험 그리고 문화가 들어있다. 설도의 시를 읽는다는 것은 지금으로부터 약 1,200여 년 전 중국 당대를 살아갔던 한 여성의 마음의 몸속으로 들어가는 일이다. 모든 시는 우리에게 정서적 반응을 일으킨다. 설도의 시가 뿜어내는 느낌의 숲 속에서 우리는 어쩌면 지금도 유효한 사교의 기술을 배울 수도 있고, 아직까지 남아 있는 오래된 유전자와도 같은 여성의 혹은 인간의 정서 구조를 발견할지도 모른다. 그녀 마음의 몸에서 우리가 무엇을 발견하든 그녀의 시를 읽는다 함은 우리 자신의 마음 생김새를 돌아보는 일이다. 그러므로 이 시집은 소중한 경험을 선사할 것이다.

설도라는 이름을 처음 알게 된 것은 부끄럽게도 박사학위를 받은 뒤 1999년 미국에서 공부할 때였다. 그때까지 대학이나 대학원에서 중국여성문학관련 강의는 개설된 적도 없고 일반 중국고전문학사에서는 이청조李淸照를 제외하고는 여성작가에 대해 배워본 적이 없었다. 당시 미국 위스콘신대학University of Wisconsin in Madison 동아시아어문과의 니엔하우저William H. Nienhauser 교수께서 필자에게 장봉주張篷舟의 《설도시전薛濤詩箋》

(人民文學出版社, 1983)을 주셨는데, 이 책은 여성작가라고는 고작 송대宋代의 이청조나 한대漢代의 채염蔡琰 정도만을 알고 있었던 필자에게 지적 충격을 주었다. 그 후 미국의 중국문학연구사를 정리하며 미국의 중국여성문학연구 분야도 함께 공부하게 되었고 이를 통해 중국고전문학사에도 매우 많은 여성시인들이 숨어있었다는 것을 알게 되었다. 당대唐代의 시인을 정리한《전당시全唐詩》에는 약 120명 이상의 여성시인들 시가 수록되어 있는데, 그 가운데 설도薛濤, 어현기魚玄機, 이야李冶, 상관완아上官婉兒 등이 문재로 명성을 떨쳤고, 그중 설도는 당대 최고의 여성시인으로 손꼽힌다. 설도의 시재와 명성을 알게 된 후 필자는 때가 되면 설도의 시집을 완역해야겠다고 마음먹었다. 미국에서 돌아와 몇 권의 책을 상재하였고, 2003년경에 틈틈이 번역을 시작하여 대강의 원고를 완성한 뒤 다시 2008년경에 중국 사회과학원 문학연구소를 방문하였다. 그곳에서 중국고전문학 방면에서 우수한 업적을 남기며 학계의 신임과 명망이 두터운 장인蔣寅 선생님을 지도교수로 모시고 설도의 시를 다시 읽어나갔다. 그 사이에 설도 시와 관련된 소논문도 발표하면서 지금에까지 어언 9년의 세월이 지났다. 초고 작업은 진작 끝났지만 정말 예쁜 시집으로 엮어내야지 하는 마음에 오랜 시간 머물렀다. 외국 고전시를 우리말로 옮길 때 고려해야만 하는 '의미의 정확성'과 '시다움', '아름다움'을 어떻게, 어디까지 실현할 수 있는가에 대한 고민이 오랫동안 필자를 괴롭혔다. 원작의 의미와 형식을 손상하지 않으면서 번역시 자체로 시적인 맛과 멋을 살려낸다는 것이 어디 그리 쉬운 일인가? 마음의 짐을 덜어보기 위해 그동안 여러 선배들의 우리말 번역시집을 두루 보고, 20대 때 탐독했던 우리나라 유명 시인들의 시집도 다시 훑어보았으며, 고전시 번역과 관련된 소논문도 한 편 써보았다. 그래도 로버트 프로스트Robert Frost의 "시는 번역할 수 없다"는 말을 끝까지 위안으로 삼는다. 아직도 길 위에 서있고, 아직도 갈 길이 너무 멀다. 번역시가 마음에 안 든다면 아마도 필자

의 탓일 것이다. 지혜로운 독자들의 아름다운 질책을 기다리겠다.

설도의 유적지는 사천성四川省 성도成都에 있다. 그곳 망강루望江樓 공원은 푸른 대나무 숲이 장막처럼 드리워 빨간 해를 가린다. 그리고 설도의 하얀 조각상이 날마다 그녀의 우물을 지키고 있다. 성도 여행을 계획하는 사람이라면 설도의 시집을 한 번쯤 읽어보고 그녀를 만나러 가면 더욱 재미날 것이다. 그리고 세계적 관광지인 낙산대불을 구경하러 가는 독자라면 거대한 불상과 함께 그 큰 발 위에서 설도가 〈능운사를 노래하다賦凌雲寺〉에서 묘사한 작은 이끼와 꽃송이도 눈여겨보길 바란다.

이 책은 설도 시에 대한 최초의 완역서이다. 그리고 중국고전여성시인의 시집 완역서로도 국내에서 처음으로 출간되는 책이다. 이 책이 시를 연구하는 전문가나 동아시아 고전문학, 특히 여성문학을 연구하는 사람들에게 도움이 되고, 아울러 시를 사랑하는 모든 교양인에게 즐거운 읽을거리가 되길 희망한다.

책이 출판되기까지는 많은 분의 도움과 격려가 있었다. 먼저 처음으로 설도를 알게 해준 니엔하우저 교수님, 설도 시를 함께 읽어주시면서 많은 조언을 아끼지 않으셨던 장인 교수님께 감사의 말씀을 올린다. 또한 표지의 제자題字를 예쁘게 써주신 북경대 중문과의 원로학자 원행패袁行霈 교수님과 이 책이 출판될 수 있도록 도움을 주신 서울대 중문과의 류종목 교수님 그리고 서울대학교출판문화원의 관계자 여러분, 그 밖에 도움을 주신 모든 분께 깊은 감사를 드린다.

2012년 9월

필자

차례

제2부
그녀의 사물

소녀의 노래

설도시의 프롤로그

薛濤

우물가 오동나무 노래
井梧吟

가지는 남북의 새 맞이하고요,
잎새는 오가는 바람 보낸답니다.

枝迎南北鳥,
葉送往來風.

ᴄᴙ 주석

井梧 정오 | 우물가 오동나무. 정원에 있는 우물가에 오동나무를 심는 풍습이 있다.
吟 음 | 노래, 시가의 한 형식. 〈흰 머리 노래白頭吟〉, 〈진나라 아낙의 노래秦婦吟〉 등이 그 예이다.

작품설명

이 작품은《전당시全唐詩》에서는 '구句'라고 하고 설도가 지은 위의 두 구절만 기재하였다. 각 판본에서는 이 시의 제목을 〈아버지의 우물가 오동나무 노래를 이어서續父井桐吟〉라고 하였는데 장봉주張篷舟는《만수당인절구萬首唐人絶句》에 근거하여 이 시의 제목을 〈정오음井梧吟〉이라고 고치고, 부친이 지은 앞의 두 구절도 함께 실었다. 진문화陳文華는 이 시를 수록하지 않았고,《한시대계漢詩大系》에서는 말미의 '보유補遺'란에 수록하였다. 본고의 제목은 장봉주의 견해를 따랐다.

이 작품은 설도가 유년에 지은 것으로 그녀의 최초 작품으로 추정되고 있다. 이 시의 전반 두 구는 설도 부친이 지은 것이고, 후반 두 구가 설도 자신이 지은 것이다. 부친이 제시한 10개의 언어 조각은 아버지가 딸에게 그려준 인식의 밑그림으로서 작품의 나머지 퍼즐 조각을 맞추기 위한 일종의 단서이자 기초로 설도 시의 언어와 이미지 형성에 중요한 역할을 한다. 기록에 의하면 설도의 부친은 딸이 이어 지은 시구를 듣고는 대단히 정색을 하였다고 한다. 송대宋代의 장연章淵은《고간췌필槁簡贅筆》에서 다음과 같이 기록하고 있다. "설도는 8, 9세 무렵에 성률을 알았다. 그녀의 부친이 하루는 뜰에 앉아서 우물가 오동나무를 가리키며 '뜰 섬돌가 한 그루 늙은 오동나무 / 솟은 줄기 구름 속으로 들어가네.'라고 하고는 설도에게 이어서 지어보라고 하였다. 그러자 응답하기를 '가지는 남북의 새 맞이하고요, / 잎새는 오가는 바람 보낸답니다.'라고 하였다. 부친이 한참 동안 정색을 하였다.濤八九歲知聲律. 其父一日坐庭中, 指井梧示之曰: '庭除一古桐, 聳幹入雲中.' 令濤續之, 應聲曰: '枝迎南北鳥, 葉送往來風.' 父愀然久之!"[1] 아마도 그녀의 부친은 설도의 시구에서 남북으로 왕래하는 손님을 맞이하

---

1 張篷舟,《薛濤詩箋》(人民文學出版社, 1983), p. 105.

고 보내는 기녀의 생활을 연상하였을 것이다. (이와 유사한 기록은 명대明代 낭영郎瑛의 《칠수류고七修類稿》(권37) 등에도 보인다.) 만약 이 기록이 사실이라면 부친은 아마도 '가지[枝]'와 '잎새[葉]'를 '기녀'로, '남북의 새[南北鳥]'와 '오가는 바람[往来風]'은 '바람둥이 남자'로 해석하였을 것이다. 물론 소녀 설도가 어떻게 이런 생각을 했겠는가? 고대 문헌의 기록을 절대적으로 믿는 것은 넌센스다. 이 시를 나중에 기녀가 되는 운명의 예견으로 보는 것은 견강부회이며, 호사가들이 나중의 일을 거꾸로 적용하여 꾸며낸 일일 것이다. 그렇지만 결코 부정할 수 없는 사실은 설도가 뒤에 정말로 기녀가 되었고 결국 이 시는 인생에 대한 예견이 되었다는 것이다. 그런데 문학연구자의 입장에서 주목할 만한 점은 이 예견이 단지 운명에 대한 예견만이 아니라 시의 언어와 이미지의 예고라는 측면에서 고려해볼 필요가 있다는 점이다. 이 시의 언어와 이미지는 몇 개의 범주로 나눌 수 있는데, 먼저 명사들을 모아 보면 우물[井], 오동(梧桐), 뜰 섬돌[庭除], 줄기[幹], 구름[雲], 가지[枝], 새[鳥], 잎[葉], 바람[風] 등이다. 이들 명사군은 다시 몇 가지 범주로 나눌 수 있다. '오동나무, 줄기, 가지, 잎'은 시적 주체군이고, '우물, 뜰 섬돌'은 시의 공간적 배경이며, '구름, 새, 바람'은 시적 주체가 접촉하는 대상 즉 시적 객체군이다. 이 시에 나오는 형용사는 '오래됨[古]'과 '솟음[聳]'인데, 이는 시적 주체인 '오동나무'의 상태이다. 다음으로 동사를 정리해보면 '들어가다[入], 맞이하다[迎], 보내다[送]' 등이 있는데, 이 동사군은 시적 주체인 '오동나무, 줄기, 가지, 잎'과 시적 객체인 '구름, 새, 바람'이 교류하는 방식이다. 결국 시의 언어와 이미지는 모두 네 가지 군으로 정리할 수 있다. 첫 번째 언어와 이미지군은 '오동나무, 줄기, 가지, 잎'인데 이들 주체군은 '나무'의 언어와 이미지로서 정태적, 수동적, 소극적인 이미지를 지니고 있다. 또한 이 오동나무의 형상은 '오래되고, 솟은' 형상으로 '오래됨'은 고목의 이미지를 지니면서 다른 한편으로 '솟음'은 '활력'의 이미지를 지니고 있다. 두 번째 언어와 이미지군은 '구름, 새, 바람'으로, 이들 객체군은 동태적, 능동적, 적극적 이미지를 지니고 있다. 세 번째 언어와 이미지군은 '들어가다, 맞이하다, 보내다'이다. 이들 동사군은 주체와 객체의 관계방식으로 모두 사교적 이미지를 지니고 있다. 네 번째 언어와 이미지군은 '우물, 뜰 섬돌'이다. 이들 명사군은 시의 공간적 배경으로 물과 정원의 이미지를 갖추고 있다. 언어와 이미지의 측면에서 볼 때 이 시는 설도의 '시'에 대한 일종의 예고이자 뿌리로 볼 수 있는 여지가 있다.[2]

2 소녀 설도의 유일한 작품인 이 시를 설도의 언어와 이미지의 뿌리로 보고, 이들 유년기의 언어와 이미지군이 기녀 설도의 시에서 어떻게 확장되어 전개되고 있는지 살펴보는 글로 졸고, 〈薛濤詩歌的語言和意象〉, 《國學學刊》(中華人民共和國教育部 主管, 中國人民大學書報資料中心 編輯出版, 2010年 第2期, 2010. 6. 16) 참조. 이 논문의 한글본은 중국문학사연구총간, 〈당대唐代 최고의 기녀시인의 경험과 글쓰기: 설도薛濤의 언어와 이미지〉(《중국의 지식장과 글쓰기》, 소명출판, 2011, 공저)라는 제목으로 출간된 바 있다.

제1부

그녀의 사람

설도는 여러 부류의 사람과 교제하며 시를 주고받았다. "그녀의 사람"은 크게 세 부류로 구분할 수 있다. 절도사들과 시인들, 그리고 그밖의 사람들이다. 본 항목에 묶은 시들은 소위 "창화시唱和詩"에 해당되며 그 대상에 따라 절도사들과 교류한 시와 시인들과 교류한 시, 그리고 기타의 사람들과 창화한 시로 구분하여 배열하였다.

❁ 설도와 절도사

원대元代 말엽에 촉지방의 비저費著는 《전지보牋紙譜》에서 "설도는 막부幕府[1]를 출입하였는데 위고韋皐에서부터 이덕유李德裕에 이르기까지 모두 11명의 절도사를 두루 섬겼으며 시로써 인정받았다."[2]라고 하였다. 여기서 절도사란 검남서천절도사劍南西川節度使를 말하며 11인은 부임순서에 따라 소개하면 위고韋皐, 원자元滋, 유벽劉碧, 고숭문高崇門, 무원형武元衡, 이이간李夷間, 왕파王播, 단문창段文昌, 두원영杜元潁, 곽검郭劍, 이덕유李德裕 등이다. 그러나 이 11인은 이 지역에 임명된 절도사들의 이름을 나열한 것이고, 설도가 이들 모두와 실제로 교제했는지는 확실치 않다. 이 가운데 현존시에 등장하는 사람은 위고, 고숭문, 무원형, 왕파, 단문창, 이덕유 6인이다.

시는 주로 절도사가 바뀔 때마다 새로 오는 절도사에게 보내는 환영의 시와 떠나가는 절도사에게 바치는 송별의 시가 많다. 내용은 비교적 담백한 표현이 많고 흔히 남녀간에 발생할 수 있는 진한 애정 표현은 별로 없다. 이것은 아마도 그녀의 생애 최초 시로 추정되는 〈우물가 오동나무 노래井梧吟〉에서 표현한 바대로 그녀와 절도사들과의 관계는 사적인 감정이 개입된 것이라기보다는 다분히 사교적 형식에 의한 것이기 때문일 것이다. 그녀의 시는 늘 오가는 바람을 대하듯 넘치면 무례할까, 모자라면 서운할까, 조심스러운 듯 넘치지도 모자라지도 않는 그리움과 관심을 표현하고 있다. 이성간의 감정에 얽매이지 않고 담담하게, 본래 그러

---

1 장군이 군사업무를 보는 군막軍幕. 옛날에 장군을 상주시키지 않고 유사시에 특별 임명을 하였다가 일이 끝나면 해직하였으므로 청사廳舍가 없이 장막을 쳐서 집무소로 삼았던 데서 유래하였다.

2 "濤出入幕府, 自皐至李德裕, 凡歷事十一鎭, 皆以詩受知."

한 것처럼, 핑크빛 연정이 있는 애인이기보다는 자신의 문재文才를 알아 주는 친구를 대하듯 시로써 교제를 펼치고 있다.

설도와 시인

설도는 절도사 이외에 당대唐代의 유명한 시인들과도 교제하며 시를 주고받았다. 원대 말엽 비저의 《전지보》에 의하면 설도와 시를 주고받은 시인은 원진元稹, 백거이白居易, 우승유牛僧孺, 영호초令狐楚, 배도裵度, 엄수嚴綬, 장적張籍, 두목杜牧, 유우석劉禹錫, 오무릉吳武陵, 장호張祜 등 모두 명사로 총 스무 명 정도이다.[3] 그러나 현존하는 설도의 시와 시인들의 문집 등에 한계가 많아 설도가 실제로 어떤 시인들과 교제하고 화창했는지를 정확히 파악하기는 어렵다.

설도의 현존 작품 중에 등장하는 시인은 원진, 유우석, 두목, 옹도雍陶 등이다. 설도가 시인들에게 보낸 시는 4수 정도로 〈옛 시를 원미지님께 부치다寄舊詩與元微之〉, 〈유 빈객님의 옥무궁화에 화답하여和劉賓客玉蕣〉, 〈옹 수재님이 삼협도를 주신 것에 답하여酬雍秀才貽巴峽圖〉, 〈두 사인님께 답하여酬杜舍人〉이다.[4] 시인들이 설도에게 보낸 것으로 확신할 수 있는 작품은 약 3수 정도로 왕건王建의 〈촉지방의 교서 설도에게寄蜀中薛濤校書〉, 원진의 〈설도에게 보냄寄贈薛濤〉, 백거이의 〈설도에게與薛濤〉 등이다. 시인들이 설도에게 보낸 시 가운데 먼저 왕건의 시를 보자.

---

3 "其間與濤唱和者, 元稹, 白居易, 牛僧孺, 令狐楚, 裵度, 嚴綬, 張籍, 杜牧, 劉禹錫, 吳武陵, 張祜, 餘皆名士, 記載凡二十人, 競有酬和."

4 이 가운데 〈두 사인님께 답하여酬杜舍人〉의 경우 본서에서는 두목杜牧에게 보낸 것으로 보았지만, '두사인杜舍人'을 두원영杜元穎으로 보는 경우도 있어 반드시 두목이라고 확증할 수는 없다.

촉지방의 교서 설도에게寄蜀中薜濤校書

만리교 가의 여교서님은,
비파꽃 속에서 문 닫고 사네.
눈썹 그리는 재주꾼은 얼마나 되는가?
봄바람 다스림이 끝내 그대만 못하네.

萬里橋邊女校書,
琵琶花裏閉門居.
掃眉才子知多少,[5]
管領春風總不如.

이 시는 왕건王建(766~?, 자字 중초仲初)의 《왕중초집王仲初集》에 실려 있는데, 무원형이 원화元和 2년(807년)에 검남서천절도사가 되었을 때 왕건이 무원형과 시를 주고받았으므로 왕건은 아마도 무원형을 통해 설도와 창화하게 되었을 것이다.[6] 이 시는 청대 건륭乾隆 연간에 성도成都의 통판通判을 지낸 왕준汪雋이 설도정薛濤井의 돌비석에 새겨 넣어 지금도 성도 망강루望江樓 공원에 남아있다.

백거이白居易(772~846, 자 낙천樂天, 호 향산거사香山居士)도 설도에게 시를

---

5 소미掃眉는 눈썹을 그리다, 재자才子는 재주꾼, 그래서 소미재자掃眉才子는 글재주가 있는 여자, 여성 문인을 가리킨다. 이 책에서의 원문은 왕건의 문집인 《왕중초집王仲初集》을 따랐다. 《전당시》(권301)에서는 이 구절을 "눈썹을 그리는 재주꾼이 지금까지 적었지掃眉才子于今少."라고 하였다.

6 이 시의 작자가 만당晩唐의 시인 호증胡曾이라는 설도 있다. 후촉後蜀의 하광원何光远의 《감계록鑒戒錄 · 촉재부蜀才婦》, 남송南宋 홍매洪邁의 《만수당인절구萬首唐人絶句》, 남송 계유공計有功의 《당시기사唐詩紀事》, 원대元代 신문방辛文房의 《당재자전唐才子傳》, 오운패吴雲霈의 〈관령춘풍고변"管領春風"考辨〉(《Confucious 2000》, 2008. 3. 13) 등 참조.

보냈다.

설도에게與薛濤

아미산 산세는 구름무지개에 이어져,
유랑을 좇으려다 이 길에서 헤매네.
섬중땅에서 쉬이 찾을 것 같았는데,
봄바람은 여전히 무릉계곡 갈라놓네.

峨眉山勢接雲霓,
欲逐劉郎此路迷.[7]
若似剡中容易到,
春風猶隔武陵溪.

이 시는 《백씨장경집白氏長慶集》에는 기재되어 있지 않지만 《백향산시집보유白香山詩集補遺》와 만당晩唐 장위張爲의 《시인주객도詩人主客圖》, 그리고 남송南宋 계유공計有功의 《당시기사唐詩紀事》에 보인다. 장봉주는 이 시를 백거이가 설도와 원진과의 관계를 염두에 두고 지은 것으로 보았다. 이를테면 제1구의 '아미산세峨眉山勢'는 원진이 설도에게 보낸 시 〈설도에게 보냄寄贈薛濤〉(본서의 〈옛시를 원미지님께 부치다寄舊詩與元微之〉의 '설도와 원진' 글 부분 참조)의 첫 구절에서 '아미산이 빼어나峨眉秀'로써 설도를 비유한 것과 관련이 있다고 보았다. 그리고 제2구절은 유신劉晨과 완조阮肇가

---

7 제5자 '차此'는 《전당시》(권462)에서는 '북北'으로 되어 있다.

천태산天台山에 들어가 선녀仙女를 만났다는 고사를 인용한 것으로 장봉주는 유랑劉郞이 선녀를 쫓는다고 말하지 않고 반대로 선녀가 유랑을 쫓는다고 말한 것은 설도가 원진에게 마음을 둔 것을 풍유한 것이라고 보았다. 또한 제3구의 '약사섬중若似剡中'의 의미는 유신과 완조가 모두 섬현剡縣 사람으로 천태산에 들어갔기 때문이며, 천태산은 절동浙東에 있는데 원진이 이때 마침 절동관찰사浙東觀察使로 있었다고 하였다. 또한 섬현은 종이를 생산하는데 '섬계등剡溪藤'[8]이 가장 유명하며 아마도 설도가 종이를 만든 일을 함께 비유한 것일 것이라고 하였다. 그리고 마지막 구절의 '춘풍유격春風猶隔'은 끝내 이를 수 없다는 것을 말한다고 하였다. 장봉주는 백거이와 설도는 서로 알지 못한 것 같고 원진이 설도와 화창하였으며, 원진과 백거이 두 사람이 서로 친하였기 때문에 이 시는 상당부분 원진을 두둔하고 있다고 하였다.[9]

설도는 절도사와 시인 외에도 많은 사람과 시를 주고받았다. 현존시에 근거해볼 때 확실히 그 성명을 알 수 있는 사람으로는 광선廣宣 스님, 위정관韋正貫, 소호蕭祜, 노사민盧士玫, 이정李程, 장원부張元夫, 단성식段成式 등 7인이고, 성씨와 관직 그리고 항렬만 있고 현재 그 이름을 알 수 없는 사람은 모두 16인이며, 비록 성씨와 관직명, 항렬은 없지만 절도사와 시인 외에 확실히 다른 사람과 창화한 것은 모두 4수이다.

---

8 섬계剡溪에서 생산되는 등藤나무로 만든 종이.
9 장봉주, 앞의 책, pp. 51~52.

벌로 변경으로 가며 느끼는 바가 있어 위 상공님께 올림 두 수
罰赴邊有懷上韋相公 二首

교활한 오랑캐놈, 아직도 명을 어기어,
봉화 연기는 바로 정북방의 근심이지요.
도리어 교도하고 소첩을 엄책하시니,
감히 송주로 다가가지 못하겠어요.

黠虜猶違命,
烽煙直北愁.
却教嚴譴妾,
不敢向松州.

❧ 제1수 주석

有懷 유회 | 느끼는 바가 있다. 유감有感과 같다.

黠虜 힐로 | 교활한 오랑캐. 여기서는 토번吐蕃을 가리킨다. '로虜'는 '적賊'으로 된 곳도 있다. 장봉주는 정원貞元 초엽에 토번이 농隴땅과 촉蜀땅을 침범한 일을 가리킨다고 하였다. 한편 진문화陳文華는 《구당서舊唐書 · 위고전韋皐傳》의 기록에 근거하여 정원 17년(801)에 토번이 영관靈關과 삭방朔方 일대를 침략하고 인주麟州 일대를 공격하여 함락하였는데 이에 위고韋皐가 토번 지역에 들어갔고 그 밑에 고척高偶과 왕영준王英俊이 이천 명의 병사를 이끌고 송주松州로 갔으며 설도는 아마도 이때 벌을 받아 고高와 왕王의 군영으로 갔을 것이라고 하였다.

猶 유 | 아직도, 여전히.

違命 위명 | 명을 어기다.

烽煙 봉연 | 봉화를 올리는 연기. 전쟁을 비유하는 데 사용한다.

直北 직북 | 정북방. 토번은 당시 이미 지금의 청해青海, 감숙甘肅 일대를 점거하고 있었는데, 이곳은 사천四川 북부에 해당되며 성도成都에서 보면 정북에 해당한다.

却 각 | 도리어, 오히려.

教 교 | 교도教導하다, 가르쳐 바로잡다.

변경성 고달프다 들었었는데,
이제야 이르러 비로소 알았어요.
도리어 대감님의 노래를,
변방의 수비병에게 불러주네요.

聞道邊城苦,
而今到始知.
却將門下曲,
唱與隴頭兒.

嚴譴 엄견 | 엄책嚴責하다, 엄하게 꾸짖다.
妾 첩 | 소첩, 부녀자들의 자신에 대한 겸칭.
不敢 불감 | 감히 ~하지 못하다. 어떤 일을 할 용기가 없음을 가리킨다.
向 향 | 다가가다, 나아가다, 향하다.
松州 송주 | 당대唐代의 행정구역으로 무덕武德 원년元年(618)에 설치하였으며 치소治所는 가성嘉誠(지금의 사천성四川省 송반현松潘縣)에 있다. 당唐 태종太宗 때 송주에 도독부都督府를 설치하고 강족羌族 부락을 통할하였다. 정원貞元 16년에 토번의 침입으로 몰락하여 송주는 토번의 경계가 되었다. 지금의 사천성 서북부지방으로 장족藏族 자치구의 송반현이며, 티베트족이 민산岷山 대지臺地에서부터 사천 분지盆地로 침입하는 경우 요충지가 된다.

☙제2수 주석

聞道 문도 | 듣건대, 들은 바로는 (~라고 한다). 청설聽說과 같다. '문설聞說'이라고 되어 있는 곳도 있다.
邊城 변성 | 변경성, 변경에 있는 성.
而今 이금 | 현재, 지금. 《전당시》에는 '금래今來'로 되어있는데, 장봉주는 《우현집又玄集》에 근거하여 '이금而今'으로 고쳤다.
到 도 | 이르다. 도착하다. 여기서는 변성邊城(변경성)에 이르다는 말.
始 시 | 비로소.
却 각 | 도리어, 오히려. 예상이나 생각과 상반되거나 뜻밖임을 나타내며, 전환 작용을 한다. 《전당시》에는 '수羞'로 기록되어 있는데 장봉주는 《우현집》에 근거하여 '각却'으로 고쳤다.
將 장 | ~을. 문언문에 많이 사용된다.
門下 문하 | 관직명으로 당송시대에는 평장사平章事와 함께 재상의 호칭으로 사용하였다. 위고

작품설명

이 시의 제목은《전당시》등에서는〈벌부변유회상위령공罰赴邊有懷上韋令公〉이라 하였고,〈진정상위령공陳情上韋令公〉또는〈상원상공上元相公〉이라고도 한다고 부기하고 있으며, 시의 순서도 뒤의 시를 앞에 놓았다. 진문화陳文華는 위고韋皐가 정원貞元 17년에 중서령中書令을 겸하였기 때문에 영공令公이라고 불렀으나 설도가 이 시를 지었을 때는 중서령에 올랐던 때가 아닌 것으로 보고 있기 때문에 이 제목은 후대 사람이 고쳐 쓴 것이라고 하였다. 장봉주는 위장韋莊의《우현집又玄集》에 따라 이 시의 제목을〈벌부변유회상위상공罰赴邊有懷上韋相公〉이라고 하였고, 시의 순서도 바꾸어 놓았다. 내용으로 보면 앞의 시는 변경으로 가는 도중에 지은 시이고, 뒤의 시는 변경에 도착한 뒤의 정경이다. 본서에서는 장봉주의 견해를 따랐다. 장봉주는 정원 초기에 위고가 설도를 견책하여 설도가 그 벌로 송주로 갔다고 하였다. 벌을 받은 원인은 분명치 않지만 후촉後蜀의 위곡韋穀이 쓴《감계록鑑戒錄》에는 그녀가 유명해지자 중앙에서 파견되어 온 사람들이 위고에게 잘 보이기 위해 그녀를 통해 위고의 측근에게 금품을 전하였고 이것을 안 위고가 노해서 한동안 그녀를 멀리했다고 기록하고 있다.

설도는 고급 가기歌妓로 관료귀족 및 문인들과 교류하였는데 벌을 받아 변경 지방으로 가서 병사들과 함께 생활한 뒤에 비로소 듣기만[聞] 하

韋皐는 중서문하평장사中書門下平章事이면서 검남서천절도사劍南西川節度使로 임직하였으므로 여기서 문하門下는 위고를 지칭하며 문하곡門下曲은 문하에게 불러 주는 노래, 즉 설도가 위고에게 불러주던 노래를 가리킨다. 이 책에서는 문하를 대감님으로 번역해 보았다.

唱與 창여 | 불러 주다.

隴頭兒 농두아 | 농지방의 남아, 변방 수비병. 농隴은 지금의 감숙성甘肅省 동남 지방의 산악지역(천수현天水縣 일대)으로, 농두아는 이 지역의 남아를 뜻한다. 이 시에서는 국경지대를 수비하는 병사 즉 변방의 전투병으로 보면 된다.

였던 변경생활의 고통을 알게[知] 되었다. 이 시를 통해 시인은 위고에 대한 풍유와 전쟁에 대한 우려, 처벌받은 것에 대한 슬픔과 앞날에 대한 두려움 등을 그리고 있다. 명대明代의 양신楊愼은《승암시화升庵詩話》에서 "풍유가 있으면서 드러내지 않아 시인의 묘수를 얻었으니, 이백에게 보이면 또한 당연히 머리를 조아릴 것이고, 원진元稹과 백거이白居易가 분분히 붓을 멈춘 것 또한 마땅하지 않은가?有諷喩而不露, 得詩人之妙, 使李白見之亦當叩首, 元白紛紛停筆, 不亦宜乎."라고 하였다. 명대의 곽위郭煒는《고금여시선古今女詩選》에서 "풍자하는 언어가 모름지기 이와 같이 숨은 듯, 뛰어오르는 듯하여 사람으로 하여금 깊이 음미하게 하여야 비로소 묘수가 된다諷刺語須如此若隱若躍, 使人深味, 迺爲妙手."라고 하였다. 또한 명대의 종성鐘惺은《명원시귀名媛詩歸》에서 이 시에 대해 "두 시는 변경의 나팔처럼 남다른 슬픔과 원망이 있다二詩如邊城畵角, 別是一番哀怨."라고 평가하였다. 청대의 유운룡由雲龍은 "은근히 돌려 풍유하며 형태와 흔적을 드러내지 않아 시 가운데 최고품이다婉轉諷諭, 不露形迹, 詩中上乘."(《定庵詩話》)라고 높은 평가를 내렸다.

✿ 설도와 위고

위고韋皐(자字 성무城武, 만년萬年 사람)는 설도가 처음으로 만난 절도사이다. 그는 정원貞元 원년元年(785) 6월에 40세의 젊은 나이로 검남서천절도사劍南西川節度使로 부임하여 여러 차례 토번吐藩을 물리치고, 남소南詔를 공략하여 변경지방에서 큰 공적을 세운 뒤 남강군왕南康郡王에 봉해졌다. 명장으로 평가되는 그는 뛰어난 리더십으로 약 21년 동안 촉지방에 주둔하였고, 그의 문하에서 장군과 재상이 많이 나왔다. 위고는 문학을 애호하여 자주 연회를 베풀었고, 그 자리에 설도를 불렀다고 한다. 설도는 부름을 받아 술을 올리고 시를 지어 결국 가기歌妓 인명부인 악적樂籍에 들어갔는데 이때 설도의 나이는 대략 열여섯 살이었다. 위고가 뛰어난 통치력으로 명성을 떨치자 매번 사신이 들르면서 설도를 통해 뇌물을 전하였다. 이 일로 설도는 위고에게 벌을 받고 변경지방(지금의 송반현松潘縣)으로 추방되었는데 〈벌로 변경으로 가며 위 상공님께 올림罰赴邊上韋相公〉 2수, 〈벌로 변경으로 가며 느끼는 바가 있어 위 상공님께 올림罰赴邊有懷上韋相公〉 2수 등을 이 사건과 관련된 시로 보고 있다.

위고는 절도사 가운데 설도가 가장 오랫동안 만난 관료이다. 위고는 약 21년 동안 서천西川 지방을 통치하고 영정永貞 원년(805) 8월에 이곳에서 사망하였는데 이때 설도는 서른여섯 살 정도 되었으므로 기간으로 본다면 설도는 청춘을 위고와 함께 보낸 것이다. 하지만 789년 뇌물사건 이후 설도가 완화계浣花溪로 들어간 뒤에 두 사람의 관계를 보여주는 시는 현존하지 않는다. 위고의 시는《전당시》에 3수가 전해진다.

벌로 변경으로 가며 위 상공님께 올림 두 수
罰赴邊上韋相公 二首

반딧불은 황무지에 있고, 달은 하늘에 있는데요,

반딧불이 날아간들 어찌 둥근 달에 이르겠어요?

달빛은 만 리 밖까지 아마도 비출 터인데,

눈길은 구름하늘에서 끊겨 소식은 전하지 않네요.

螢在荒蕪月在天,

螢飛豈到月輪邊.

重光萬里應相照,

目斷雲霄信不傳.

제1수 주석

罰 벌 | 벌.
赴 부 | ~로 가다, 향하다.
邊 변 | 변경.
上 상 | 올리다.
韋相公 위상공 | 상공相公은 재상의 높임말이다. 위고韋皐는 재상(중서문하평장사中書門下平章事)이면서 검남서천절도사劍南西川節度使로 임직하였기 때문에 위상국韋相國 혹은 위상공韋相公이라 불렀다.
螢 형 | 반딧불, 희미하고 약한 빛을 비유한다. 이 시에서는 만 리를 비추는 달과 비교된다.
荒蕪 황무 | 황무지. 관리가 되지 않아 잡초가 우거진 거친 땅.
月輪 월륜 | 둥근 달. 일반적으로 달을 가리킨다.
重光 중광 | 달빛. 본래는 해와 달을 가리키는데 제왕의 공덕을 비유하는 데 쓰인다. 여기서는 달빛으로써 상공의 은덕을 비유하였다.
應 응 | 아마도. 추측을 나타내는 부사.

산꼭대기에서 고삐를 당기는데 춥고 또 추워요,
미풍과 가랑비는 심장과 간에 뚫고 들어오고요.
다만 소녀를 풀어주어 집으로 돌아갈 수만 있다면,
산수 그려진 병풍일랑 영영 보지 않겠어요.

按轡嶺頭寒復寒,
微風細雨徹心肝.
但得放兒歸舍去,
山水屛風永不看.

相 상 | 동사 앞에 쓰여 상대방에게 행하는 동작이 있음을 나타낼 때 사용하는 부사로 굳이 해석하지 않아도 된다.
目斷 목단 | 시력이 미치지 아니하다, 눈에 보이지 아니하다.
雲霄 운소 | 하늘가, 높은 하늘, 구름이 떠다니는 고공高空을 말한다.
信 신 | 소식, 여기서는 자신을 용서한다는 소식을 의미한다.

☙제2수 주석

按轡 안비 | 말고삐를 당겨서 속도를 늦추거나 정지시키다.
嶺頭 영두 | 산꼭대기.
復 부 | 또, 다시.
細雨 세우 | 가랑비.
徹 철 | 뚫다.
心肝 심간 | 심장과 간장, 신체 내부의 깊숙한 곳.
但 단 | 다만 ~만 한다면.
得 득 | ~할 수 있다. 동사 앞에 쓰여 가능을 나타낸다.
放 방 | 놓아 주다. 자유롭게 하다.
兒 아 | 소녀, 고대 아녀자의 자칭
舍 사 | 자신의 집.
山水屛風 산수병풍 | 당唐 현종玄宗이 처음 왕이 되었던 개원開元 무렵에 재상 송경宋璟이 《서경書經》의 〈무일편無逸篇〉을 써서 병풍을 만들었는데 현종이 아침저녁으로 마주하며 스스로를 진작하였다. 그런데 송경이 재상을 그만둔 뒤에 산수병풍으로 바꾸어 놓자 현종의 뜻이 점차 교만하고 사치해졌다고 한다.
永 영 | 영영, 영원히.

작품설명

이 작품은 모두 두 수로《전당시》에서는 제목을 〈벌부변상무상공罰赴邊上武相公〉으로 적고 있다. 만약 그렇다면 여기서 무武는 무원형武元衡이다. 그는 헌종憲宗 원화元和 2년 정월에 재상이 되어 같은 해 10월에 검남서천절도사로 부임하여 8년 3개월을 지냈다. 이 시를 이 제목으로 무원형에게 보냈다면 설도의 나이 40세에서 45세 사이에 지은 것이 된다. 그러나 장봉주는 이 시의 제목을 〈벌부변상위상공罰赴邊上韋相公〉이라고 하고, '무상공武相公'은 당연히 '위상공韋相公'의 오류라고 하였다. 설도가 송주松州에 있었을 때 지은 〈벌로 변경으로 가며 느끼는 바가 있어 위 상공님께 올림罰赴邊有懷上韋相公〉이라는 시가 증거라고 하고, 이 시는 당연히 송주로 가는 도중에 지은 것이라 하였다. 또한 무원형이 촉지방에 주둔했을 때 설도를 교서랑校書郎으로 추천하는 글을 올린 일은 있어도, 설도를 벌하여 변경에 가게 한 일은 없었다고 언급하였다. 그러므로 이 시가 위령공韋令公 즉 위고에게 바친 것이라면 위고의 죽음은 그녀의 나이 38세 때였으므로 그 무렵에 지은 것이 된다. 한편《전당시》의 제목대로 이 시가 무원형에게 보낸 시가 맞다고 보는 주장도 있다(劉天文,《薛濤詩四家注評說》, p. 49 참조). 현재로서는 어느 주장도 확언할 수는 없으므로 본서에서는 일단 장봉주의 견해를 따랐다.

이 시는 〈벌로 변경으로 가며 느끼는 바가 있어 위 상공님께 올림〉과 제목이 유사한데, 그녀의 작품 가운데 걸작으로 꼽힌다. 두 수로 구성된 이 작품은 앞의 시가 문자의 배치에 신경 썼다면 뒤의 작품은 뜻을 표현하는 데 신경 썼다. 두 수 가운데 앞의 작품이 시 맛이 깊다. 벌을 받아 서북 국경지방으로 수비 장병을 위문하러 가는 길은 풀이 거칠고 반딧불이 반짝인다. 시인은 아무도 돌보지 않는 황무지에 있는 희미한 반딧불과 같다. 하늘에는 밝은 가을 달이 비추는데 이 반딧불이 아무리 높이 난들 저 높은 하늘에 있는 달의 곁에 다가갈 수는 없다. 절도사의 두

터운 정은 그 달의 밝은 빛과도 같다. 달을 우러러보고 있으니 시인은 마치 반딧불과 같고, 저 달은 상공相公이다. 그러나 당연히 만 리를 비추는 저 달빛은 구름에 가리어 사방으로 퍼지는 은덕은 전해지지 않는다. 이 시는 창작기교에 주목해야 한다. 제1구와 제2구의 첫 번째 글자와 다섯 번째 글자가 똑같이 각각 '형螢' 자와 '월月' 자로 되어 있다. 이것은 인상적인 글자배치이다. 즉흥적으로 지은 것이 아니라 고심해서 지은 것임을 짐작케 한다. 시의 언어는 은유적이다. 반딧불은 보잘것없는 존재로 걸림이 있는 시인 자신을 투영한 것이다. 달은 시인이 그리워하는 대상으로 존엄하고 걸림이 없다. 반딧불의 눈은 주관의 한계이다. 달빛은 객관 자연의 무한함이다. 두 번째 시는 변경으로 가는 도중의 고충이 그려져 있다. 용서받고 집으로 돌아가고 싶은 간절한 마음을 그려냈다. 그 심정의 깊이는 마지막 구절에서 고사를 인용한 데서 잘 드러난다. 설도는 당 현종과 재상 송경의 고사를 통해 다시 기회를 준다면 자신을 잘 다스리겠다고 말한다.

멀리 떨어짐에 대한 열 편의 시
十離詩

이 시는 '무엇인가에서 멀리 떨어져 있다, 떠나 있다, 혹은 멀어졌다[離]'는 제목의 시가 열 편이기 때문에 '십리시十離詩'라고 이름 붙였다. 이 시는 대체로 설도가 지었다고 보지만 다른 주장도 있다. 대표적으로 오대五代 십국十國 때 남한南漢 왕정보王定保의《당척언唐摭言》에서는 원진元稹이 절동浙東에 갔을 때 그곳의 빈부賓府에 있던 설서기薛書記가 쓴 것이라고 기록하고 있다.[10] 담정벽譚正璧은 이 시의 저자가 설도가 아니라 설서기薛書記라고 주장한다. 담정벽은 설서기는 원진이 절동에 있었을 때 막부 내의 사람이며, 그가 게임을 하던 중 술에 취해 다투다가 술그릇을 던져 원진을 다치게 하고 이 때문에 결국 막부를 떠났다고 보았다. 또한〈멀리 떨어짐에 대한 열 편의 시十離詩〉가《당척언》에 함께 실리고 여기에 원진의 시가 한 수 붙어있는 것이 그 일을 증명해 준다고 하였다.[11]

그러나 이 시는 명대明代에 판각한《설도시薛濤詩》에서 설도의 시로 수록하고 있고, 역시 명대明代의 매정조梅鼎祚의《청니연화기靑泥蓮花記》및《사고전서四庫全書 · 설도이야시집薛濤李冶詩集》에서도 설도의 시로 수록하고 있다. 또한 일본에서 발견된 위장韋莊의《우현집又玄集》에서는 설도의 시로〈개가 주인에게서 멀리 떨어지다犬離主〉한 수와〈벌로 변경으로 가며 느끼는 바가 있어 위 상공님께 올림罰赴邊有懷上韋相公〉을 수록하고 있는

10 張篷舟, 앞의 책, p. 53 참조.
11 譚正璧,《中國女性文學史》(百花文藝出版社, 2001), p. 179.

데, 위장은 만당晩唐 사람으로 촉蜀의 재상이었고 촉에서 죽었으니 촉지방의 기녀였던 설도에 대한 정보는 신빙성이 있을 가능성이 크다.[12] 장봉주는《우현집》에서 〈개가 주인에게서 멀리 떨어지다〉를 설도의 작품으로 수록한 것으로 보아 〈멀리 떨어짐에 대한 열 편의 시〉가 설도의 작품인 것이 분명하다고 하였다.[13] 의견이 분분하긴 하지만 대체로 설도의 시로 보는 주장이 더 강하다.

그런데 이 시를 설도의 시라고 했을 때 이 시와 관련된 인물에 대해서도 두 가지 설이 있다. 첫째는 원진과 관련 있다는 주장이다. 대표적으로 명대明代 판본의《설도시薛濤詩》의 주석에서는 "원진이 촉지방으로 파견되자 엄사공嚴司空이 설도를 보내어 모시게 하였는데, 뒤에 어떤 일로 원망을 얻어 그녀를 멀리하였다가 설도가 〈멀리 떨어짐에 대한 열 편의 시〉를 지어 바치니 비로소 다시 좋아졌다."[14]라고 하였다. 또한《전당시》설도 시집의 〈개가 주인에게서 멀리 떨어지다〉 아래에서도 "설도가 취해서 게임규칙으로 다투다가 주전자를 던졌는데 잘못하여 상공相公의 조카를 다치게 하여 막부를 떠나게 되었기 때문에 그래서 말하였다."[15]라고 하였다. 그런데 두 설 모두 후대 사람이 덧붙인 것이기 때문에 믿기는 어렵다. 원진은 원화元和 4년(809) 3월에 동천감찰어사東川監察御史가 되어 엄려嚴礪를 탄핵하는 사건으로 집정자의 미움을 받은 뒤, 7월에 낙양으로 옮겼으므로 동천東川에 머물렀던 것은 약 4개월 정도이다. 원진은 이듬해 원화 5년에 강릉江陵(호북성胡北省 소재)의 사조연士曹椽으로 갔고, 원

12 위장의《우현집》은 중국에서는 이미 실전되었는데 1958년 고전문학출판사에서 일본 享和 3년(1803)의 에도(江戶), 昌平坂學問所의 송대宋代 판각본에 근거하여 영인하였다. 이 책은 당대唐代의 시인 142인의 시를 수록하고 있다.

13 장봉주, 앞의 책, pp. 17~18 참조.

14 "元微之使蜀. 嚴司空遣濤往事. 因事獲怒遠之, 濤作十離詩以獻, 遂復善焉."

15 "濤因醉爭令, 擲注子, 誤傷相公猶子, 去幕. 故云."

화 8년 정월에 도읍으로 돌아와 곧바로 통주通州(하북성河北省 소재) 사마司馬로 옮겼다. 그런데 〈멀리 떨어짐에 대한 열 편의 시〉에서 사랑받은 지 '4, 5년[四五秋]'이라는 표현으로 본다면 원진이 촉지방을 떠난 뒤 두 사람이 실제로 만난 일이 있어야 한다. 그 뒤 두 사람이 실제로 만났을 가능성이 없진 않겠지만 현재로서는 관련기록이 없으므로 시간상으로 이 시는 원진과는 맞지 않는다.

둘째는 위고韋皐와 관련 있다는 주장이다. 후촉後蜀의 하광원何光遠의 《감계록鑑戒錄》(권10)의 〈촉재부편蜀才婦篇〉에서는 설도가 위고의 화를 사서 그의 용서를 구하기 위해 이 시를 지었다고 하였다.[16] 하광원은 후촉 사람으로 설도와 그리 시대가 떨어지지 않았고 촉지방의 재주 있는 여성에 대해 썼기 때문에 아무래도 그럴 만한 근거가 있을 터이므로 이 설도 버릴 수는 없다. 위고는 정원貞元 원년元年(785)에 촉지방에 머물기 시작하여 설도의 시재를 인정하고 그녀를 악적樂籍에 올린 장본인이니 시의 내용과 여러모로 부합한다. 시 속의 '4, 5년[四五秋]'을 적용한다면 이 때는 정원 5년(789) 전후가 되고 설도가 스무 살 되던 무렵이다. 또한 《우현집》에서 〈벌로 변경으로 가며 느끼는 바가 있어 위 상공님께 올림〉과 함께 〈개가 주인에게서 멀리 떨어지다〉 두 수만을 설도의 시로 수록하였으니 관계가 있을 가능성이 크다. 그러므로 대체로 보아 이 시는 원진보다는 위고와 좀 더 관련이 있을 듯하다. 본서에서는 일단 위고와 관련된 시로 분류하였다.

이 시는 주인 혹은 소속에서 이탈되어 느끼는 고독감과 처량함을 열 가지 상황으로 구성하여 노래한 연작시로, 대단히 개성 있고 재미있다. 기녀는 특정인에게 소속되는 존재가 아니지만 지속적으로 누군가와는

16 장봉주, 앞의 책, pp. 102~103 참조.

교제를 유지해야 한다. 설도가 노래하고 있는 열 가지 상황은 다음과 같다. ① 개와 주인(犬-主) ② 붓과 손(筆-手) ③ 말과 마구간(馬-廐) ④ 앵무새와 새장(鸚-籠) ⑤ 제비와 제비집(燕-巢) ⑥ 구슬과 손바닥(珠-掌) ⑦ 물고기와 연못(魚-池) ⑧ 송골매와 깍지(鷹-韝) ⑨ 대나무와 정자(竹-亭) ⑩ 거울과 경대(鏡-臺)이다. 매 수의 구성은 일관되고 정교하다. 매 수의 처음 두 구절은 사랑받았을 때의 상황을 묘사하고, 셋째 구절에서는 '연緣(말미암아)'과 '위爲(때문에)' 등의 글자를 많이 써서 관심 밖으로 멀어지게 되는 까닭을 밝힌 뒤, 마지막 구절에서는 그 결과를 밝히고 있다.

이 시에 대한 평가는 역대로 칭찬과 비난이 공존한다. 명대의 종성鐘惺은 《명원시귀名媛詩歸》에서 이 연작시에 대해 "모두 정이 지극한 곳까지 곧장 나아가니 재주 있는 여인이 아니라면 할 수 없다皆情到至處, 一往而就, 非才人女人不能."라고 하며 칭찬을 아끼지 않았다. 그러나 청대의 육창陸昶은 《역조명원시사歷朝名媛詩詞》(권6)에서 "〈멀리 떨어짐에 대한 열 편의 시〉는 고상한 도가 매우 부족하여 취할 만하지 않다十離詩殊乏雅道, 不足取也."라고 비난하였다.

개가 주인에게서 멀리 떨어지다犬離主

귀족의 저택을 출입한 지 네댓 해 되었는데요,
사람의 뜻을 알아챘기 때문에 어여쁨을 받았지요.
근래에 잘 알고 지내는 손님을 물어 버렸기 때문에,
붉은 실로 짠 털 담요 위에서 잘 수 없게 되었어요.

出入朱門四五年,
爲知人意得人憐.
近緣咬著親知客,
不得紅絲毯上眠.

⁂주석

朱門 주문 | 붉은 칠을 한 대문. 부귀한 집. 귀족의 저택을 가리킨다.
爲 위 | ~때문에.
知 지 | 알아채다. 이해하다.
得 득 | 받다. 얻다.
憐 련 | 예뻐하다. 귀여워하다.
近 근 | 근래에. 요사이. 요즘.
緣 연 | ~으로 말미암아. ~ 때문에. '근연近緣'은 '지인只因'으로 기록된 곳도 있다.
咬著 교착 | 물어 버리다. 교咬는 물다. 착著은 동사 뒤에 사용되어 앞 동작의 목적을 달성하거나 결과가 있을 때 사용한다. 우리말의 '버리다'라는 보조동사가 동사 뒤에서 '~어 버리다' 구성으로 쓰여 앞말이 나타내는 행동이 이미 끝났음을 나타내는 말로 그 행동이 이루어진 결

작품설명

이 시의 원문은 "귀족의 집안에서 길들여진 지 네댓 해 되었는데요 / 털은 향기롭고 발은 깨끗해 주인님이 예뻐했지요 / 그런데 까닭 없이 주인님의 친한 손님 물어뜯어서 / 다시는 붉은 털 담요 위에서 잘 수 없게 되었어요馴擾朱門四五年, 毛香足淨主人憐. 無端咬著親情客, 不得紅絲毯上眠."라고 되어 있는데 장봉주는 《우현집》에 근거하여 이 시의 원문을 위와 같이 수정하였다.

과를 나타날 때 사용하므로 본서에서는 교착咬著을 물어 버리다로 번역하였다.

親知客 친지객 | 친지 손님. 친지는 친척이나 친구 등 서로 잘 알고 가깝게 지내는 사람. 정친각情親脚으로 되어 있는 곳도 있다.

不得 부득 | (어떤 압력이나 제한 때문에) 불가능하다, ~할 수 없다. 설도는 〈멀리 떨어짐에 대한 열 편의 시〉의 열 수 모두에서 마지막 구절의 처음 두 글자로 이 '부득不得'을 사용하였다.

紅絲毯 홍사담 | 붉은 실로 짠 털 담요. 담毯은 털 담요. 주문朱門(붉은 문)의 경우와 마찬가지로 홍紅은 부귀를 나타내므로 홍사담은 귀한 잠자리를 의미한다.

眠 면 | 잠자다.

붓이 손에서 멀리 떨어지다筆離手

월 붓대롱, 선주 붓을 당초에 맘에 들어해,
붉은 찌지, 종이 위에 꽃과 옥을 뿌렸지요.
사용한 지 오래되어 붓대가리 닳아서
왕희지의 손 안에서 들릴 수 없게 되었어요.

越管宣毫始稱情,
紅箋紙上撒花瓊.
都緣用久鋒頭盡,
不得羲之手裏擎.

ɞ주석

越管宣毫 월관선호 | 월지방의 붓대롱과 선성宣城의 붓털. 최고급의 붓대롱과 붓털로 만들어진 최상급의 붓을 가리킨다. 월越은 지금의 절강성浙江省 지방이고, 관管은 대롱 즉 붓의 자루를 말한다. 육조시대부터 월지방에서 나는 대나무로 붓대롱을 사용하게 되면서 유명해졌다. 선호宣毫의 선宣은 지명이고 호毫는 털로 붓털을 말한다. 선宣은 일반적으로 안휘성安徽省 선성宣城을 가리키며 이곳에서 생산되는 붓털은 좋은 붓의 대명사라고 하는데, 강서성江西省의 선주宣州로 보기도 한다. 선주 또한 붓의 명산지로 당대唐代부터 제갈씨諸葛氏가 붓의 제조가로 명성을 떨쳤다.

始 시 | 당초에.

稱情 칭정 | 마음에 들다. 만족하다. 칭심稱心과 같다.

紅箋 홍전 | 붉은 찌지(간단한 쪽지). 주로 시를 적는 데 사용한다.

撒 살 | 뿌리다. 뿌려서 흩다. 철撤 혹은 산散으로 되어 있는 곳도 있다.

花瓊 화경 | 꽃과 옥. 경瓊은 아름다운 옥. 여기서는 아름다운 글씨를 비유한 것이다.

작품설명

월주산越州産의 붓대롱에 선주산宣州産의 털로 만든 붓이 주인의 마음에 들어 붉은 시종이 위에서 그 붓을 사용하니 꽃이나 옥에 비교할 만큼의 글자가 나왔다. 그런데 애용하던 붓도 오래되어 붓털이 망가지니 유명한 명필가였던 진晋나라 왕희지와 같은 주인의 손에서 버려지게 되었다. 시인의 지금 처지는 바로 버려진 붓과 같다.

都緣 도연 | 도都는 '모두 다', 연緣은 '~ 때문에, ~으로 말미암아'로 여기에서는 멀어지게 된 원인이 '모두 다 ~ 때문이다'라는 의미. '도都'는 이유를 설명하기 위해 쓰인 부사로서 강조의 어감이 있으며 굳이 해석하지 않아도 된다. 〈앵무새가 새장에서 멀리 떨어지다鸚鵡離籠〉에도 동일한 표현이 나온다.

鋒頭 봉두 | 붓대가리, 붓끝. 송대 희녕熙寧 때까지는 딱딱한 붓털을 사용했다.

盡 진 | 다하다, 다 없어지다.

不得 부득 | (어떤 압력이나 제한 때문에) 불가능하다, ~할 수 없다.

羲之 희지 | 동진東晋의 유명한 서예가 왕희지王羲之를 가리킨다.

擎 경 | 들다. 여기서는 붓을 들다. 이 시의 화자는 붓(시인 자신)이고 붓을 들다[擎]의 행위 주체는 손[手] 즉 왕희지의 손이다. 손이 붓을 드는 것이지만 화자(붓)의 입장에서는 손에 들리는 것이므로 들리다로 번역하였다.

말이 마구간에서 멀리 떨어지다馬離廏

눈 같은 귀, 붉은 털, 연푸른 말굽으로요,
바람 쫓아 일찍이 태양 근방에 이르렀지요.
옥 얼굴 고운 임을 놀래어 떨어뜨렸기 때문에,
화려한 수레 끌며 다시 한 번 울 수 없게 되었어요.

雪耳紅毛淺碧蹄,
追風曾到日東西.
爲驚玉貌郎君墜,
不得華軒更一嘶.

ශ주석

紅毛 홍모 | 붉은 털, 사실은 밤색 털을 말한다.
淺碧 천벽 | 연푸른 색.
蹄 제 | 굽, 여기서는 말굽.
追風 추풍 | 바람을 쫓다. 말과 관련하여 추풍追風은 세 가지 의미가 있다. 첫째는 준마駿馬의 이름이고, 둘째는 일반적으로 명마를 가리키며, 셋째, 말이 달리는 속도가 빠른 것을 형용한다. 여기에서는 뒤에 나오는 '도일到日'이라는 표현과 함께 본다면 셋째, 말이 달리는 속도가 빠른 것을 형용하는 것으로 보는 것이 적합하다.
曾 증 | 일찍이, 이전에.
到日 도일 | 태양에 이르다. 앞의 추풍追風과 마찬가지로 말이 달리는 속도가 매우 빠른 것을

작품설명

눈처럼 흰 귀에 윤기 나는 밤색 털의 명마가 바람을 가르며 날마다 귀빈을 모시다가 어느 날 고운 임을 놀라게 하여 낙마시키더니 다시는 수레를 끌 수 없는 신세가 되어버렸다. 제1구는 말의 멋진 생김새를 묘사한 것이다. 제2구는 말의 비범한 속력을 묘사하였다. 이 말은 바람을 쫓아가며 저 태양의 근방에 이를 정도로 빨리 달리는 천리마이다. 이어 제3구에서 옥같이 아름다운 얼굴의 임이라고 말함으로써 멀어짐에 대한 안타까움을 증폭시키고 있다. 마지막 구절의 '다시 한 번'의 '한 번'이라는 글자가 슬픔을 더한다.

형용한다. 일반적으로 말이 빨리 달리는 것을 '추풍축일追風逐日'(혹은 '추풍축전追風逐電')이라고 한다.

東西 동서 | 근방, 곁.

爲 위 | ~ 때문에.

玉貌 옥모 | 얼굴이 옥같이 아름다운 것을 말한다.

墜 추 | 떨어뜨리다.

不得 부득 | (어떤 압력이나 제한 때문에) 불가능하다, ~할 수 없다.

華軒 화헌 | 화려한 수레, 부귀한 사람이 타는 수레.

嘶 시 | 말이 울다.

앵무새가 새장에서 멀리 떨어지다鸚鵡離籠

농서지방에서 나 홀로 외로운 이 한 몸이요,
날아갔다 날아오며 비단 자리에 올랐지요.
말하는 것이 적절하지 않은 것으로 말미암아
새장 안에서 다시 사람을 부를 수 없게 되었어요.

隴西獨自一孤身,
飛去飛來上錦茵.
都緣出語無方便,
不得籠中再喚人.

∽주석

鸚鵡 앵무 | 서역지방의 산물로 당대唐代 귀족 집안에서 널리 길렀다.
隴西 농서 | 섬서성陝西省 남서부南西部에서 감숙성甘肅省 남부 산악지대를 말한다. 여기서는 서역과 통하며 앵무새의 산지를 나타내기 위해 사용되었다.
獨自 독자 | 나 홀로.
飛去飛來 비거비래 | 날아가고 날아옴.
上 상 | 오르다.
錦茵 금인 | 비단자리. 금인錦裀이라고 되어 있는 곳도 있다.
都緣 도연 | 도都는 '모두 다', 연緣은 '~때문에, ~으로 말미암아'로 여기에서는 멀어지게 된 원인이 '모두 다 ~ 때문이다'는 의미. '도都'는 이유를 설명하기 위해 쓰인 부사로서 강조의 어감이 있으며 굳이 해석하지 않아도 된다.
出語 출어 | 말을 하다, 말을 내뱉다.
方便 방편 | 알맞다, 적합하다.
不得 부득 | (어떤 압력이나 제한 때문에) 불가능하다, ~할 수 없다.
喚 환 | 부르다.

작품설명

새장을 잃은 앵무새를 통해 버림받은 자신의 신세를 노래하였다. 앵무새를 기르는 것은 당대唐代에 유행하였다. 앵무새는 그 아름다움과 말솜씨 때문에 기녀에 비유되기도 하였다.

제비가 둥지에서 멀리 떨어지다燕離巢

귀족의 저택을 출입하면서 차마 버리지 아니하고,
주인님 언제나 어여삐 여겨, 지지배배 지저귀었죠.
진흙을 물고 가다 산호장식의 베개를 더럽혀서,
대들보 사이에 다시 둥지를 틀 수 없게 되었어요.

出入朱門未忍抛,
主人常愛語交交.
銜泥穢汚珊瑚枕,
不得梁間更壘巢.

주석

朱門 주문 | 〈개가 주인에게서 멀리 떨어지다〉 주석 참조.
未忍 미인 | 아직은 차마 ~하지 못하다.
抛 포 | 버리다, 내버리다.
語 어 | 지저귀다. 새나 벌레 등이 소리를 내는 것을 비유한다.
交交 교교 | 새가 우는 소리.
銜泥 함니 | 진흙을 입에 물다.
穢汚 예오 | 더럽히다.
不得 부득 | (어떤 압력이나 제한 때문에) 불가능하다, ~할 수 없다.
壘巢 누소 | 둥지를 치다(틀다). '누壘'는 진흙이나 벽돌 등을 포개서 짓는다는 의미의 동사이다.

작품설명

새장에서 쫓겨난 제비를 노래하였다. 신분이 높은 귀족의 저택에 드나들게 되었는데 주인이 차마 내쫓지 않고 어여삐 여겨 지지배배 지저귀며 지냈다. 그러던 어느 날 아름다운 산호로 꾸민 베개에 진흙을 떨어뜨려 다시는 그 저택에 새집을 지을 수 없게 되었다. 시인은 그 제비와 같은 처지가 되었다.

구슬이 손바닥에서 멀리 떨어지다珠離掌

하얗고 깨끗하고 둥글고 밝아 안팎으로 통하고요,
맑은 빛은 마치 수정궁이 비추는 것 같았지요.
다만 한 점의 티가 더럽힌 것으로 말미암아,
밤새도록 손바닥 안에 있을 수 없게 되었어요.

皎潔圓明內外通,
淸光似照水晶宮.
只緣一點玷相穢,
不得終宵在掌中.

ㅅ주석

掌 장 | 손바닥.
皎潔 교결 | 희고 깨끗함.
圓明 원명 | 둥글고 밝게 빛나다.
內外通 내외통 | 바깥에서 안까지 들여다보이는 것, 투명함.
似 사 | 마치 ~인 것 같다(듯하다).
水晶宮 수정궁 | 수정으로 만든 궁전. 상상의 궁전이다.
只 지 | 다만. '도都'로 되어 있는 곳도 있다.
緣 연 | ~때문에, ~으로 말미암아.
玷 점 | 옥의 티, '하瑕'로 되어 있는 곳도 있다.
相穢 상예 | 더럽히다. 상相은 동사 앞에 쓰여 한쪽이 다른 한쪽에 가하는 것이 있음을 나타내는 부사로 사용되었다. 한편 예穢 자체가 '더럽히다'라는 사역의 의미가 있고, 상相이 또한 동사 앞에서 3인칭(그것)을 지칭할 때도 사용되므로 이 구절은 '그것(구슬)을 더럽히다'라고도 볼 수 있는데 상相을 어떻게 보든 의미상 큰 차이는 없다.
不得 부득 | (어떤 압력이나 제한 때문에) 불가능하다, ~할 수 없다.
終宵 종소 | 한밤 내내. '소宵'가 '조朝'로 되어 있는 곳도 있다.

작품설명

손바닥에서 버려진 구슬을 노래하였다. 수정궁처럼 희고 깨끗하고 투명한 구슬이 흠이 생기자 곧장 사랑을 잃어버린다. 구슬은 전통적으로 여성과 연관된 상징물이다. 여성의 이름에 '옥玉'자를 쓰기 좋아하는 것 역시 '옥玉'의 아름다움을 여성에 대비시킨 까닭이다. 그러므로 티가 생긴 옥은 사랑을 받던 여성이 관심에서 멀어진 경우를 표현하는 데 매우 적절하다.

물고기가 연못에서 멀리 떨어지다魚離池

깊은 연못에서 뛰논 지 네댓 해 되었는데요,
항상 붉은 꼬리 흔들며 낚시도구 갖고 놀다가요.
까닭 없이 연꽃 줄기 끊어 버려서,
맑은 물결에서 다시 한 번 놀 수 없게 되었어요.

跳躍深池四五秋,
常搖朱尾弄綸鉤.
無端擺斷芙蓉朶,
不得淸波更一遊.

ㅇ3주석

跳躍 도약 | 뛰어오르다. 희약戲躍이라고 되어 있는 판본도 있다.
深池 심지 | 깊은 연못. 어떤 판본에는 '연지蓮池'라고 되어 있다. 제3구에 부용이 나오는 것으로 보아 연지蓮池라고 하는 것도 좋을 것 같다. 심지深池라고 한다면 자유롭게 생활하는 상태가 잘 나타난다.
秋 추 | 해[年]와 같다. 사오추四五秋는 사오년四五年과 같은 표현이다. 이 시의 제1구는 〈멀리 떨어짐에 대한 열 편의 시〉 제1수인 〈개가 주인에게서 멀리 떨어지다〉의 제1구 "귀족의 저택을 출입한 지 네댓 해 되었는데요出入朱門四五年"와 유사하다.
常 상 | 항상.
搖 요 | 흔들다.
弄 롱 | 가지고 놀다.
綸鉤 윤구 | 낚시 도구. 윤綸은 낚싯줄, 구鉤는 낚싯바늘. '윤綸'이 '은銀'으로 되어 있는 곳도 있다.
無端 무단 | 이유 없이, 까닭 없이.

작품설명

깊은 연못에 자라며 자유롭게 뛰어논 것이 4, 5년 되었다. 붉은 꼬리를 흔들면서 낚싯바늘의 밥을 먹으며 즐겁게 지냈다. 그런데 무슨 일인지 연꽃 줄기를 꺾어 버리면서 그 즐거운 연못에서 놀 수 없게 되어 버렸다. 시인은 이 물고기 같은 신세이다. 〈멀리 떨어짐에 대한 열 편의 시〉의 제1수인 〈개가 주인에게서 멀리 떨어지다〉의 제1구에도 4, 5년 되었다는 표현이 있다.

진 라슨Jeanne Larsen은 이 시를 에로틱한 언어유희가 풍부하다고 말한다. 이를테면 '어(魚, yu)'는 '욕(欲, yu)'과 쌍관어가 된다고 하고, 물고기가 연꽃 사이에서 노닌다는 표현은 적어도 한대漢代부터 대단히 유행하였다는 점을 들었다. 또한 '깊은 연못[深池]'의 '깊다'는 성적 욕망을 자극하는 것으로 읽어낼 수 있는데 이 점은 '심지深池'가 다른 판본에서 '연지蓮池'라고 되어 있는 점을 생각해 보아도 마찬가지이다. 왜냐하면 '蓮(lian)'은 '戀(lian)'과 쌍관어이기 때문이다. 그리고 낚싯줄[綸]은 사랑과 구애, 바늘[鉤]은 남성의 생식기, 연꽃[芙蓉]은 지아비의 얼굴[夫容], 맑음[淸]은 정情과 연관된다고 하였다(Jeanne Larsen trans and introduce, *Brocade River Poems: Selected Works of the T'ang Dynasty Courtesan Xue Tao*, Princeton, NJ: Princeton University Press, 1987, p. 99).

擺斷 패단 | 흔들어 자르다.
芙蓉 부용 | 연꽃의 다른 이름.
朶 타 | 꽃을 세는 양사로 '떨기'. 여기서는 줄기로 보는 것이 더 좋을 것 같다.
不得 부득 | (어떤 압력이나 제한 때문에) 불가능하다, ~할 수 없다.
淸波 청파 | 맑은 물결.

송골매가 깍지에서 멀리 떨어지다鷹離鞲

발톱은 날카롭기 칼날 같고 눈동자는 방울을 닮아,
평원에서 토끼를 잡으며 고상한 뜻에 맞았지요.
까닭 없이 달아나 푸른 구름 밖으로 나아갔다가,
군왕의 팔 위에 들어 올려질 수 없게 되었어요.

爪利如鋒眼似鈴,
平原捉兎稱高情.
無端竄向靑雲外,
不得君王臂上擎.

☙주석

鷹 응 | 송골매, 사냥용 매.
鞲 구 | 깍지. 활을 쏠 때 오른쪽 엄지손가락에 끼워 시위를 잡아당기는 도구. 여기에 매를 올려놓는다. 매 사냥은 중국의 사대부들이 즐기는 여가생활이었다.
爪 조 | (짐승의) 발톱.
利 이 | 날카로움.
如 여 | 같다.
鋒 봉 | 칼날, 칼끝.
似 사 | 닮다, 같다.
鈴 영 | 방울.
平原 평원 | 평원.
捉 착 | 잡다.
稱 칭 | 맞다. 뒤의 '고정高情'의 '정情'과 결합되어 '칭정稱情'(마음에 들다, 만족하다)의 의미를 지닌다.

작품설명

사냥하는 사람의 팔에서 날아오르던 매. 칼날처럼 예리한 발톱, 방울처럼 큰 눈으로 평원을 달리던 토끼를 잡아 주인을 만족시키던 그 매가 무슨 이유로 달아나서 하늘 높이 날아갔다. 그래서 이제 다시 사냥하는 군주를 모실 수 없게 되었다. 둘째 구의 '칭정稱情'과 마지막 구의 '경擎'은 앞의 시 〈붓이 손에서 멀리 떨어지다筆離手〉에도 등장한다.

高情 고정 | 고상한 마음, 정취.
竄 찬 | 달아나다.
向 향 | 나아가다.
靑雲 청운 | 높은 하늘[高空]의 구름. 높은 하늘을 가리키기도 한다.
不得 부득 | (어떤 압력이나 제한 때문에) 불가능하다, ~할 수 없다.
臂上 비상 | 팔 위. 어떤 판본에는 수리手裏(손 안)로 되어 있는데 팔 위[臂上]라고 하는 것이 더 자연스럽다.
擎 경 | 들다, 높이 들어 올리다. 여기서는 매사냥을 위해 매를 팔 위에 올리는 것을 말한다. 이 시의 화자는 송골매(시인 자신)이고 들다[擎]의 행위 주체는 구韝(깍지)의 주인이다. 깍지의 주인이 깍지 위로 송골매를 높이 들어 올리는 것이지만 화자(송골매)의 입장에서는 들어 올려지는 것이므로 '들어 올려지다'로 번역하였다.

대나무가 정자에서 멀리 떨어지다竹離亭

무성하게 새로 심은 네댓 줄이요,
언제나 굳은 절개로 가을 서리 짊어졌지요.
봄날의 죽순이 담장을 뚫어 부수었기 때문에,
그늘 드리워 대저택을 덮을 수 없게 되었어요.

蓊鬱新栽四五行,
常將勁節負秋霜.
爲緣春筍鑽牆破,
不得垂陰覆玉堂.

☙주석

蓊鬱 옹울 | 초목이 무성한 모양. 좌사左思의 〈촉도부蜀都賦〉에 "소나무와 잣나무가 산봉우리에 무성하다松柏蓊鬱於山峰"라는 구절이 있다.
新 신 | 새로.
栽 재 | 심다.
四五行 사오항 | 네댓 줄.
常 상 | 언제나, 항상.
將 장 | ~로, ~로써.
勁節 경절 | 굳은 절개.
負秋霜 부추상 | 가을 서리를 짊어지다. 가을에 서리가 내리면 대부분의 초목이 시들어 떨어지는데 대나무는 그것을 견뎌내고 시들지 않는 것을 말한다.

작품설명

새로 심은 네댓 줄 대나무의 신세를 노래하였다. 무성하게 자라나 가을 서리에도 굴하지 않고 지내왔는데 올봄에 죽순이 돋아 베이게 되었다. 그래서 그 무성한 잎으로 대저택을 비추는 해를 가리는 그늘을 드리울 수 없게 되었다. 네댓 줄은 앞의 몇 작품의 첫 구절에서 표현한 4, 5년과 겹치면서 마치 대나무 한 줄이 1년처럼 그동안 몇 년을 무사하게 풍상을 견뎌냈다는 의미로도 읽히니 묘한 맛이 있다. 대나무는 도덕적 힘, 절개를 상징하는 대표적 경물이다. 설도는 〈타인의 '비 내린 뒤 대나무를 완상하며'에 답하여酬人雨後翫竹〉에서도 대나무의 절개를 찬미하고 있다. 설도가 살았던 사천四川은 대나무로 유명하니 그녀가 대나무를 시의 소재로 삼은 것은 매우 자연스럽다.

爲 위 | ~때문에.
緣 연 | ~때문에, ~으로 말미암아.
春筍 춘순 | 봄날의 죽순.
鑽 찬 | 뚫다.
牆 장 | 담장.
不得 부득 | (어떤 압력이나 제한 때문에) 불가능하다. ~할 수 없다.
垂陰 수음 | 그늘을 드리우다. 수목의 가지와 잎이 덮어서 그늘을 만들다.
覆 복 | 위에서 덮어씌우다.
玉堂 옥당 | 훌륭한 집.

거울이 경대에서 멀리 떨어지다鏡離臺

황금을 부어 만들어 거울이 비로소 열리자,
초승달과 보름달이 배회하였죠.
끝없는 먼지더미 덮어쓰게 되었기 때문에,
화려한 집, 옥받침대에 오를 수 없게 되었어요.

鑄瀉黃金鏡始開,
初生三五月徘回.
爲遭無限塵蒙蔽,
不得華堂上玉臺.

☙주석

鑄瀉 주사 | 쇠를 부어 만들다. '주鑄'는 쇠를 부어 만들다. '사瀉'는 형틀에 재료를 쏟아 붓다.
始 시 | 비로소.
初生 초생 | 초승달.
三五 삼오 | 십오야, 만월을 말한다.
徘回 배회 | 배회하다. 배회徘徊와 똑같다. 장봉주는 '배회徘徊'로 기록하고 있다.
爲 위 | ~ 때문에.
遭 조 | 당하다.
無限 무한 | 끝없는, 무한한.
塵 진 | 먼지.
蒙蔽 몽폐 | 뒤집어쓰다.
不得 부득 | (어떤 압력이나 제한 때문에) 불가능하다. ~할 수 없다. ~해서는 안 된다.
華堂 화당 | 훌륭한 집. 옥당玉堂과 똑같다.
上 상 | 올라가다. 거울이 경대 위로 올라가다. 사람이 올리는 것이지만 거울을 의인화해서 표현한 것으로 이해할 수 있다.
玉臺 옥대 | 옥으로 꾸민 경대. 경대에 대한 미칭.

작품설명

경대를 떠난 거울을 노래하였다. 당시의 거울은 둥근 모양이었다. 고대 중국의 거울은 동銅으로 만들었으며 둥근 모양에 받침대가 있었다. 이 거울은 황금으로 만들었는데 덮개를 조금 열어젖히면 초승달 모양이고, 모두 젖히면 보름달 모양으로 마치 달이 이리저리 배회하는 것처럼 보인다. 그런데 그 거울에 끊없는 먼지가 쌓이자 멋지고 아름다운 경대 위에서 떼어졌다. 시인은 경대에서 떼인 그 거울과 같은 신세이다.

역적이 평정된 후 고 상공님께 올림
賊平後上高相公

놀라서 천지를 쳐다보니 암담하였는데,
언뜻 청산에 옛 석양이 보이네요.
비로소 큰 위세가 비출 수 있다고 믿노니,
원래 해와 달 덕택에 빛을 내니까요.

驚看天地白荒荒,
瞥見青山舊夕陽.
始信大威能照映,
由來日月借生光.

주석

白荒荒 백황황 | 어두침침함, 암담한 모양
瞥見 별견 | 보다, 얼른 스쳐 보다.
青山 청산 | 푸른 산.
始 시 | 비로소.
大威 대위 | 큰 위세, 대단한 권위. 이곳에서는 고상공高相公의 위세를 가리킨다.
照映 조영 | 환히 비치다.
由來 유래 | 본디, 전부터, 원래.
借生光 차생광 | (다른 사람의 힘을 빌려) 덕택에 빛을 내다, 다른 사람의 덕을 보다, 은혜를 입다. 차借는 '힘입다', '의지하다', '기대다'라는 뜻이고, 생광生光은 '빛을 내다', '빛을 발하다'라는 뜻이다. 또한 차광借光은 본래 스스로 빛을 내지 못하는 물체가 빛을 내는 물체가 비추는 빛을 받는 것을 가리키는데, 다른 사람의 명성이나 지위 혹은 영예에 힘입어 혜택을 입는 것을 비유할 때도 사용한다. 따라서 이 구절은 '해와 달 덕택에 빛을 내다', 즉 '해와 달의 은혜를 입다'라는 의미이다. 여기서 해와 달은 고상공高相公을 비유한다.

작품설명

제목의 역적[賊]은 유벽劉闢을 가리키며, 고상공高相公은 유벽劉碧의 난을 평정하고 검남서천부대사劍南西川副大使가 된 수군授軍 고숭문高崇文을 가리킨다. 이때는 헌종憲宗 원화元和 원년元年(806)으로 이 작품은 그 무렵에 지은 것으로 보인다. 고숭문은 다음 해에 조정으로 돌아가서 재상이 되었으므로 당시에는 상공相公(재상의 높임말)으로 부를 수 없다. 이 때문에 장봉주張篷舟는 이 시의 제목이 후대 사람에 의해 가필된 것으로 보았다 (장봉주, 앞의 책, p. 50).

이 시는 서천절도사西川節度使 고숭문이 유벽의 난을 평정한 것을 찬송하기 위해 지었다. 난이 평정된 뒤 보이는 빛을 석양에 비유하고, 혼미하고 암담한[白荒荒] 난리 상태에서 다시 밝은 세상으로 바꾸어 놓은 고상공高相公의 공덕을 마치 해와 달이 세상에 빛을 빌려주는 것에 비유하여 찬미하였다. 명대明代의 종성鐘惺은 《명원시귀名媛詩歸》에서 이 작품에 대해 "입을 열면 자연스럽고 반듯하며 빛나고 광대한 기운이 있다開口自然挺正而有光融拓落之氣."라고 말하였다.

설도와 고숭문

위고韋皐가 사망한 뒤 805년(영정永貞 원년元年) 10월에 후임 절도사로 원자元滋가 임명되었으나 그는 얼마 뒤 폄적되었고 관련 시가 현존하지 않는 것으로 보아 설도와는 별다른 교분이 없었던 것으로 보인다. 원자를 이어 곧바로 805년 12월에 유벽劉闢이 서천절도사西川節度使로 부임하여 반란을 기도하였다. 이에 중앙에서 토벌을 결의하고 고숭문高崇文을 파견하여 806년(원화元和 원년元年) 정월부터 이 난을 평정하기 시작하였다. 이해 9월경에 고숭문은 반란군을 진압한 뒤 검남서천절도사劍南西川節度使로 임명된다. 다음 해(807)에 중서문하평장사中書門下平章事에 임명되었고 809년에 죽었다. 관련 시는 현재 〈역적이 평정된 후 고 상공님께 올림賊平後上高相公〉 1수가 있다.

시 '가릉역'을 속작하여 무 상국님께 바침
續嘉陵驛詩獻武相國

촉문 서쪽은 푸른 하늘 오르기보다 더하지요,

힘을 다해 공을 위해 '촉나라의 현'을 불러 보아요.

탁문군 사마상여, 젊은 남녀라고 부르고,

금강과 옥첩산이 산과 강을 바치잖아요.

蜀門西更上青天,

强爲公歌蜀國弦.

卓氏長卿稱士女,

錦江玉疊獻山川.

주석

續 속 | 속작하다, 이어 짓다.

嘉陵驛 가릉역 | 《한시대계》에서는 지금의 사천성四川省 광원현廣元縣 서쪽에 있다고 하였다. 장봉주는 이곳이 지금의 사천성四川省 남충시南充市로 당대唐代에는 과주果州라고 하였다. 가릉강嘉陵江이 군郡을 휘감고 남쪽으로 흘러가는데 이곳에 역驛(역참)을 설치하였다. 진秦에서 촉蜀으로 가는 중요 도로를 막고 있으며 가장 높은 곳이다. 성의 서문에 '촉땅의 목구멍'이란 뜻의 전촉인후全蜀咽喉 네 글자가 걸려 있다. 유천문劉天文은 무원형武元衡이 이미 '촉문蜀門'을 들어왔기 때문에 여기서의 가릉역은 《한시대계》의 주가 맞다고 하였다.

獻 헌 | 바치다.

相國 상국 | 고대 관직명으로 재상을 가리킨다. 상공相公이라고도 하며, 조정 최고의 지위이다.

蜀門 촉문 | 검각劍閣으로 지금의 사천성四川省 검각현劍閣縣 북쪽에 있다.

更上青天 갱상청천 | 푸른 하늘 오르기보다 더하다. 즉 푸른 하늘에 오르는 것보다 더 어렵다. 갱更은 '더욱, 더', 상上은 '오르다, 올라가다', 청천青天은 '푸른 하늘'. 촉으로 가는 길이 험난하다는 것을 말한다. 이백李白의 시 〈촉도난蜀道難〉에 "촉으로 가는 길의 험난함은 푸른 하늘

작품설명

이 작품은 무원형武元衡의 원작 〈가릉역에 적다題嘉陵驛〉를 이어서 지은 것으로 원작의 제4구가 설도 시의 제1구가 되었다. 무원형의 원작은 다음과 같다. "바람에 펄럭이는 깃발은 산천을 휘감고 / 산의 역참은 어슴푸레, 가랑비는 안개처럼 / 길은 가릉의 반쯤 왔는데, 머리는 이미 희어지고 / 촉문 서쪽은 푸른 하늘 오르기보다 더하구나悠悠風旆繞山川, 山驛空濛雨似煙, 路半嘉陵頭已白, 蜀門西更上靑天!"

《한시대계》에서는 설도의 이 작품을 무원형이 검남서천절도사劍南西川節度使로서 촉蜀지방에 부임했을 때 처음으로 마련한 연회석에서 지은 작품으로 보았다. 만약 그렇다면 무원형이 임명된 것이 헌종憲宗 원화元和 2년(807) 10월경이었으므로 이 시는 설도가 38세경에 지은 것이 된다. 청대淸代 강희康熙 45년(1706)의 《어정전당시인년표御定全唐詩人年表》에도 이 시를 원화 2년(807)에 지었다고 기록하고 있다. 그런데 장봉주는 이 기록이 정확하지 않은 것 같다고 하면서 무원형이 서천절도사로 임명된

에 오르는 것보다 어렵구나蜀道之難難於上靑天."라는 표현이 있다.

強 강 | 힘을 다해, 애써.

公 공 | 공. 최고의 관직에 있는 권력자를 지칭하면서 동시에 상대에 대한 존칭으로도 사용된다. 여기서는 제목의 무상국武相國을 가리킨다.

蜀國弦 촉국현 | 악부樂府의 〈상화가사相和歌辭, 사현곡四弦曲〉의 이름으로 양梁 간문제簡文帝가 지은 것이며 시작부분에서 촉으로 가는 길의 험난함을 잠깐 노래한 뒤 그 나머지는 모두 촉지방의 풍광과 즐거움을 노래하였다.

卓氏長卿 탁씨장경 | 탁문군과 사마상여. 탁씨는 탁왕손卓王孫의 딸 탁문군卓文君이고, 장경長卿은 한대漢代의 사마상여司馬相如의 자字이며, 모두 성도成都 사람이다. 사마상여는 한부漢賦의 대표적 작가이다. 임공臨邛(사천성 임공현)의 관저에 객으로 머물고 있는 동안에 그곳의 부호인 탁왕손의 저택에 초대받아 거문고를 연주하던 탁문군을 유혹하여 함께 성도成都로 도망갔다. 두 사람은 술집을 열어 탁문군은 불을 때고 사마상여는 설거지를 하였는데 탁왕손이 이를 창피하다고 여겨 돈과 하인을 주자 사마상여는 일거에 부자가 되어 도읍으로 나왔다. 사마상여는 한무제漢武帝에게 〈상림부上林賦〉와 〈자허부子虛賦〉를 바치고 낭郎이 되었으

것은 원화 2년 10월인데 아마도 그 해에 성도成都에 도착하지는 않았을 것이라고 하였다. 팽운생彭雲生은 원화 3년(808)으로 보았다.

제목에서 '상국相國'이라고 한 것은 무원형이 서천西川에 임명되기 전에 중서시랑동중서문하평장사中書侍郎同中書門下平章事를 역임한 데서 붙인 칭호이다.

이 시에서 설도는 촉 지방을 대표하는 인물과 금수강산을 자랑함으로써 길고 험난한 여정에 지친 무원형을 위로하고 있다. 제1구에서는 무원형의 〈가릉역에 적다〉의 시구를 인용하여 그 고단함을 인정하고, 제2구에서는 촉지방의 풍광과 즐거움을 찬미한 악부가곡인 《촉국현蜀國弦》을 그를 위해 '힘을 다해[强]' 불러주어 여독을 풀어주고자 하였다. 제3구에서는 촉지방이 사마상여司馬相如와 탁문군卓文君과 같은 우수한 젊은이를 배출한 곳이며, 이어서 제4구에서는 촉지방이 금강과 옥첩산과 같은 뛰어난 산천을 갖추고 있다고 말한다. 제3구와 제4구는 표현과 대우가 조밀하다. 제3구의 탁문군과 사마상여는 제4구의 금강, 옥첩산과 짝을 이

며 서남이西南夷를 평정하고 공을 세워 효문원孝文園의 관리가 되었다가 무릉茂陵에서 병사하였다.

稱士女 칭사녀 | 젊은 남녀라고 부르다. 칭稱은 ~라고 부르다, 일컫다, 칭하다. 사녀士女는 젊은 남녀, 청춘남녀인데 여기서는 우수한 젊은 남녀라는 뜻이 내포되어 있다. 이 구절에서 문제는 부르다[稱]의 주체인데 탁문군과 사마상여가 스스로를 (우수한) 젊은 남녀로 부르는 것인지, 아니면 사람들이 탁문군과 사마상여를 젊은 남녀로 부르는 것인지 확실치 않다. 의미상으로 보면 후자의 경우가 나은 것 같고, 또한 시구에서 동사 칭稱 앞에 나오는 명사 탁씨장경卓氏長卿이 반드시 해당 동사의 행위의 주체가 되어야 하는 것은 아니기 때문에 이 구절을 '탁문군과 사마상여를 (사람들이) (우수한) 젊은 남녀라고 부르다'로 풀이할 수도 있다. 그런데 이어지는 제4구의 어순을 보면 금강옥첩錦江玉疊이 산천山川을 바치다[獻]로 되어있어 이 두 구를 대우對遇로 본다면 전자의 해석(탁문군과 사마상여가 스스로를 (우수한) 젊은 남녀로 부르다)으로 보는 것이 더 자연스럽다. 또한 일반적으로 '칭稱'이 동사로 쓰이는 경우 앞에 나오는 명사가 '칭'의 행위주체로 쓰이는 것이 기본 원칙이고, 만약 '칭' 뒤에 다른 목적어와 보어가 연달아 나온다면 '~가 ~을(를, 목적어) ~로(라고, 보어) 부르다[稱]'로 풀지만 칭 뒤에 단순히 명사가 나온다면 이런 경우 '왕으로 부르다[稱王]', '황제로 칭하다[稱帝]'처럼 칭을 '자칭

루고, 다시 제3구의 젊은 남녀는 제4구의 산과 강과 짝을 이루는데, 다시 탁문군, 사마상여와 젊은 남녀 그리고 금강, 옥첩산과 산과 강과의 관계를 보면 부분과 전체의 관계이면서 부분이 전체를 칭하고, 바칠 만큼 대표성을 지닌다고 한 것은 표현이 절묘하다. 촉지방에 대한 찬미와 함께 촉지방의 시인으로서의 자부심도 묻어난다. 이곳의 아름다운 산천은 자주 문인들의 찬미 대상이 되었다. 그러니 이곳이 험하기는 하지만 아름다운 산천과 인물이 있다고 말함으로써 재치 있게 상대방을 위로하고 있다. 제4구의 헌獻(산천을 바치다)은 제목의 헌獻(시를 바치다)과 함께 어우러져 우수한 인물과 수려한 산천을 지닌 온 촉 땅이 무상국에게 환영하는 마음을 바치는 것 같다. 이런 시를 받는 무상국은 틀림없이 가뭄처럼 지친 마음에 단비 같은 위로를 받았을 것이다. 명대의 종성은《명원시귀》에서 "이와 같이 품평하고 정하였으니, 평자도 받는 자도 모두 부끄럽지 않구나如此品騭, 評者受者, 俱不愧矣."라고 하였다.

하다, 스스로 일컫다, 자처하다' 등의 의미로 풀이한다. 따라서 이 구절은 제4구와의 대우관계와 칭稱의 일반적인 용례에 따라 '탁문군과 사마상여가 (스스로를) 젊은 남녀라고 부르다'로 풀었고 이런 경우 그만큼 스스로에 대한 강한 자부심을 보여주는 것으로 읽을 수 있다. 그러나 누가 그들을 젊은 남녀라고 부르든지 간에 이 구절의 핵심은 촉지방이 탁문군과 사마상여와 같은 우수한 젊은 남녀를 배출한 훌륭한 지방이라는 점을 말하고자 하는 것이며 이를 통해 시인은 긴 여정으로 고단한 무상국을 위로하고자 한 것이다.

錦江玉疊 금강옥첩 | 금강錦江은 성도成都 부근을 흐르는 강 이름으로 성도시成都市 동문 밖에 있다. 이곳에 비단관리담당관[錦官]을 배치하여 이 강에서 씻어 만드는 비단을 감독하였다. 옥첩玉疊은 지금의 사천성四川省 관현灌縣 도강언都江堰 동쪽에 있다. 기암괴석이 천 길이나 되고 성 바깥에 웅장하게 서 있다. 아미산峨眉山과 함께 사천성의 대표적인 산이다.

설도와 무원형武元衡

807년(원화元和 2년) 10월에 무원형(자字 백창伯蒼, 하남河南 구씨인緱氏人)이 재상을 겸하여 검남서천절도사劍南西川節度使에 임명되었다. 그 뒤 무원형은 813년 정월에 부름을 받고 문하시랑평장사門下侍郎平章事에 제수되었고, 815년 6월 3일 자객에게 살해되었다. 그는 중당中唐의 명재상으로 시문을 좋아했고 문재도 뛰어났다.《신당서新唐書》와《구당서舊唐書》에 "무원형은 유벽劉碧의 난 뒤에 촉지방을 다스렸다. … 5언시에 뛰어났고 호사가들이 전하기를 자주 관현악으로 연주되었다고 한다."라고 하였다. 이 기록으로 보아 무원형은 시와 음악 모두에 예술적 소양이 높았을 것이다. 문인으로서보다는 관리로서 명성을 떨쳤음에도《전당시》에 193수의 시가 전한다.

무원형은 문학적 소양이 풍부하였기 때문에 문학적 감수성이 뛰어난 설도와 특별한 교분을 갖게 된다. 무원형이 서천西川에 부임한 이때 설도의 나이는 이미 마흔 정도 되었으므로 여성으로서의 청춘은 이미 지났다고 할 수 있다. 그런데도 무원형은 연회를 베풀 때마다 그녀와 함께했다고 한다. 이때 설도는 위고韋皐의 죽음과 유벽劉碧의 난을 겪으면서 심리적 혼란을 겪었을 것이고 그러던 차에 풍류를 아는 무원형을 만나 그 기쁨은 남달랐을 것이다. 무원형은 813년(원화 8년) 정월에 성도成都를 떠났으므로 설도는 약 7년 동안 무원형을 모셨다. 무원형은 설도의 재능을 높이 평가하여 그녀를 교서랑校書郎에 추천하였는데 이 일은 비록 성사되지는 못했지만 무원형이 설도의 재능을 얼마나 인정하고 있었는지를 보여준다. 이 일로 설도는 여교서女校書라는 칭호를 얻게 되었고, 이후 여교서는 기녀를 지칭하는 말이 되었다.

설도는 자신의 재능을 알아준 무원형에게 특별한 애정을 느꼈을 것이다. 그래서일까? 무원형과 교유하면서 지은 작품은 주로 화려한 풍격으로 상대를 찬미하고 즐겁게 하기 위한 사교적 목적이 두드러진다. 나이 많은 기녀로서의 연륜과 경험이 편안하고 안정감 있는 사교로 이끌었을 것이다. 관련 작품으로는 〈시 '가릉역'을 속작하여 무 상국님께 바침續嘉陵驛詩獻武相國〉, 〈서천장관 무원형 상국님께 올림上川主武元衡相國〉(2수) 등이 있다.

서천장관 무원형 상국님께 올림 두 수
上川主武元衡相國 二首

지는 해는 성곽을 비추고, 저녁 안개 걷히니,
옥 대자리, 화려한 식기로 제후께 바치네요.
밝은 달에게 큰 등불이 되게 한 것으로,
구슬발이 옥고리를 내리지 않게 하지요.

落日重城夕霧收,
玳筵雕俎薦諸侯.
因令朗月當庭燎,
不使珠簾下玉鉤.

제1수 주석

川主武元衡相國 천주무원형상국 | 천주川主는 검남서천절도사劍南西川節度使로 서천 지방의 군정軍政의 장관이기 때문에 천주라고 불렀다. 무원형武元衡은 헌종憲宗 원화元和 2년(807) 정월에 문하시랑門下侍郎과 평장사平章事를 겸직하여 고숭문高崇文을 대신해서 검남서천절도사가 되었다. 상국相國은 재상을 의미한다.

落日 낙일 | 지는 해, 석양.

重城 중성 | 성곽. 성곽 이외에 여러 가지 뜻이 있다. 전략적 의의가 있는 중요 도시라는 뜻도 있고, 고대 도시에서는 외성外城 안에 또 내성內城을 세웠기 때문에 '중성重城'이라고도 하였다. 성곽, 궁성 이외에 도시, 성벽 등을 가리키기도 한다. 본서에서는 성곽으로 표현하였다.

夕霧 석무 | 저녁에 끼는 안개.

收 수 | 걷히다. 걷어 들이다.

玳筵 대연 | 옥 대자리. 대모연玳瑁筵이라고도 하는데 화려하고 진귀한 연석宴席을 말한다.

雕俎 조조 | 화려한 식기. 조각한 예물용 목재 그릇으로 조雕는 꾸미다, 조각하다는 뜻이고, 조俎는 음식을 올려놓는 적대炙臺이다. 주연에 사용된 식기의 화려함을 표현한 것이다.

동각으로 술잔을 옮겨 성대한 연석을 펼치는데요,

담비꼬리 비녀에 용 부절, 더욱 봄날에 어울려요.

성곽에서 그림피리 세 번 울고 그치니

구름군막 막 드리워져 빨간 등불 새롭네요.

東閣移尊綺席陳,

貂簪龍節更宜春.

軍城畵角三聲歇,

雲幕初垂紅燭新.

薦 천 | 음식을 바친다는 의미.
因 인 | ~로 인하여, ~로 말미암아.
令 영 | ~로 하여금 ~하게 하다.
庭燎 정료 | 큰 등불. 《설문說文》에 "정료는 큰 등불이다"라고 하였다. 《시경詩經》의 소아小雅〈정료庭燎〉에 '큰 등불의 빛庭燎之光'이라는 표현이 있다.
使 사 | ~로 하여금 ~하게 하다.
珠簾 주렴 | 주렴, 구슬 따위를 꿰어 만든 발.
玉鉤 옥구 | 옥으로 만든 갈고리, 구슬발을 고정시키는 고리.

제2수 주석

東閣 동각 | 재상이 빈객을 초대하여 환대하는 곳. 한편으로는 누각 이름으로 동정東亭을 가리키기도 하는데 옛터는 지금의 사천성四川省 숭경현崇慶縣 동쪽에 있다. 무원형은 사천지방에 있었으므로 이 시에 나오는 동각이 실제로 사천성에 있었다는 동정을 가리킬 수도 있는데 확인할 수는 없다. 무원형은 재상이었으므로 재상이 빈객을 초대하여 환대하는 곳으로 보아도 괜찮겠다.
尊 준 | 술잔, 여기서는 연회석을 의미한다.
綺席 기석 | 성대한 연석.
貂簪龍節 초잠용절 | 담비꼬리로 장식한 비녀와 용무늬를 아로새긴 부절(사자使者가 소지하는 징표). 모두 신분의 고귀함을 나타내며, 여기서는 절도사의 위엄을 표현한 것이다.
更 갱 | 더욱.
宜春 의춘 | 봄날에 어울리다.
軍城 군성 | 군정장관 즉 여기서는 서천절도사西川節度使가 주둔하는 촉도蜀都 성도成都를 말한다.

작품설명

《한시대계》에서는 무원형武元衡이 부임했을 때 설도가 바친 시가 앞에 나온 〈시 '가릉역'을 속작하여 무 상국님께 바침續嘉陵驛詩獻武相國〉이고 이 두 시는 다음 해 봄에 지었을 것이라고 보았다. 장봉주 또한 강희康熙 연간의 《어정전당시인년표御定全唐詩人年表》에서 이 시는 원화元和 2년(807)에 지어졌다고 하였으나 불확실하다고 하고, 무원형이 검남서천절도사劍南西川節度使에 임명된 것은 원화 2년 10월인데 설도의 시에 '더욱 봄날에 어울려요更宜春'라는 구가 있으니 아마도 원화 3년(808) 봄에 지은 것 같다고 보았다. 《전당시》에서는 이 작품 제목에 '원형元衡'이라는 두 글자가 없는 것도 있다고 하였다.

이 시는 군부의 야간 연회를 그리고 있는데 촉지방을 다스리는 최고의 관리에게 올리는 시이므로 그만큼 그를 즐겁게 하고 찬미하는 사교시의 특징을 잘 보여주고 있다. 제1수에서는 연회석의 화려함에 대한 묘사와 함께 달로 하여금 큰 등불이 되어 밤을 밝히게 하였기 때문에 구슬발을 내리지 않게 하였다는 묘사는 매우 시적이다. 제2수에서는 화려

畫角 화각 | 호각, 피리. 고대 관악기로 서강西羌에서 나왔는데 모양은 대나무 통 같고 겉에 그림을 그렸기 때문에 그림피리[畫角]라고 불렀다. 군대에서 주로 시간(저녁과 새벽)을 알리는 데 사용하였다.

三聲 삼성 | 세 소리, 호각[畫角]이 세 번 울리는 소리.

歇 헐 | 그치다. 호각소리가 세 번 울렸다 그쳤다고 한 것은 연회가 한밤 내내 이어져 새벽까지 계속되었음을 말한다.

雲幕 운막 | 구름 군막(군대에서 사용하는 장막). 가볍고 부드러워 하늘거리는 것이 운무雲霧와 같은 장막을 말하는데 일반적으로 장막을 가리킨다.

初 초 | 막, 갓, 방금.

垂 수 | 드리우다.

新 신 | 새롭다. 여기서 '새롭다[新]'는 의미는 지금까지는 밝은 달이 등불 노릇을 하였기 때문에(제1수 제3구) 등불을 켤 일이 없었는데 이제 밤이 깊어 실내로 자리를 옮겨 등불을 새로 켰다는 의미이다.

한 장식물을 언급하여 연회의 고급스러움을 보여주고 있다. 또한 한밤의 연회가 새벽을 알리는 피리소리가 울리도록 이어졌는데도 다시 군막을 내리고 등불을 새로 켜서 주흥을 이어간다는 것은 흥건한 연회의 풍경을 생동감 있게 보여준다. 명대의 종성은《명원시귀》에서 "가지런하고 곱고 웅건함 속에 여전히 빼어난 기운이 있어서 아름답다整麗雄健中仍有透氣, 故佳."라고 하였다.

왕 장관님께 올림
上王尙書

푸른 옥으로 꾸민 쌍깃발, 흰 옥 같은 사나이가요,
천제께 막 작별하고 부상에서 내려왔어요.
손에는 구름관인 지니고 새 방문에 적으니,
십만 인가에 봄날이 길어지네요.

碧玉雙幢白玉郞,
初辭天帝下扶桑.
手持雲篆題新榜,
十萬人家春日長.

注주석

碧玉雙幢 벽옥쌍당 | 푸른 옥으로 장식한 두 개의 깃발. 지휘에 사용하는 깃발이다. 벽옥碧玉은 푸른 빛을 띠는 옥이고, 쌍당雙幢은 쌍깃발로 '당幢'은 고대에 의장儀仗으로 사용한 깃발이다. 진문화陳文華는 왕상서王尙書가 촉지방에 부임했을 때의 의장儀仗을 미화한 것이라고 보았다.

白玉郞 백옥랑 | 백옥白玉(빛깔이 흰 옥)같이 멋진 남자. 여기서는 왕상서王尙書의 모습을 비유한 것이다.

初 초 | 막, 방금.

辭 사 | 작별하다.

天帝 천제 | 천제, 상제, 황제. 진문화陳文華는 당唐 헌종憲宗을 가리킨다고 하였다.

下 하 | 내려오다.

扶桑 부상 | 부상. 해 뜨는 곳, 태양. 신화 속의 나무 이름으로 전설에 의하면 해가 이 나무 아래에서 나와 나뭇가지를 떨치고 떠오르기 때문에 해 뜨는 곳을 가리키기도 하며 또한 태양을 나타내기도 한다. 진문화는 고대인은 천자를 해로 보았기 때문에 부상扶桑은 천자가 있는 곳

작품설명

왕상서에게 바치는 사교용 헌시이다. 상서尙書는 당대唐代 육부六部의 장관이다. 여기서 왕상서는 왕파王播이다. 이 시에 대한 해석은 주석자에 따라 의견을 달리한다. 먼저 장봉주는 이 시의 왕상서는 왕파王播이고 시에서 찬미하고 있는 대상은 왕파와 그의 동생 왕기王起(760~847, 자는 거지擧之)라고 하였다. 장봉주는 왕파의 동생 왕기는 재주로 이름이 났는데 장경長慶 원년(821)에 중서사인中書舍人에서 예부시랑禮部侍郎으로 옮겼고, 여러 차례 시험을 주관하여 당시 명성이 드높았다고 하였다. 또한 이 시의 첫 구절은 왕파와 왕기를 함께 찬미하였고 나머지는 오로지 왕기가 인사담당관으로서의 업무를 잘하는 것을 찬미하였다고 하였다. 장봉주는 자신이 이와 같은 해석을 내린 이유에 대해 구체적으로 설명하지는 않았다.

한편 진문화는 이 시가 왕파의 치적을 칭송한 것으로 보았다. 앞의 두 구절은 왕상서가 막 황제에게 작별하고 서울에서 서천西川까지 부임할 때의 위용을 그린 것으로 보았고, 뒤의 두 구절은 촉 지방에서 왕상서가

을 대신 가리킬 수 있으므로 여기서는 천자가 있는 곳 즉 장안長安을 가리킨다고 보았다. 그러므로 부상에서 내려왔다는 것은 왕상서王尙書가 장안에서 이곳 촉 지방으로 부임하였음을 비유한 것이다.

手持 수지 | 손에 쥐다.

雲篆 운전 | 구름 관인官印. 운雲은 구름이고 전篆은 관인에 대한 별칭이다. 전篆은 전문篆文(전서체篆書體의 문자, 한자 글씨체의 하나)으로 인장印章에 전문篆文을 많이 썼기 때문에 관인의 별칭이 되었다. 진문화는 운전雲篆을 구름 모양의 장식 무늬를 새긴 인장으로 절도사의 관인에 대한 미칭이라고 하였다.

題 제 | 적다.

榜 방 | 방문, 게시판. 벽 등에 붙인 관청의 고시告示, 혹은 합격자 명단 등을 나타내는 방 혹은 방문榜文.

十萬 십만 | 수량이 매우 많은 것을 말한다. 진문화는 서천(사천四川의 서부지역, 성도成都 지역)의 가구 수를 대략적으로 말한 것으로 보았다. 《북몽쇄언北夢瑣言》에 "성도 십만호成都十萬戶"라는 표현이 나온다.

이룬 치적을 칭송한 것으로 이해할 수 있다고 하였다. 제3, 4구는 인과관계를 이루어 왕파가 손에 절도사의 관인을 들고서 문서에 서명하는 모습과 서천 지방의 십만 인가가 봄빛에 물드는 그림이 서로 어우러진 채 그의 탁월한 치적을 드러내고 있다고 보았다. 유천문劉天文은 장봉주의 관점은 타당하지 않다고 보고, 기본적으로 진문화의 의견을 따라 이 시를 왕파가 막 부임할 때 지은 시로 보았다.

결국 장봉주는 왕기가 과거담당관으로서 인재선발을 잘했다는 것을 찬미한 것으로 보았고, 진문화는 왕파의 부임의 위용과 절도사로서의 치적을 찬미한 것으로 본 것이다. 이와 같은 해석의 차이는 신방新榜의 의미를 어떻게 볼 것인가에 따라 다를 수 있다. 신방은《한어대사전》등의 큰 사전에서는 단어 풀이를 하고 있지 않은데 우리나라 한자사전에서는 새로 급제한 사람의 성명을 써서 보이던 방목이라고 풀고 있다. 실제로 한자에서 방榜이라는 글자는 과거급제자의 명단을 적어놓은 방을 의미하기도 하고, 신방新榜의 용례를 중국문헌에서 찾아보면 새로 급제한 명단을 적어놓은 방을 의미하는 경우가 많다. 더구나 왕파의 동생 왕기는 무종武宗(814~846) 때에 네 차례나 과거시험담당관을 맡으면서 뽑은 사람이 모두 유명인사일 정도로 명성이 높았었다. 이와 같은 맥락으로 본다면 장봉주의 해설이 일견 타당해 보인다. 그러나 장봉주의 주장처럼 이 시가 왕파의 동생인 왕기가 인재선발을 잘했다는 것을 칭찬한 것으로 보는 것은 조금 어색해 보인다. 왜냐하면 시의 제목으로 보면 왕파에게 보내는 시인데 시의 내용에서는 동생을 칭찬하는 것이 다소 어색해 보인다. 또한 신방新榜의 의미가 반드시 과거급제자 명단을 고시한 방문으로 봐야 하는 것은 아니다.

전체적으로 보아 진문화의 주석이 더 적절하다고 판단된다. 다만 제2구에 "초사初辭(막 ~을 작별하고)"라는 표현이 있는 것으로 보아 유천문의 견해처럼 이 시는 왕파가 막 부임했을 때 지은 시로 보인다. 이렇게 본다면 제1구의 '벽옥쌍당碧玉雙幢'은 부임할 때 사용한 의장儀仗을 찬미한 것이고 제2구는 천자께 작별하고 부임하였다는 것을 말하며, 후반부는 그의 통치로 성도成都 시민이 평화롭게 살 것이라고 예찬한 것으로 읽을 수 있다. 이 시는 기녀가 사교 목적으로 쓴 시의 전형으로 칭찬의 정서를 맘껏 드러냈다. 또한 앞의 푸른 옥[碧玉]에 대하여 흰 옥[白玉]이라는 글자를 사용하여 선명한 색채 대비를 통한 살아있는 이미지를 뚜렷하게 연출했다. 명대의 종성은《명원시귀》에서 이 시에 대해 평가하기를 "초일하면서 동적이어서 결코 아첨의 기운을 띠지 않았다逸而動, 絶不帶媚氣."라고 말하였다.

설도와 왕파

왕파王播(759~830, 자字 명양明敭)는 양주揚州 사람이다. 정원貞元 연간에 진사에 급제하여 염철전운사鹽鐵轉運使를 지내고 예부상서禮部尙書, 서천절도사西川節度使, 형부상서刑部尙書, 중서시랑동평장사中書侍郎同平章事, 회남절도사淮南節度使를 지냈으며 대화大和 초엽에 다시 재상이 되었다. 설도는 왕파가 예부상서禮部尙書를 역임했기 때문에 왕상서王尙書라고 불렀다. 왕파가 성도成都에 온 것은 원화元和 13년(818) 정월로 이때 그는 검교호부상서檢校戶部尙書가 되어 성도윤成都尹, 검남서천절도사劍南西川節度使로 부임하였다. 촉 지방을 3년 정도 다스린 뒤 장경長慶 원년元年(821)에 서울로 돌아갔다.《신당서新唐書》에서는 왕파가 권력욕이 강하고 세금을 무겁게 부과하여 백성들이 원망하였다고 평가하고 있다. 관련 작품으로는 확신할 수 있는 작품으로 〈왕 장관님께 올림上王尙書〉 1수가 있다. 이 밖에 왕파와 관련된 작품으로 〈완화정에서 서천장관 왕파 상공 및 관료들을 모시고 때 이른 국화를 함께 읊다浣花亭陪川主王播相公暨寮同賦早菊〉가 있는데 이 시는 각 판본에 모두 기록되어 있지 않다. 그런데 장봉주만이《분문찬류당가시分門纂類唐歌詩》에 근거하여 설도의 시로 보충하고 있어서 본서에서는 '미지의 시'로 분류하였다.

단 상국님이 무담사에 놀러오셨는데 병으로 따라갈 수 없어서 지어 부치다
段相國遊武擔寺病不能從題寄

수척해져 도리어 어찌 영공을 뵈올 수 있겠어요,
떨어지는 꽃잎은 별 수 없이 동풍을 원망하지요.
제 맘은요, 아직도 청춘 속에 있다고 말하는데,
돌 거울 속 쑥부쟁이 머리, 쳐다보기 창피해요.

消瘦翻堪見令公,
落花無那恨東風.
儂心猶道青春在,
羞看飛蓬石鏡中.

주석

相國 상국 | 고대 관직명으로 재상을 가리킨다.
武擔寺 무담사 | 성도成都 시내의 서북쪽 무담산武擔山에 있는 사찰이다. 양웅揚雄의 《촉왕본기蜀王本記》에 의하면 무도武都(감숙甘肅의 성현成縣 서쪽)의 한 남자가 여자로 변했는데 촉왕蜀王이 비妃로 받아들였지만 얼마 안 있어 죽었기 때문에 왕이 무도[武]의 흙을 짊어지고[擔] 와서 성도의 성 안에 쌓아서 장사를 지내고 '무담武擔'이라고 하였다고 한다. 후에 삼국시대 촉蜀의 유비劉備가 이 무담산의 남쪽에서 제위에 올랐다고 한다. 사찰 경내에서 금강錦江이 흘러가는 것을 조망할 수 있다. 지금은 오담산五担山이라고 부른다.
從 종 | 따라가다. 모시다. 시중들다.
題寄 제기 | 시를 지어 보내는 것.
消瘦 소수 | 몸이 수척해지다. 여기서는 시인이 병으로 몸이 야윈 것을 말한다.
翻 번 | 도리어, 오히려. 예상이나 기대 또는 일반적인 생각과는 반대되거나 다르게 상황이 벌어질 때 사용한다.
堪 감 | 어찌 ~할 수 있겠는가. '나감那堪(어찌 ~할 수 있겠는가)'의 줄임말로 하감何堪, 즘감怎

작품설명

단상국段相國은 검남서천절도사劍南西川節度使였던 단문창段文昌(서하西河 사람)을 가리킨다. 상국相國이라고 지칭한 것은 그가 재상을 지내다가 검남서천절도사로 부임했기 때문이다. 그가 성도成都에서 절도사로서 있었던 것은 두 번이었는데 《전당시》에 요향姚向이 장경長慶 2년에 서천절도판관西川節度判官이 되었을 때 쓴 〈단 상국의 '무담사 서대에 올라'에 화답하여和段相公登武擔寺西臺〉가 있기 때문에 《한시대계漢詩大系》에서는 설도의 이 시를 장경長慶 원년元年(821)에 단상국이 처음으로 검남서천절도사로 부임했을 때 지은 것으로 보았다. 진문화 또한 《전당시화全唐詩話》(권4)의 "단문창이 촉 지방에 주둔하였을 때 〈무담사 서대에 적다題武擔寺西臺〉라는 시가 있다文昌鎭蜀, 有〈題武擔寺西臺〉詩."를 인용하여 설도의 이 시는 단문창이 촉지방에 처음으로 부임했을 때 지은 것이라고 보았다. 단상국의 시 〈무담사 서대에 적다〉는 《전당시》(권331)에 실려 있다.

단상국이 무담사武擔寺에 놀러왔을 때 마침 병으로 함께할 수 없어서 이 시를 보내어 안타까움을 드러냈다. 병색으로 수척해진 몸으로는 단

堪과 같은 의미로 사용된다. 진문화는 번감翻堪 두 글자를 '하감何堪'의 의미로 풀고 별다른 설명을 하지 않았는데 《한어대사전》을 비롯한 다른 큰 사전에 번감翻堪이라는 두 글자가 그런 의미를 지닌다는 풀이는 없고, 감堪이라는 글자가 단독으로 '나감那堪'의 줄임말로 사용된다는 설명은 있다. 따라서 번翻은 '도리어'라는 부사로 처리하고 감堪을 나감那堪(하감何堪)의 줄임말로 풀이하는 것이 좀 더 적합하다고 하겠다. 즉 수척해진 모습으로 누구를 만날 수 있는 상황이 아니고 그런 모습으로 윗분을 뵙는 것은 예의가 아니므로 뵐 수 없는 것이 당연한데 도리어(예상과 달리) 어찌 뵐 수 있겠느냐는 말이다.

令公 영공 | 중서령中書令에 대한 존칭으로 사용하였다. 단문창段文昌은 중서시랑中書侍郎, 평장사平章事로 촉 지방에 주둔하였기 때문에 영공이라 불렀다.

無那 무나 | 무내無奈, 무가내하無可奈何와 같은 말로 '어찌할 도리가 없다, 다른 방법이 없다'는 뜻이다.

恨 한 | 원망하다, 한하다.

東風 동풍 | 봄바람, 봄은 방위로 본다면 동쪽에 해당한다.

儂 농 | 아我(나), 오吳지방 말이다.

猶 유 | 아직도, 여전히.

상국을 만나고 싶지 않다는 마음이 시에 가득하다. 흩어지는 꽃이 봄바람을 원망하는 것처럼 시인 역시 세월 앞에 수척해진 몸을 투명하기로 유명한 저 돌거울[石鏡]에 비춰보는 것이 부끄럽다고 하였다. 저 돌거울은 단 상국이 놀러간 무담사에 있으니 그곳에 가면 수척한 얼굴이 그 투명한 거울에 그대로 비치기 때문이다. 적절한 전고를 재치 있게 인용하여 관료를 모시며 살아가는 기녀 시인의 조심스러운 마음이 잘 나타나 있다.

道 도 | 말하다.
羞 수 | 창피하다, 부끄럽다, 수줍다.
飛蓬 비봉 | 봉두난발, 산발하여 어지러워진 머리. 병으로 머리단장을 하지 못하였음을 의미한다.
石鏡 석경 | 돌거울. 무담사에 이 석경이 있으며 촉왕이 장례를 치를 때 보낸 것으로 매우 맑고 투명하다고 한다. 길이는 두 길이고 높이는 다섯 자였다고 한다. 《촉중명승기蜀中名勝記》에도 관련 기록이 있으며 두보杜甫 또한 〈석경石鏡〉이라는 시에서 이 일을 노래하였다.

✿ 설도와 단문창

단문창段文昌(773~835)은 왕파王播를 이어 부임하였다. 그의 자字는 묵경墨卿, 경초景初이며, 젊었을 때 설도와 오랫동안 교류하였던 절도사 위고韋皐의 막하에 있었기 때문에 설도와도 잘 알았다. 그는 위고의 총애를 받아 위고가 그를 중앙정부에 추천하여 교서랑校書郎이 되었다. 원화元和 2년(807)에 촉지방을 떠나 등봉위登封尉가 되었고, 원화 15년(820)에 재상[相國]이 되었다. 장경長慶 원년元年(821) 2월에 검남서천절도사劍南西川節度使가 되었다가, 3년(823) 10월에 소환되었으며, 대화大和 6년(832) 11월에 다시 검남서천절도사로 부임하였다. 이곳에서 그는 비각서적秘閣書籍을 모두 열람하고 《유양잡조酉陽雜俎》, 《양양집襄陽集》을 저술하였다. 그가 다시 부임했을 당시 설도는 이미 죽은 지 몇 개월이 지난 뒤였고,[17] 그는 대화 9년(835) 2월에 죽었다. 애국애민의 절도사로 평가되고 있는 단문창은 설도가 죽은 뒤 묘비를 써주었다고 하지만 비문은 현재 전하지 않는다. 관련 작품으로는 현재 〈단 상국님이 무담사에 놀러오셨는데 병으로 따라갈 수 없어서 지어 부치다段相國遊武擔寺病不能從題寄〉, 〈단 교서님께贈段校書〉 2수가 있다.

---

17 전술한 바대로 설도가 언제 죽었는지에 대해서는 학자마다 의견이 다르다. 장봉주는 대화大和 6년(832) 여름이라고 보았고, 진문화는 단문창段文昌이 이해 11월에 부임한 뒤인 12월에 설도가 죽었으며 단문창이 그녀를 위해 묘지명을 썼다고 하였다(이 책 뒤에 실린 〈설도 시 해제〉 참조).

단 교서님께
贈段校書

공자께서 멋지게 교감을 말하는데요,
옥활과 금재갈에 자줏빛 생사 옷깃이네요.
위현성은 곧장 명예를 자랑하지 마세요,
재주와 풍모는 틀림없이 단교서만 못할 테니까요.

公子翩翩說校書,
玉弓金勒紫綃裾.
玄成莫便驕名譽,
文采風流定不如.

주석

公子 공자 | 공자, 관료나 부귀한 집안의 자제를 일컫기도 하고, 타인의 자식에 대한 경칭으로도 쓴다.

翩翩 편편 | 행동이나 태도가 멋스러운 모양을 나타낸다. 문채와 풍류를 갖춘 사람을 형용할 때 쓰인다.

校書 교서 | 교감, 책을 교감하다.

玉弓 옥궁 | 옥으로 꾸민 활, 활을 아름답게 부른 것이다.

金勒 금륵 | 늑勒은 굴레, 앞에서 옥玉이라는 글자를 사용했기 때문에 여기서는 금金이라는 글자를 사용하였다.

紫綃裾 자초거 | 자줏빛 생사 옷깃, 초綃는 생사, 거裾는 옷깃.

玄成 현성 | 한대漢代의 위현성韋玄成으로 자는 소옹少翁이다. 추노鄒魯의 대유학자였던 재상 위현韋賢의 아들로 경서에 능통하여 원제元帝 때 재상이 되었다. 《한서漢書 · 위현전韋賢傳》에 의하면 그는 어려서부터 공부를 좋아하고 사람을 대함에 빈천한 자에게는 더욱 예의를 갖추어 명성이 자자하였다고 한다. 7년 동안 재상을 역임했는데 엄정함은 아버지에 미치지 못했지만 문채풍류文采風流는 아버지를 능가하였다고 한다.

작품설명

단교서段校書가 누구인지 확실치 않다. 교서校書는 교서랑校書郎의 약칭으로 서적을 교감하는 일을 하는 관직명이다.《한시대계》와 진문화는 이 시의 단段을 단문창段文昌으로 보았는데, 장봉주와 팽운생 그리고 유천문은 단문창의 아들 단성식段成式(자字 가고柯古)으로 보았다. 단성식은 음덕으로 교서랑校書郎이 되었고 저서로《유양잡조酉陽雜俎》와《양양집襄陽集》이 있다.《설문록說聞錄》에 의하면 단문창이 성도成都에 주둔했을 때 그의 아들 성식成式이 사냥을 좋아하여 근심하였다고 한다. 그런데 아들 단성식이 잡은 꿩과 토끼를 막료에게 나누어 보내면서 각각 편지를 써서 보냈는데 글에서 인용한 고사가 매우 자세하였다고 한다. 막료들 대부분이 그 의미를 알지 못해 승상에게 바치니 그제야 아들이 박학하다는 것을 알게 되었다는 기록이 있다. 이 시의 단교서는 단문창의 아들 단성식일 가능성이 훨씬 높다. 왜냐하면 단성식은 사냥을 좋아했는데 이 시의 제2구의 '옥궁금륵玉弓金勒'은 그 모습을 형용한 것으로 볼 수 있다. 또한 제3구에 나오는 위현韋賢 부자父子의 전고는 단씨段氏 부자를 비유하기에 적합하다. 종성은《명원시귀》에서 이 시에 대해 "증정하는 시는 깊은 뜻을 갖추어야 하며 구차하게 지어서는 안 된다. 이 시는 유독 '문채풍류文采風流'라는 네 글자로 증정하였으니 그 추대하는 바를 알 수 있다贈詩俱有深意, 不爲苟作. 此獨以文采風流四字贈之, 則其所推重可知也."라고 하였다.

莫 막 | ~하지 마라.
便 변 | 곧, 곧장, 바로.
驕 교 | 자랑하다, 우쭐대다, 교만하다.
文采風流 문채풍류 | 넘치는 재능과 세련된 풍모.
定 정 | 틀림없이.
不如 불여 | ~만 못하다.

주변루
籌邊樓

구름 속의 새와 나란히 대하는 여덟 창 가을이,
서천 사십 주를 씩씩하게 누르고 있지요.
여러 장군들은 강족의 말일랑은 탐내지 마오,
가장 높은 층에서 변경 머리가 보이니까요.

平臨雲鳥八窗秋,
壯壓西川四十州.
諸將莫貪羌族馬,
最高層處見邊頭.

ꕥ주석

籌邊樓 주변루 | 망루 이름으로 변경수비전략용 망루라는 뜻이다. 망루는 높이 지어 적을 정찰하거나 먼 곳을 바라보기 위해 지은 건물이다. '주籌'는 '헤아리다'는 의미이고, '변邊'은 변경으로, 주변루籌邊樓는 변경지방을 다스리기 위해 세운 전략적 누대이다. 문종文宗 대화大和 3년에 전임 검남서천절도사劍南西川節度使의 악정惡政으로 남조南詔가 침입하여 성도成都를 약탈하는 참사가 있었다. 그 후 병부상서兵部尙書에 있었던 이덕유李德裕가 대화大和 4년(830)에 검남서천절도사가 되어 신예의 기백으로 군대를 정비하고 대화 5년(831)경에 그 시책의 하나로 세운 것이 이 망루이다. 이덕유는 네 벽에 오랑캐의 요새를 그려놓고 날마다 변경 지리에 익숙한 자와 함께 전략을 세웠다. 당시 이 누대의 위치는 성도부치成都府治의 서쪽에 세워졌지만 송宋나라 순희淳熙 3년, 사천제치사四川制置使 겸 성도지부成都知府였던 범성대范成大가 자성子城의 서남쪽에 중건하고 그것이 완성되자 〈수조가두水調歌頭〉를 지었다고 하며 그 후 도원都院의 동쪽 허리로 옮겼다고 한다.

平 평 | 나란히, 평행하게.

臨 림 | 대하다, 임하다.

雲鳥 운조 | 구름과 새 혹은 높이 나는 새.

작품설명

전임 검남서천절도사劍南西川節度使인 두원영杜元穎은 목종穆宗, 경종敬宗 때 진기한 산물을 모아서 조정에 바치려고 백성들에게 과중한 세금을 부과하고 병사들의 급료를 주지 않았다. 백성들은 도탄에 빠졌고 국경을 경비하던 장병은 그 결손을 메우기 위해 국경지대에 주둔하던 숙만熟蠻으로부터 말을 징수하였다. 그리하여 대화大和 3년(829)에 남조南詔가 성도成都를 침략하여 서남西南 지역을 약탈하였다. 결국 성도는 점령되어 불에 타고 약탈되어 수천 명의 남녀가 포로로 붙잡히는 참사가 일어났다. 대화 4년(830) 겨울에 이덕유李德裕가 신임 절도사로 성도에 부임하여 전쟁의 재난을 수습하고 군대를 재정비하였다. 그리고 이곳에 주변루籌邊樓를 세워 망루 위 좌측 벽에는 남방의 산천 요충지와 오랑캐 땅[蠻地] 그리고 노정을 기록하고, 우측 벽에는 서방의 토번吐蕃과 접해 있는 주변의 상황을 기록하였다. 그리고 각 부락의 인구, 식량상황, 부락의 거리, 도로 등을 일일이 기록하고 각 지역의 국경지대에 머무는 자들을 모아 지도를

八窗 팔창 | 사방에 각 두 창이 있어 도합 8개의 창으로 사방을 볼 수 있다.
壯 장 | 씩씩하게.
壓 압 | 누르다.
西川四十州 서천사십주 | 사천성四川省 서부를 지칭한다. 사천四川 지방은 당唐 태종太宗 때 검남부劍南都라 불렸고, 당 현종玄宗 때 이를 동천東川과 서천西川으로 구분하여 각각 절도사節度使를 두었다. 송의 서천로西川路는 지금의 사천四川 서천도西川道이다. 이 구절의 "사십주四十州"는 각 판본에서 '사십주四十州'라고 되어 있으나 장봉주는 노구盧求의 《당성도기唐成都記》에 근거하여 '십사주十四州'로 수정하였다.
莫 막 | ~하지 마라. 금지형 명령어.
貪 탐 | 탐하다, 탐내다.
羌族 강족 | 당항강党項羌을 가리키며, 동한 시대에 동서강東西羌으로 나뉘었고, 진대晋代에는 오호五胡의 하나였으며, 그 후 지금의 감숙성甘肅省의 임담臨潭, 미현岷縣, 사천성四川省의 송반松潘, 무현茂縣 등의 지역에 있었다. 즉 감숙甘肅의 남부에서 사천四川의 서북부에 있던 이민족이다.
見 견 | 보이다.
邊頭 변두 | 국경 끝 언저리.

연구하게 하였다. 이렇게 국경 부근의 오랑캐족[蠻族]의 상황을 손에 쥐게 되자 남쪽의 남조南詔는 4천 명의 포로를 반환하고 서쪽의 토번吐藩 가운데 유주維州의 실달모悉怛謀가 항복하게 되었다. 강희康熙 시대의《어정전당시인년표御定全唐詩人年表》에서 이 시는 대화 4년(830) 10월에 지어졌다고 하였는데 장봉주는 확실치 않다고 하면서 이덕유가 검남서천절도사가 된 것은 대화 4년 10월이고 그해에는 주변루를 세울 수 없었으며, 더구나 설도의 시에는 '팔창추八窗秋'라는 구가 있으니 누대가 완성된 것은 마땅히 대화 5년(831) 가을일 것이라고 하였다. 대화 6년(832) 여름에 설도가 죽었고, 겨울에 이덕유는 재상이 되었다. 그렇다면 이 시는 설도의 작품 가운데 거의 생애 마지막 해 즈음에 지은 시가 된다.

가을하늘에 높이 솟은 변경수비전략용 망루[籌邊樓]에는 사방으로 열려 있는 여덟 개의 창이 있어 구름 속에 높이 나는 새의 춤추는 모양을 눈높이에서 나란히 볼 수 있다. 그 당당한 건물이 서천西川지방 사십주四十州를 진압하고 있다는 것은 검남서천절도사의 위력을 보여주는 것이다. 그리고 서천의 국경을 지키는 여러 장수에게 강족의 말을 탐내어 쓸데없는 사건을 일으켜 침입의 구실을 만들지 말라고 한다. 왜냐하면 이 누대의 가장 높은 곳에서 절도사의 삼엄한 눈이 국경지대를 바라보고 있기 때문이다. 이 시에는 설도의 우국지정이 잘 드러나 있다. 명대의 종성은《명원시귀》에서 이 시에 대해 "여러 장군들을 가르치고 훈계하였으니 얼마나 식견이 있는가! 설도가 어찌 다만 여자이겠는가, 참으로 한 시대의 영웅이로다敎戒諸將, 何等心眼! 洪度豈直女子哉, 固一代之雄也."라고 평하였다. 청대淸代의 기윤紀昀 또한《기하간시화紀河間詩話》에서 "기탁한 뜻이 심원하여, 평범한 부잣집 자제들이 미치는 바가 아니다托意深遠, 非尋常裙屐所及."라고 평하였다.

✻ 설도와 이덕유

이덕유李德裕(787~849, 자字 문요文饒)는 당대唐代의 정치가이자 문학가이다. 당대의 재상 이길보李吉甫의 아들로 단문창段文昌, 두원영杜元穎, 곽검郭劍에 이어 서천절도사西川節度使로 부임하였다. 6년 동안 재상을 지내면서 정치적·경제적으로 공적을 세워 '당대唐代의 일등 인물'로 평가받았다. 이덕유가 절도사로 부임하기 전에 단문창의 후임으로 부임한 두원영은 목종穆宗과 경종敬宗의 환심을 사기 위해 특산물을 거두어 조정에 헌납하느라 백성들의 원성을 얻고 만족蠻族에게까지 약탈을 일삼았다. 이에 이민족 남조南詔가 침입하였고 이 문제를 해결하기 위해 이덕유가 새로 부임하였다. 이덕유는 지모를 모아 이 문제를 해결하려고 애썼고 그 방법으로 변경수비전략용 망루인 주변루籌邊樓를 축조하여 사방 오랑캐에 관한 주요정보를 파악하도록 하였다. 이것과 관련하여 설도는 시 〈주변루籌邊樓〉를 남겼다.

옛 시를 원미지님께 부치다
寄舊詩與元微之

시편의 가락과 모양새는 사람이면 모두 가지고 있지만,
섬세하고 윤이 나는 풍광은, 나 홀로 알고 있지요.
달 아래에서 꽃을 노래하며, 어둡고 희미함을 가엾어하고,
비 오는 아침에는 버들을 적으며, 기울여 늘어짐을 그리지요.
오래도록 푸른 보석으로 하여금 깊숙한 곳에 숨게 하여,
언제나 붉은 종이 향해 자신의 주변을 쓰게 하였지요.
나이를 먹어서 다 정리해낼 수 없사오니,
당신에게 줄테니 훌륭한 남자에게 개봉해 주세요.

詩篇調態人皆有,
細膩風光我獨知.
月下詠花憐暗澹,
雨朝題柳爲敧垂.
長敎碧玉藏深處,
總向紅牋寫自隨.
老大不能收拾得,
與君開似好男兒.

작품설명

이 시는 명대 판본의 《설도시薛濤詩》에는 기재되지 않았다. 《당시기사唐詩紀事》와 《명원시귀》, 《전당시》 등에서는 설도의 시로 기록하고 있다. 상해도서관上海圖書館 소장의 《원벽루람격초본遠碧樓藍格鈔本》의 《설도이야시집薛濤李冶詩集》에는 보유補遺 부분에 들어있다. 《명원시귀》와 《전당시》에서는 이 시의 제목을 〈옛 시를 원미지님께 부치다寄舊詩與元微之〉라고 하였으나 《당시기사》에서는 〈원미지가 설도에게 시를 보내니 그래서 옛 시를 부쳐 그에게 주다元微之贈濤詩因寄舊詩與之〉라고 하였다. 제목으로 보면 예전에 지은 시를 원진元稹에게 보낸 것이다. 그런데 당唐 이여李璵의 《설도전薛濤傳》과 후촉後蜀 위곡韋穀의 《재조집才調集》에서는 이 작품을 원진이 지은 것으로 보고 그가 설도에게 보낸 것으로 되어 있다. 《전당시》에서는 원진편元稹篇(권422)에서도 이 시를 실었는데 제목이 〈옛 시를 부쳐 설도에게 주니 그래서 긴 구절을 만들다寄舊詩與薛濤因成長句〉로 되어 있고 원문의 일부가 다르며, 제3구의 '월하영화月下詠花'가 '월

☙주석

舊詩 구시 | 옛 작품, 전에 지어놓은 작품.

調態 조태 | 시의 모습.

細膩 세이 | 세밀하고 광택이 있는 것.

風光 풍광 | 자연의 자태, 바람이나 빛의 모양.

憐 련 | 가엾어하다, 불쌍하게 여기다.

暗澹 암담 | 선명하지 않고 어둡고 희미함.

題 제 | 쓰다, 짓다, 적다.

爲 위 | 그리다, 적다. 문언문에서 위爲는 어떤 동작이나 행위를 나타낼 때 사용하는데 문맥에 따라서 다양한 동사를 대신한다. 이 시에서는 앞의 제題(쓰다)의 행위와 연관되어 버들에 대해 시를 쓰면서 그 버들이 기울어 늘어진 것을 그리다(적다)는 의미로 쓰였다.

攲垂 기수 | 기울어 늘어지다.

碧玉 벽옥 | 푸른 보석. 이 밖에 벽옥碧玉은 몇 가지 의미를 지니고 있는데 남조南朝 송대宋代에 여남왕汝南王의 소첩 이름이 벽옥碧玉이고, 또한 《악부오성가곡樂府吳聲歌曲》에는 〈벽옥

야영화月夜詠花'로 되어있고 마지막 구절은 '여군한사호남아與君閒似好男兒'로 되어 있다. 원진이 지은 것이라고 한 것은 아마도 제목 때문일 것이다. 장봉주는 "《원씨장경집元氏長慶集》에서 원진이 설도에게 시를 보냈다고 했는데 그 글의 의미로 보면 원진이 지은 시 같지 않다.《당시기사》에서 '원진이 설도에게 보낸 시(〈설도에게 보냄寄贈薛濤〉을 가리킨다)는 옛 시를 부쳐 주었기 때문이다'라고 하였으니 이 시는 설도가 원진에게 부친 작품임을 알 수 있다. 원진의 시 〈설도에게 보냄〉은 장경長慶 원년元年(821)에 지은 것으로 이 시는 아마도 이해에 지었을 것이다."(장봉주, 앞의 책, p. 39)라고 하였다.《한시대계》와 기타 주석가 모두 설도의 작품으로 보았다.

이 시의 마지막 구절은 난해하여 주석가들도 서로 다른 풀이를 하고 있다.《한시대계》에서는 이 구절을 "이제 늙어서 자신의 시를 정리하지 못하니, 그대와 함께 시를 정리하여 우리 아이에게 보여주자"라고도 풀이하였다. 진문화는 '여군개사與君開似'를 '개사여군開似與君'의 도치로 보고, '개사開似'는 '열어 보이다[啓示]', '당신에게 알려 주다[告訴你gaosu ni, 현대 중국어에서 告訴gaosu는 알려주다는 뜻]'의 의미로 보았으며, '호남아好男

가碧玉歌〉가 있는데 이 노래에서 벽옥碧玉은 비천한 집[小家]의 여자라는 구절이 있어서 나중에는 '벽옥碧玉'이 젊고 아름다운 비첩婢妾(여자 종으로서 첩이 된 사람)이나 가난한 집의 딸을 가리키는 데 사용하였다. 이 시에서 벽옥은 두 가지 의미가 중첩되어 설도 자신을 가리킨다. 즉 푸른 보석이 지니는 아름다운 이미지와 설도 자신의 신분과 미모를 함께 나타내는 것으로 읽을 수 있다.

長 장 | 오래도록.

教 교 | ~로 하여금 ~하게 하다.

藏 장 | 감추다, 간직하다.

深處 심처 | 깊숙한 곳.

總 총 | 언제나, 늘.

紅牋 홍전 | 붉은색의 종이. 설도가 시를 쓰기 위해 만든 작은 종이로 촉지방에서는 '설도전薛濤箋'이라고 불렀다.

自隨 자수 | 자신을 따라다니는 주변의 것. 자신의 신변에 따라다니는 것.

兒'는 '교남아敎男兒'로 보았다. 그런데 이 시의 제목이 '옛 시[舊詩]'를 원진에게 '주는[與]' 것이라고 하였으니 이 구절은 '전에 쓴 시들을[舊詩] 원진에게 보내면서[寄] 이제 늙어서[老大] 정리하지 못하여 그대에게[君-元稹] 주노니[與], 훌륭한 남자[好男兒]에게 내 시를 열어(개봉하여) 보여 주세요'라는 의미로 보아도 되겠다. 이 시는 시인의 젊은 날의 자유분방함과 자신감, 자신의 문학관과 시인으로서의 자부심이 잘 나타나 있다. 그녀의 글쓰기가 자연대상에 대한 세련된 감수성에서 비롯되었다는 것을 알 수 있다.

與 여 | 주다.

君 군 | 당신. 상대방에 대한 존칭.

開似 개사 | ~에게 열어 주다, 개봉해 주다. 개開는 '열다, 개봉하다', 사似는 단독으로 동사로 사용되어 '주다'는 의미의 '여與' 혹은 '급給'과 같은 뜻을 지니며 이와 같은 뜻은 당대唐代 가도賈島의 유명한 시 〈검객劍客〉("오늘 칼자루를 그대에게 주노니今日把似君")에도 나온다. 사似는 또한 동사 뒤에 사용되는 전치사로 보고 해당 동사의 동작의 영향이 다른 곳에 미침을 나타내며 '여與'나 '향向'에 상당하는 것으로 보기도 한다. 예를 들면 나업羅鄴의 시 〈궁중宮中〉의 "오늘 아침 달리 은혜를 입은 곳이 있어, 앵무새 날아와 사람에게 말하네요今朝別有承恩處, 鸚鵡飛來說似人."에도 같은 표현이 있다. 《재조집才調集》에는 개사開似가 한사閒似로 되어 있다.

好男兒 호남아 | 훌륭한 남자. 《전당시》에서는 이 세 글자를 '교남아敎男兒'라고 하였는데 장봉주는 《원씨장경집元氏長慶集》에 근거하여 '호남아好男兒'라고 하였다.

설도와 원진

원진元稹(779~831, 하남河南 하내인河內人, 자字 미지微之)은 백거이白居易와 함께 신악부운동新樂府運動을 펼쳐 사회적이고 실용적인 시풍을 형성하는 데 기여한 중당中唐의 대표적 시인이다. 원진은 원화元和 원년元年(806)에 일등으로 급제하여 원화 4년(809) 3월에 감찰어사監察御使로 엄려嚴勵의 범죄사건을 조사하기 위해 동천東川에 갔다. 설도와 원진의 첫 만남은 바로 이때 이루어졌고, 엄사공嚴司空(당시 동천절도사東川節度使)의 주선으로 재주梓州(지금의 사천성四川省 삼대현三臺縣)에서 그들은 만났다. 이때 원진의 나이는 서른 살, 설도는 마흔 살가량 되었다. 설도는 이때 시인으로 명성을 떨치고 있었기 때문에 당대唐代 유명 시인이던 원진도 그녀를 만나고 싶어했다. 그들의 관계를 보여주는 시로는 설도가 원진에게 보낸 〈옛 시를 원미지님께 부치다寄舊詩與元微之〉가 있는데 설도는 원진에게 기녀이면서 시인으로서의 역할을 했을 것이며, 그래서 '증贈'자를 써야 할 곳에 '여與'자를 쓴 것이 아닐까 추측해 볼 수 있다. 연령으로 본다면 설도 쪽이 약 열 살 정도 연상이지만 신분이 높은 원진에게 '여與'라는 글자를 사용한 것은 특별히 친했기 때문인지도 모른다.[18] 원진이 동천東川에 머문 것은 잠깐이었고 7월에 낙양洛陽으로 옮겨 다음 해 2월에 강릉부사조참군江陵府士曹參軍으로 폄적되었다. 강릉江陵은 성도成都에서 그리 멀지 않아 이때 설도와 재회했을 것이라고 추측하기도 한다. 그 뒤 원진은 장경長慶 원년元年(821)에 한림翰林으로 들어갔고, 다음 해 2월에 평장사平章事로 배수받았으며, 그 뒤 대화大和 5년(831) 7월에 사망하였다. 저서로 《원씨장경집元氏長慶集》과 단편소설 〈회진기會眞記〉(〈앵앵전鶯鶯傳〉)가 있다.

설도는 당대唐代의 유명한 시인들과 교유하였는데 그 가운데 원진과의 관계는 특별하다. 두 사람의 관계를 친구 혹은 애인 사이 등으로 호사가들이 전하기도 하지만, 관련기록이 정확하지 않아 확신할 수는 없다. 심지어 설도가 한동안 성도成都를 떠나 원진과 살았다는 설이 있지만 이 역시 불확실하다. 그러나 설도가 다른 시인들에게보다 원진에게 더 깊은 정이 있었던 것만은 사실인 것 같다. 원

18 《漢詩大系》, p. 346.

진은 〈설도에게 보냄寄贈薛濤〉(《전당시》 권423)이라는 시를 보냈다.[19]

설도에게 보냄寄贈薛濤[20]

금강이 기름지고, 아미산이 빼어나,
탁문군과 설도를 멋지게 만들어냈네.
언어는 앵무새의 혀를 솜씨 있게 훔쳤고,
문장은 봉황의 털을 나눠 얻었다네.
수많은 문객이 모두 다 붓을 놓고,
한 분 한 분 공경대부마다 익주자사가 되려 했네.
이별 뒤 그리움은 안개 강 저 멀리,
창포꽃 피어나고 오색구름 높다네.

錦江滑膩峨眉秀,
幻出文君與薛濤.
言語巧偸鸚鵡舌,
文章分得鳳凰毛.
紛紛辭客多停筆,
箇箇公卿欲夢刀.[21]
別後相思隔煙水,

---

19 이 밖에 설도의 〈먼 그대에게 두 수贈遠 二首〉에 대해 장봉주는 설도가 원진에게 보낸 시로 추정하였으나 확증할 만한 자료는 없어 이 책에서는 원진과 관련된 시로 분류하지는 않았다.

20 《全唐詩》 권423.

21 '몽도夢刀'는 관리의 승진 의식, 영전을 가리킨다. 《진서晋書 · 왕준전王濬傳》에 의하면 왕준王濬이 밤에 꿈을 꾸었는데 칼 세 개가 침실 대들보에 걸리더니 잠시 뒤 다시 칼 하나가 보태어졌다고 한다. 그가 놀라서 깨어나 매우 언짢아하자 주부主簿 이의李毅가 재배再拜를 하고 축하하며 '칼 세 개는 주州라는 글자가 되는데 다시 하나가 보태어졌으니[益], 태수께서는 익주益州에 부임하시겠네요.'라고 하였다. 그 뒤 장홍張弘이 익주자사益州刺史인 황보안皇甫晏을 죽였는데 과연 왕준이 익주자사가 되었다는 기록이 있다. 뒤에 '몽도夢刀'는 관리

菖蒲花發五雲高.[22]

남송南宋의 계유공計有功은 《당시기사唐詩紀事》에서 이 시의 제목 아래에 다음과 같은 주석을 붙이고 있다. 원진이 "서촉지방의 설도가 말재주기 있다는 소문을 들었는데, 감찰사로 촉지방에 와서 감찰어사로 죄상을 심문하느라 만나 보기가 어려웠다. 엄사공嚴司空이 짐짓 그 뜻을 알고, 매번 설도를 보냈으며, 한림翰林에 오른 이후에도 시를 보냈다."[23] 그렇다면 원진이 한림에 오른 것은 장경長慶 원년元年(821년)이므로 이 시는 그해에 지은 것으로 볼 수 있다.

현재 설도가 원진에게 보낸 시로 확인되는 작품은 〈옛 시를 원미지님께 부치다寄舊詩與元微之〉이다. 이 밖에 추측되는 작품으로 〈네 벗 예찬四友贊〉이 있고, 또한 설도가 원진이 강릉江陵에 있던 무렵에 강릉에 다녀오면서 지은 것으로 추측하는 시로 〈무산사당을 찾아 뵙고謁巫山廟〉, 〈능운사를 노래하다賦凌雲寺〉, 〈죽랑사당에 적다題竹郎廟〉 등 3편이 있다. 하지만 이상의 네 편의 시에 대해서는 서로 다른 의견이 분분하므로 본서에서는 일단 제외시키고 원진과 확실히 관련된 작품으로 〈옛 시를 원미지님께 부치다寄舊詩與元微之〉만을 수록하였다.

의 승진을 의미하는 것으로 쓰였다. 익주益州는 사천四川 지방이므로 이 시에서는 고사의 본래 내용 그대로 공경대부들이 설도가 있는 익주의 관리로 오고 싶어한다는 의미로 보는 것이 좋겠다.

22 만당晩唐의 범터范攄는 《운계우의雲溪友議》에서 "설도는 창포를 심기를 좋아하였다薛濤愛種昌蒲."라고 하였다. 시의 '오운五雲'은 여러 가지 뜻이 있다. 첫째는 오색의 상서로운 구름으로 길조를 나타내는 의미로 쓰인다. 둘째는 다섯 가지 구름 빛깔을 의미하고, 셋째는 서체의 일종으로 오운체五雲體를 가리키기도 한다. 이 서체는 당대唐代의 위척韋陟이 초서草書를 사용하여 서명하였는데 그 모양이 다섯 개의 뭉게구름과 같아서 붙여졌으며 당시 사람들이 부러워하며 '오운체五雲體'라고 불렀다. 장봉주는 이 구절에 대해 '오운체五雲體'라는 표현을 빌려서 설도의 서예솜씨를 칭찬한 것으로 보았다(張篷舟, 앞의 책, p. 51 참조). 실제로 설도의 서예 솜씨는 뛰어나다고 평가받았다는 점을 본다면 '오운五雲'은 설도의 서예솜씨를 나타내는 것으로 볼 수 있다. 그러나 시의 내용 전개를 보면 제1구에서부터 제6구까지가 설도의 재능을 칭찬하고 있고 제7구에 와서는 감정[情]과 경물[景]을 그리고 있어서 제8구 역시 앞의 구절과 대구를 이루면서 설도가 살고 있는 곳의 주변 경관을 묘사한 것으로 보아도 좋겠다. 특히 설도는 완화계浣花溪로 물러나 살면서 창포를 좋아하여 많이 심었다고 한다.

23 計有功, 《唐詩紀事》(권37): "聞西蜀薛濤有辭辯, 及爲監察使蜀, 以御史推鞫, 難得見焉. 嚴司空潛知其意, 每遣薛往."

유 빈객님의 옥무궁화에 화답하여
和劉賓客玉蕣

옥가지 반짝반짝, 이슬은 찰랑찰랑,
꺾으려니 서늘한 고운 구름 헤치는 것 같아요.
살짝 붉은 씨방 들추니 어느 곳과 닮았나?
산을 따라 기울며 비추는 해 바퀴 스러지네요.

瓊枝玓瓅露珊珊,
欲折如披雲彩寒.
閒拂朱房何所似,
緣山偏映日輪殘.

㉓주석

玉蕣 옥순 | 옥무궁화. 옥玉은 시어로서 사물의 명칭 앞에 붙인 미사여구이고, 순蕣은 무궁화 혹은 조화朝華라고도 한다. 《본초강목本草綱目》에서는 이 꽃이 아침에 피었다가 저녁에 지기 때문에 순蕣이라고 하였는데, 겨우 일순간一瞬間(蕣과 瞬은 동음)만 화려하다는 의미라고 하였다. 장봉주와 진문화는 옥순玉蕣이 흰무궁화라고 하였다.

瓊枝 경지 | 옥 가지. 옥처럼 아름다운 가지. 경瓊은 구슬, 아름다운 붉은 옥, 여기서는 앞의 옥과 마찬가지로 사물의 미사여구로 앞머리에 붙였다.

玓瓅 적약 | 밝고 선명한 모양. 구슬이 빛나는 모양. 《전당시》에서는 '적력的皪(선명한 모양)'으로 되어 있는데, 장봉주는 《분문찬류당가시分門纂類唐歌詩》에 근거하여 '적약玓瓅(구슬 빛)'이라고 하였다. 사마상여司馬相如가 《상림부上林賦》에서 "밝은 달 구슬이, 반짝반짝 강물에 쓸리네明月珠子, 玓瓅江靡."라고 하였다. '적력的皪'과 '적약玓瓅' 모두 의미가 유사하다.

珊珊 산산 | 허리에 찬 옥이 울리는 소리, 의성어.

欲 욕 | ~하려고 하다.

折 절 | 꺾다.

如 여 | ~와 같다.

披 피 | 헤치다.

작품설명

제목의 빈객賓客은 태자빈객의 약칭으로 관직명이다. 유빈객劉賓客은 유우석劉禹錫(772~842, 자字 몽득夢得)을 말한다. 유우석은 중당中唐의 대표 시인 가운데 한 사람이다. 정원貞元 9년(793)에 진사가 되었다가 여러 차례 전직하였다. 저서로 《유몽득문집劉夢得文集》 등이 있다. 그런데 유우석이 빈객이 된 것은 개성開成 3년으로 이때는 이미 설도가 죽은 뒤의 일이므로 이 제목은 후대 사람들이 가필한 것으로 추측하고 있다(張篷舟, 앞의 책, p. 50). 《전당시》에 유우석의 〈서천의 이상서가 공작과 설도를 아파하여 지은 작품에 화답하여和西川李尙書傷孔雀及薛濤之什〉가 있는데, 이 시는 설도가 죽은 뒤 유우석이 이덕유李德裕에게 보낸 시이다. 상대방이 보내온 물건에 화답하고 칭찬하는 전형적인 사교시이다. 옥무궁화는 개화시간이 짧다. 초기 시인들은 이 꽃을 달, 이슬, 옥, 여성미와 관련지었다. 종성은 《명원시귀》에서 "노래한 것이 아주 흡사하여 눈 앞에서 밝게 빛나고 있는 것이 저절로 느껴진다咏得神似, 自覺光瑩在目."라고 하였다.

雲彩寒 운채한 | 구름이 서늘하다, 서늘한 고운 구름. 운채雲彩는 구름에 대한 통칭으로 여러 가지 고운 빛깔로 물든 구름을 가리키기도 한다. 한寒은 서늘하다는 의미이다. 《전당시》에서는 '옥채한玉彩寒'이라고 되어 있고, 혹은 '하霞'라고 되어있기도 하다고 부기하였다. 장봉주는 《분문찬류당가시》에 근거하여 '운채한雲彩寒'으로 수정하였다.

閒 간 | 살짝, 잠깐.

拂 불 | 치켜 올리다.

房 방 | 꽃의 씨방 혹은 꽃송이를 가리키기도 한다.

何所 하소 | 어느 곳. 하처何處와 같다.

似 사 | 닮다, 같다.

緣 연 | ~을 따르다. '연계이행緣溪而行(시내를 따라서 가다)'의 '연緣'과 같다.

偏 편 | 기울다.

日輪 일륜 | 해 바퀴 즉 해, 태양을 가리킨다. 해의 모양이 수레바퀴처럼 쉬지 않고 움직이기 때문에 해 바퀴라고 불렀다. 《전당시》에는 '월륜月輪'이라고 하였다.

殘 잔 | 스러지다. 일륜잔日輪殘은 '해 바퀴가 스러지다'는 뜻으로, '잔일殘日' 즉 석양을 가리킨다.

옹 수재님이 삼협도를 주신 것에 답하여
酬雍秀才貽巴峽圖

천 겹의 구름 드리운 봉우리, 만 평의 호수는요,
흰 물결 나뉘어 가 형땅, 오땅을 에워싸네요.
감동했어요, 그대가 속세 떠나고픈 내 맘 알고,
구당협구의 그림을 거듭 보여주신 것에요.

千疊雲峯萬頃湖,
白波分去遶荊吳.
感君識我枕流意,
重示瞿塘峽口圖.

∞주석

秀才 수재 | 주군州郡의 시험에 급제해서 선발된 자.
巴峽 파협 | 촉蜀의 삼협三峽을 말하는데, 호북성湖北省 파동현巴東縣 서쪽 20리에 있다. 장강長江은 무협巫峽에서 파동巴東으로 들어가 파협巴峽이 된다. 이 시에서는 구당협瞿塘峽을 가리키며, 장강 삼협 가운데 하나이다.
千疊 천첩 | 천 겹.
雲峯 운봉 | 구름 드리운 봉우리. 높이 솟아 구름 속으로 들어간 산 봉우리를 말한다.
萬頃湖 만경호 | 만 평의 호수. 일경一頃은 백무百畝, 대단히 넓은 호수, 동정호를 가리킨다.
遶 요 | 두르다, 에워싸다.
荊吳 형오 | 장강의 중하류지역, 형荊은 지금의 호북湖北, 호남湖南, 광서廣西, 귀주貴州 지방으로 구주九州의 하나이고, 여기서는 호북, 호남을 주로 가리키며 초楚나라 지방에 해당된다. 오吳는 양자강揚子江의 하류에 임한 강소江蘇지방을 가리킨다.
感 감 | 감동하다. 이하 마지막 구까지 전체를 목적어로 받는 동사이다.
君 군 | 당신. 상대에 대한 존칭.

작품설명

이 시는 옹도雍陶(약 805~?, 자字 국균國鈞, 성도成都 사람)라는 인물에게 보낸 시이다. 옹도는 설도보다 20세 연하이다. 문종文宗 대화大和 8년(834)에 진사에 급제하여 간주자사簡州刺史 등을 지낸 뒤 사직하고 은거하였다. 저서로 《당지집唐志集》 5권이 있고, 《신당서新唐書 · 예문지藝文志》에서는 옹도의 시집을 10권으로 기록하였지만 《전당시》에 1권이 남아있다. 두보杜甫를 흠모하고 스스로를 육조시인六朝詩人 사조謝朓에 견주었으며 그림도 잘 그렸다. 시의 제목에서 '수재秀才'라고 칭한 것은 이 시를 보낼 때 옹도가 아직 급제하지 않았기 때문이다. 옹도가 급제한 것은 대화 8년으로 설도가 세상을 떠난 지 이미 2년이 지난 때였다. 이 시는 옹도가 시인에게 웅장한 대자연의 자태를 그린 그림을 보내온 것에 답하여 감사의 마음을 표현하였다. 속세를 벗어나고픈 시인의 마음이 읽힌다.

識 식 | 알다, 알아채다.

枕流意 침류의 | 세속사에서 벗어나려는 마음. 은거하는 선비의 뜻이 고결함을 비유한다. 《세설신어世說新語》에 "진晋의 손초孫楚가 젊었을 때 은거하려고 왕무자王武子에게 말하면서 '돌에 누워, 물로 씻고'라고 할 것을 잘못하여 '돌로 씻고 물에 누워'라고 말하였다. 그러자 왕무자王武子가 물에 누울 수는 있지만 돌로 씻을 수 있느냐라고 말하였다. 손초는 물에 눕는 까닭은 그 귀를 씻으려는 것이고, 돌로 씻는 까닭은 그 이빨을 갈려는 것이라고 대답하였다 孫子荊年少時, 欲隱. 語王武子, 當枕石漱流, 誤曰, 漱石枕流. 王曰, 流可枕, 石可漱乎. 孫曰, 所以枕流, 欲洗其耳. 所以漱石, 欲礪其齒."는 기록이 있다. 이 기록은 옛날에 허유許由가 요임금이 자신에게 천하를 맡긴다는 말을 듣고 황하의 물에 귀를 씻었다는 고사와 관련이 있다.

重 중 | 거듭

示 시 | 보여주다, 보이다.

瞿塘峽口圖 구당협구도 | 구당협구(구당협의 입구)를 그린 그림. 구당협은 사천四川에 있는 양자강揚子江의 상류에서 가장 물살이 빠른 험한 지역으로 삼협의 하나이다.

두 사인님께 답하여
酬杜舍人

두 마리 고기가 무슨 일로 저희 집에 왔을까요?
손에 달려드는 새로운 시는 나풀나풀 노을이에요.
'흰꽃마름풀 피는 물가'라는 곡까지 불러보노라니,
부용꽃은 속절없이 시들어 촉강의 꽃이 되었어요.

雙魚底事到儂家,
撲手新詩片片霞.
唱到白蘋洲畔曲,
芙蓉空老蜀江花.

☙주석

舍人 사인 | 관직명으로 중서사인中書舍人의 약칭이다.
雙魚 쌍어 | 편지. 옛날 먼 곳에서 두 마리 잉어를 보내왔는데 그 배를 갈라보니 속에 편지가 있었다는 고사가 있다. 그래서 '한 쌍의 잉어(쌍리雙鯉)'는 편지, 서신의 대명사가 되었다. 이곳에서는 두사인杜舍人이 보내온 편지를 가리킨다.
底事 저사 | 강남지방의 속어로 민간에서는 '하사何事'를 이렇게 말하였다. '어찌하여, 무슨 일로, 무슨 이유로' 등의 뜻이다. 당唐 이후 시와 사詞에 흔히 쓰였다.
到 도 | 이르다.
儂 농 | 나. 아我와 같다. 오吳지방 말이다.
撲 박 | 갑자기 달려들다, 돌진하여 덮치다, 뛰어들다.
新詩 신시 | 새로 지은 시.
片片 편편 | 조각 조각. 여기서는 시 한 편 한 편을 가리킨다.
霞 하 | 노을. 여기서는 시가 노을처럼 아름답다는 것을 비유한다.
唱到 창도 | ~까지 부르다.

작품설명

두사인杜舍人에게 답장으로 보내는 시이다. 두사인杜舍人에 대해서는 두 가지 설이 있다. 하나는 중서사인中書舍人이었던 두원영杜元潁으로 보는 것인데, 대표적으로 진문화는 《당여시인집삼종唐女詩人集三種》에서 이 시를 두원영과 창화한 시라고 하였다. 두원영은 장경長慶 3년에서 대화大和 3년까지 검남서천절도사劍南西川節度使로 약 6년 동안 성도成都에 머물렀다. 진문화는 이 시를 그때 설도와 창화한 시로 보았다. 두원영은 당唐 초기의 명신이었던 두여회杜如晦의 5대 손으로 덕종德宗 정원貞元 16년(800)에 진사가 되었고 문장이 뛰어나 헌종憲宗의 사랑을 받았다. 그런데 두원영이 설도에게 보냈다는 시는 지금 어디에도 없다. 다른 하나는 두목杜牧(803~853, 자字 목지牧之)으로 보는 경우인데 대표적으로 장봉주가 그러하다. 이 시의 제3구에 '백빈주곡白蘋洲曲'이 나오는데 마침 두목에게 〈백빈주白蘋洲〉시가 있으므로 이 시의 두사인杜舍人은 두목杜牧일 가능성이 높다. 제3구의 표현을 보면 〈백빈주〉는 두목이 설도에게 보낸 시로 볼 수 있다. 두목의 〈백빈주〉는 다음과 같다. "산새가 날아와 붉은 꽃 마주하니 / 정자의 백미 꽃이 자주꽃잎 터트리네 / 시내 물빛 갓 영롱하고 / 가을 빛 마침 맑고 화려타 / 조용한 곳에서 살아있는 즐거움 알고 / 시끄러움 속에서 죽어있는 자랑을 보네 / 홀 끈을 많이 묶지 마시라 / 결국 연기와

白蘋洲畔 백빈주반 | 흰 꽃이 피는 개구리밥(부평초, 수초)이 돋아나는 모래톱 물가. 백빈주白蘋洲는 일반적으로 흰색 부평초 꽃이 길게 가득 찬 모래톱(사주沙洲)을 가리킨다. 이곳에서는 두사인杜舍人이 시인에게 보내온 시인 〈백빈주白蘋洲〉를 가리키는 것으로 보인다(작품설명 참조).

芙蓉 부용 | 연꽃, 촉 지방에 많은 꽃, 은연중 작자 자신을 비유하고 있다.

空 공 | 속절없이, 부질없이.

老 노 | 시들다, 늙다.

蜀江 촉강 | 금강錦江. 성도成都를 따라 흘러간다.

노을을 짊어지지 못하리山鳥飛紅對, 亭薇拆紫花. 溪光初透徹, 秋色正清華, 靜處知生樂, 喧中見死誇. 無多珪組累, 終不負煙霞." 그런데 두목이 중서사인이 된 것은 설도가 세상을 떠난 뒤의 일이므로 이 때문에 장봉주는 이 시의 제목이 후대 사람에 의해 가필된 것으로 보았다(張篷舟, 앞의 책, p. 50).

두원영이 중서사인이 되었을 때는 목종穆宗 장경 원년(821)이었고, 당시에 그는 촉지방에 있지 않았으며 설도와는 서로 알지 못했다. 또한 그의 시는《전당시》에 겨우 1수가 남아있는 것으로 보아 시 짓기를 그리 좋아한 것은 아니라고 볼 수 있다. 장경 3년(823)에 단문창段文昌을 이어 검남서천절도사劍南西川節度使가 되었을 때 설도와 창화했을 가능성이 있지만 그렇다면 시의 제목은 두상공杜相公이나 두상국杜相國이 되어야 맞다(劉天文, 앞의 책, p. 96 참조). 따라서 본서는 장봉주의 견해를 따라 이 시를 두목에게 보내는 것으로 보았다. 두목은 만당晩唐을 대표하는 시인이다. 그는 대화 2년(828)에 진사로 급제하여 호주자사湖州刺史를 배수받은 뒤 중서사인을 지냈다. 성정이 호탕하여 사람들이 '소두小杜'라고 불러 두보杜甫와 구별하였다. 칠언절구에 뛰어났다. 저서로《번천집樊川集》이 있고《손자병법십삼편孫子兵法十三篇》을 주석하였다.

시인은 두사인이 보내온 옥고에 감격하여 글자 하나하나가 아름다운 노을과 같다고 느꼈다. 그런데 '흰꽃마름풀 피는 물가'라는 곡까지 읊조리고 보니 괜히 노래하는 시인 자신이 연꽃이 시들어버린 것처럼 울적함에 젖어든다. 종성은《명원시귀》에서 이 시에 대해 "뜻이 치밀하고 감정이 노련하여 끝내 최고수준에 이르렀다意致情老. 畢竟到家."라고 평하였다.

선 스님이 여러 분과 창화한 것을 보여주시기에
宣上人見示與諸公唱和

고상한 서재의 창화에 참가하였는데,
개울물은 틀림없이 여러 분만 못하지요.
어여뻐라, 초윤남 기실님이여,
흐르는 물이 선방에 가득 찼네요.

許廁高齋唱,
涓泉定不如.
可憐譙記室,
流水滿禪居.

☙주석

上人 상인 | 지덕智德이 뛰어난 승려.
見示 견시 | (나에게) 보여주다. 당대唐代 두보杜甫의 시에 〈전중 양감이 장욱의 초서그림을 보여주기에殿中楊監見示張旭草書圖〉라는 제목이 있다.
與 여 | ~와(과), ~와 함께, 동작이나 행위와 관련 있는 대상을 이끌어 들이는 역할을 한다.
諸公 제공 | (점잖은) 여러분, 여러 인사들에 대한 범칭.
唱和 창화 | (시나 노래를) 한쪽에서 부르고 다른 쪽에서 화답함.
許 허 | 허락하다.
廁 측 | 참가하다, 섞이다.
高齋 고재 | 고상한 서재. 타인의 집에 대한 경칭으로 도가 높은 사람의 집을 뜻한다.
唱 창 | 경문을 읊조리는 것.
涓泉 연천 | 졸졸 흐르는 물, 가는 물줄기. 여기서는 설도 자신의 재능을 겸손하게 표현한 것.
定 정 | 틀림없이.
不如 불여 | ~만 못하다. 비교할 수 없다. 여기서는 설도가 자신의 재능을 가는 물줄기(연천涓

작품설명

장봉주는 제목의 '선상인宣上人'은 승려 광선廣宣으로 성은 요廖이고 촉나라 사람으로 유우석劉禹錫과 가장 친하였으며, 원화元和(806~820) · 장경長慶(821~824) 연간에 내공봉內供奉이 되었고, 안국사安國寺 홍루원紅樓院을 하사받았으며 《홍루집紅樓集》이 있다고 하였다. 그는 백거이, 원진, 한유韓愈, 단문창, 위고 등과도 모두 화창하였다. 그런데 유천문은 승려 광선에 대한 사적은 일부 오류가 있다고 지적하였다.

시인은 여러 공들과의 창화에 참가하는 것을 허락받았는데 그녀의 재주는 개울물에 불과하고 여러 공들의 재주는 넘쳐나는 물과 같다고 하였다. 사귐은 즐거워야 하고, 칭찬은 고래도 춤추게 한다는 것을 설도는 이미 알고 있었다.

泉)에 비유하여 그들(제공諸公)만 못하다는 것을 의미한다.

可憐 가련 | 모양이 어여쁘고 아름다움.

譙記室 초기실 | 초윤남 기실. 장봉주는 '초譙'는 꾸짖다라는 뜻이고, 기실記室은 서기관書記官(교서校書, 교서랑校書郎에 해당-역자 주)이며, 정원貞元 초엽에 위고韋皐가 설도를 꾸짖어서 벌로 송주松州로 가게 하였다고 하였다. 이어 장봉주는 원화元和 초엽에 무원형武元衡이 설도를 교서랑으로 상주하여 받아들여지지 않은 일이 있어 설도를 세칭 여교서女校書라고 한다는 설명을 덧붙여 이 시에서 기실은 설도를 가리키는 것으로 풀었다. 한편 《한시대계》에서는 삼국시대 촉나라 사람 초주譙周(호 윤남允南)로 보았다. 그는 조실부모하고 열심히 공부하여 천문학에 밝았으며 제갈량諸葛亮의 추천을 받아 후주後主가 태자가 되었을 때 가령家令이 되었다. 한편 진문화는 미상이라고 하였다. 다음 구와의 문맥을 본다면 《한시대계》의 주석이 더 어울리며, 그렇다면 여기서 초주는 선상인宣上人을 빗댄 것이라고 볼 수 있다. 선상인 또한 촉나라 사람으로 재능이 있었으니 여러모로 가능한 비유이다. 본서에서는 후자의 주석을 따라 풀었다.

禪居 선거 | 선방

노 원외님을 보내며
送盧員外

옥루산 앞 눈보라 치는 밤에,
금관성 밖 이별하는 넋이여.
신릉땅 공자께서 만약 물으시면,
언제나 이문에서 옛 은정에 감사한다고요.

玉壘山前風雪夜,
錦官城外別離魂.
信陵公子如相問,
長向夷門感舊恩.

ഢ주석

玉壘山 옥루산 | 사천성四川省 이번현理蕃縣의 동남으로 성도成都의 북방이며 관현灌縣에서부터 북으로 약 300리이고 문천현汶川縣의 남쪽 3리에 있는 서촉西蜀의 대표적인 산이다. 배광산背光山이라고도 하는데 산속에서 아름다운 옥이 나기 때문에 예부터 옥루玉壘라는 이름으로 알려졌으며 좌사左思의 〈촉도부蜀都賦〉, 곽박郭璞의 〈강부江賦〉를 비롯하여 잠참岑參, 이백李白, 두보杜甫 등의 작품에도 이 산 이름이 나온다.

錦官城 금관성 | 성도의 별칭. 금관錦官은 비단 담당관이라는 뜻인데 비단이 사천의 특산품이어서 비단을 제조하여 판매하는 관리가 이곳에 상주하였기 때문에 성도를 금관성이라고 하였다. 두보의 시 〈촉나라 재상蜀相〉 중 "금관성 밖 측백나무 빽빽錦官城外柏森森"에도 같은 표현이 있다.

別離 별리 | 이별하다.

信陵公子 신릉공자 | 전국戰國시대 위魏나라 소왕昭王의 아들 무기無忌를 말한다. 그는 신릉군信陵君에 봉해졌는데 식객이 3천 명에 달했다고 한다.

如 여 | 만약.

작품설명

원외員外는 원외랑員外郎의 약칭으로 관직 명칭이다. 여기서 노원외盧員外는 노사민盧士玟으로 산동山東사람이며 원화元和 초엽에 무원형武元衡의 막부에 있었고 이부원외랑吏部員外郎을 지냈다. 팽운생彭雲生은 이 시의 신릉군信陵君은 무원형을 의미하며, 이문夷門은 이곳을 지켰던 후리侯嬴를 나타내는데 설도 자신을 비유한 것으로 보았다. 무원형은 설도의 재주를 알아주고 교서랑에 추천하였으니 그 은정이 깊다고 할 수 있다. 이때 무원형은 이미 조정으로 돌아가 재상이 되었고 노사민이 촉지방을 떠날 때 설도가 그를 전별하는 기회를 빌려 무원형이 자신에게 베풀어준 옛 은혜에 감사하고 있다는 마음을 전한 것으로 보았다. 유천문은 '상문相問'이라는 표현은 분명히 제3자를 가리키기 때문에 팽운생의 견해가 맞다고 보았다(劉天文, 앞의 책, p. 74). 여러모로 가능한 해석이라고 하겠다. 명

相問 상문 | 묻다. 상相은 상대가 있는 행위를 나타내는 동사 앞에 쓰이는 부사로 굳이 해석하지 않아도 된다.

長 장 | 언제나, 항상, 늘.

向 향 | ~에서. 동작의 지점을 나타내는 전치사 '재在'와 같다. 이와 같은 의미의 향向은 고전 시문에서 적잖이 사용되는데 예를 들면 당대唐代 두목杜牧의 시 〈윤주潤州〉 제2수 중 "피리는 곧잘 흩날려 강북으로 가고, 어부의 노래 오래도록 달 속에서 들리네晝角愛飄江北去, 釣歌長向月中聞."와 역시 당대唐代 최서崔曙의 시 〈수문루에 올라 죽은 친구가 황하에 대해 쓴 시를 보고서 감흥이 있어登水門樓見亡友題黃河詩因以感興〉에서 "사람은 냇물 따라 가버렸건만, 글은 벽 속에 남아있구나人隨川上逝, 書向壁中留." 등을 들 수 있다.

夷門 이문 | 전국시대 위魏나라 도성인 대량大梁의 동문東門

感 감 | 감사하다, 고맙게 여기다, 은혜를 새겨두다.

舊恩 구은 | 옛 은혜. 신릉군信陵君이 위魏나라의 은사隱士였던 후리侯嬴에게 베풀어준 은혜. 위나라의 은사였던 후리는 나이 70에 이문夷門의 수위감守衛監이 되었는데 신릉군이 연회를 열어 빈객을 모실 때 본인이 직접 수레를 몰아 후리를 맞이하고 그를 상좌에 모셨다고 한다. 후리는 그 은혜에 감동하여 후에 진秦나라가 조趙나라를 에워쌌을 때 조나라의 원조요청을 받은 위나라의 원군이 머뭇거리고 있자 신릉군에게 책략을 올렸고, 그의 책략으로 신릉군이 진나라 전차를 격파하고 조나라를 구함으로써 천하에 이름을 떨치게 하였다.

대의 종성은《명원시귀》에서 이 시에 대해 "다만 옛날을 생각하며 회포를 읊은 시 같은데 뜻밖에 전송하며 준다고 하였으니 고상하면서 순박하고, 예스러우면서 고요하여 대문필가라고 할 만하다只似一首弔古詠懷詩, 却作送贈, 高而朴, 古而靜, 可謂大手筆."라고 하였다. 역시 명대의 곽위郭煒는《고금여시선古今女詩選》에서 "칠언절구가 이토록 슬프고 중후하기는 어렵다. 설도의 재능이 천고를 비춘다七言絶難得如此悲厚. 薛濤才情, 標映千古."라고 평가하였다.

위 교서님께
贈韋校書

운향을 형산의 구슬에 그릇되게 견주는데,
어찌 과거에 급제한 모년과 같겠어요?
밝고 맑고 깨끗한 바람이 아름다운 사유 길러,
꽃 흩날리고 꽃술 뿌리며 맑은 하늘에 아양 부려요.

芸香誤比荊山玉,
那似登科甲乙年.
淡沲鮮風將綺思,
飄花散蕊媚晴天.

ઝ주석

芸香 운향 | 향초의 일종으로 약용으로도 쓰이고, 또한 서적 중간에 꽂아서 병충해를 막는 데 쓰인다. 교서랑校書郎을 운향리芸香吏 혹은 운리芸吏라고도 불렀다. 한편 진문화는 운향을 구엽운향초九葉芸香草로 이주梨州에서 난다고 하였다. 이 향초는 산야의 덤불에 많이 나는데 꽃이 무성하고 향기가 진해서 그렇게 이름 붙였다고 한다.

誤 오 | 그릇되게, 잘못하여, 실수로.

比 비 | 견주다, 비교하다.

荊山玉 형산옥 | 형산荊山의 구슬. 화씨벽和氏璧을 가리킨다. 아름다운 바탕과 뛰어난 재능을 비유하는 데 사용한다.

那 나 | 어찌하여. 하何와 뜻이 같으며 시에 많이 쓴다.

似 사 | 같다, 닮다.

登科 등과 | 과거科擧에 급제함.

甲乙年 갑을년 | 모년某年. 갑을甲乙은 여러 가지 뜻이 있는데 이 시와 관련되는 의미로 크게 다음 두 가지가 있다. 첫째는 모모某某의 뜻으로 갑을년甲乙年은 모년某年이라는 의미가 된다. 둘째는 과거의 갑과甲科와 을과乙科의 병칭이다. 《한시대계》에서는 어느 해(모모년某某年)

작품설명

진문화는 명대 판본에 따라 이 시의 제목을 〈수위교서酬韋校書〉라고 하였다. 이 시에서 가리키는 위교서韋校書가 누구인지에 대해서는 두 가지 설이 있다.《한시대계》본에서는 위고韋皐의 형의 아들 장손臧孫(자字 정귀正貴)으로 보았다. 그는 태자교서랑太子校書郞이 되었기 때문에 이 시는 위장손에게 보내는 것으로 보았다. 위장손은 숙부인 위고가 "가문을 빛낼 인물이 될 것이다"라고 하여 어렸을 때부터 기대를 받은 인물로 선종宣宗 때에는 영남절도사嶺南節度使가 되었으며 많은 치적을 이루었지만 불행히도 임지에서 사망하였다. 그런데 장봉주는 이 시에 등장하는 위교서를 위고의 동생 위평韋平의 아들인 위정관韋正貫(자字 공리公理)으로 보고, 그는 어려서 고아가 되었고 음덕으로 단부위單父尉가 되었는데 벼슬을 버리고 떠났으며 현량방정이賢良方正異 등에 추천되었고 태자교서랑에 제수되었다고 하였다.

이 시의 매 구절이 의미하는 바에 대해서 주석가들은 해석을 붙이지

에 급제했다고 말하는 것이라고 하였고, 장봉주와 진문화는 갑을은 과거의 갑과와 을과를 말한다고 하였다. 본서에서는 모모년이라고 보는 것이 더 자연스럽다고 판단되어 '모년'으로 풀었다.

淡沲 담타 | 풍광이 밝고 깨끗한 것을 형용한다. 담타淡沱라고도 한다. 장봉주는 각 판본에서는 '담지淡地'라고 되어 있고,《청니연화기靑泥蓮花記》에서는 '담타淡拖'라고 되어 있는데 모두 잘못이라고 하고, 담타淡沲를 담탕淡蕩(한가롭고 자유로운 모양)으로 풀었다.

鮮風 선풍 | 맑고 신선한 바람.

將 장 | 기르다, 양육하다.

綺思 기사 | 아름다운 사유. 여기서 사유는 문학적 사유, 창작적 사유, 시상詩想 등을 가리킨다.

飄花 표화 | 꽃이 바람에 흩날리다.《명원시귀》에는 '표풍飄風'이라고 되어 있다.

散 산 | 흩뜨리다.

蕊 예 | 꽃 술.

媚 미 | 아양 부리다.

晴天 청천 | 맑은 하늘.《만수당인절구萬首唐人絶句》와《전당시》에는 '청천靑天'이라고 되어 있다.

않고 있다. 다만 진문화만이 첫 구절에 대해 운향과 형산옥은 대칭되는 것으로 운향은 설도 자신을 비유하고, 형산옥은 위장손를 비유하는데 운향은 흔하고 비천하며, 형산옥은 드물고 귀하기 때문이라고 보았다. 그런데 운향이 서적 중간에 꽂아서 병충해를 막는 데 쓰는 향초이기 때문에 교서랑校書郎(교서校書라고도 한다. 관직명으로 책을 교정하는 직업)을 비유하는 데 쓰인다는 점을 생각해본다면 여기서 운향은 교서를 암시한다고 볼 수 있다. 그리고 이때의 교서는 위교서가 아니라 설도 자신을 가리키는 것으로 생각할 수 있다. 왜냐하면 설도 역시 교서라는 별칭이 있기 때문이다. 그렇다면 첫 구절은 설도가 자신은 운향인데 뛰어난 재능을 지닌 형산옥에 그녀를 견주는 것은 잘못된 것이라는 겸손의 표현으로 읽을 수 있다. 아마도 위교서나 혹은 사람들이 설도를 형산옥에 견주었을 것이다. 아니면 진문화의 해석처럼 형산옥을 위장손을 비유하는 것으로 보아 운향인 설도 자신을 형산옥인 위교서에 잘못 견주었다고 볼 수도 있다. 다만 여기서 중요한 것은 운향의 의미인데 여기서 운향은 진문화처럼 흔하고 비천한 것을 의미하는 것으로 볼 수도 있지만 교서랑을 비유하는 것으로 보아 여교서로서 설도 자신에 대한 비유로 보고 여교서인 설도(운향)와 위교서(형산옥)를 나란히 대비시킨 것으로 볼 수도 있다. 이어서 두 번째 구절은 위교서 역시 교서인데 그는 실제로 모모년에 과거에 급제하여 교서가 된 사람이니 그저 별칭으로 교서라 불리는 설도 자신과는 비교가 안 된다는 말로 읽을 수 있다. 이어서 제3, 4구는 기녀시인로서의 설도 자신에 대한 겸손한 표현으로 제3구는 자연이 자신의 시상을 길러주어 꽃(시)을 뿌리며 하늘(높은 사람)에 아양 부리는 정도라는 것으로 읽을 수도 있겠다.

곽 간주님이 밀감을 부쳐오신 것에 답하여
酬郭簡州寄柑子

서리 내린 그림쇠는 황금 빛깔 못지않고,
둥근 바탕 여전히 어사 향기 머금었어요.
어느 곳의 동지가 정이 가장 다를까?
임천태수인 사씨 가문의 젊은이지요.

霜規不讓黃金色,
圓質仍含御史香.
何處同聲情最異,
臨川太守謝家郎.

🙣주석

柑子 감자 | 밀감의 일종.
霜規 상규 | 서리 내린 그림쇠(컴퍼스). 여기서는 곽간주가 부쳐온 황금빛의 밀감의 둥근 형상을 표현하기 위해 사용하였다. 밀감(감자柑子)은 서리를 이긴 후에 익기 때문에 상감霜柑이라고 불렀고, 규規는 원을 그리는 데 사용하는 그림쇠로 밀감의 둥근 모양을 비유한 것이다.
不讓 불양 | ~에 못지않다. ~에 뒤지지 않다. ~에 빠지지 않다. 손색이 없다.
仍 잉 | 여전히, 아직도.
含 함 | 머금다.
御史香 어사향 | 어사의 향기. 여기서는 밀감의 향기를 비유한 것으로 밀감의 향기가 진하고 오래 가는 것을 찬미한 것이다. 당대唐代에는 어사대 소속의 천원외랑遷員外郎(관직명)을 밀감(감자柑子)에 비유하였다. 당대 사람들은 어사대의 각 관직을 그 특성에 따라 식물에 비유하여 별명을 붙였는데 예를 들면 이행里行(관직명)과 시원외試員外(관직명)는 합구초合口椒(산초나무의 일종)에 비유하였는데 가장 독이 있기 때문이며, 천원외랑遷員外郎은 감귤에 비유하였는데 오랫동안 먹을 수 있기 때문이었다.(《太平廣記》 권255引 《御史臺記》: "唐賈言忠撰《監察本草》云里

작품설명

곽간주郭簡州는 곽씨 성을 지닌 간주의 자사刺史인데 정확하게 누구인지 알 수 없다. 간주는 지금의 사천성四川省 간양현簡陽縣으로 성도成都 동남쪽에 있고 성도에서 비교적 가깝다.《신당서》의 재상 가계도를 보면 곽자의郭子儀의 손자인 곽봉영郭封穎이 일찍이 간주자사를 지냈는데 연배가 설도의 시대와 비슷하여 이 시의 곽간주는 이 사람일 수도 있다.

시의 전반부에서 시인은 곽간주가 부쳐온 감귤의 빛깔과 향기를 묘사하고, 후반부에서는 사령운謝靈運의 친척 동생 사혜련謝惠連이 〈감부甘賦〉를 지어 사령운에게 보낸 것을 인용하여 곽간주를 사혜련에 빗대어 칭찬하고 있다.

行及試員外者爲合口椒, 最有毒…遷員外郎爲柑子, 可久服.")

何處 하처 | 어디, 어떤 장소, 어느 곳.

同聲 동성 | 같은 소리, 소리가 서로 같다, 지향이 서로 같거나 혹은 지향이 서로 같은 자를 비유한다. 여기서는 지향이 같은 자 즉 동지의 의미로 쓰였다. 한대漢代 가의賈誼의《신서新書·태교胎敎》에 "그러므로 소리가 같으면(지향이 같으면) 사는 곳이 달라도 서로 응하며, 뜻이 합치되면 아직 보지 못해도 서로 친하다故同聲則處異而相應, 意合則未見而相親."라는 말이 있고, 당대唐代 이백李白의 시 〈애공 스님께贈僧崖公〉 "강가에서 같은 소리(동지)를 만났는데, 길 벼랑(崖: 여기서는 崖公스님을 가리킴-역자주)이 바로 스님 중 뛰어난 분이네江濆遇同聲, 道崖乃僧英."에도 같은 표현이 나온다. 또한 같은 소리는 서로 응대한다는 뜻으로 동성상응同聲相應, 동기상구同氣相求 등의 표현이 있는데 이 말은 지향이 같은 무리끼리 서로 통하고 자연히 모인다는 말이다.

臨川太守謝家郎 임천태수사가랑 | 임천태수 사씨 가문의 젊은이. 임천태수는 육조시대 송대宋代의 유명한 시인 사령운謝靈運을 말한다. 장봉주는 사령운이 임천내사臨川內史로 있을 때 친척 동생 혜련惠連이 〈감부甘(柑)賦〉를 지었다고 하였다. 그렇다면 "임천태수 사씨 가문의 젊은이"는 사혜련謝惠連을 가리키며 여기서는 귤을 부쳐온 곽간주를 의미한다. 한편 이 구절을 '사씨'로 대표되는 명문가를 지칭하는 의미로 보아 이 시의 제목에 나오는 곽간주 역시 그와 같은 명문가의 젊은이임을 나타내는 것으로 읽을 수도 있다.

곡석산에서 새벽에 바라보며 여 시어님께 부치다
斛石山曉望寄呂侍御

태양신의 수레가 갓 구르며 신선문 비추더니요,
곧장 안개 가르며 아득히 높은 곳으로 오르네요.
현휘님께서 함께 가리키는 것을 할 수 없으니,
하늘 끝까지 짙푸르름은 헛되이 푸릇푸릇하네요.

曦輪初轉照仙扃,
旋擘煙嵐上窅冥.
不得玄暉同指點,
天涯蒼翠漫靑靑.

☙주석

斛石山 곡석산 | 《환우기寰宇記》에 따르면 학사산學射山의 옛 이름으로 성도현成都縣의 북쪽 15리에 있다. 지금의 사천성四川省 성도시成都市 북쪽의 봉황산鳳凰山으로, 촉한蜀漢의 후주後主인 유선劉禪이 이곳에서 활쏘기를 배웠기 때문에 학사산이라고도 하였다.

侍御 시어 | 시어사侍御使로 관직명.

曦輪 희륜 | 태양의 신이 타고 가는 수레 즉 아침 해, 태양을 가리킨다. 고대의 신화와 전설에 의하면 태양의 신 희화曦和(희화羲和로도 씀)는 매일 아침 여섯 마리 용이 끄는 수레를 타고 태양을 싣고 동방에서 나왔다고 한다.

初 초 | 갓, 막, 방금.

仙扃 선경 | 신선 문, 창. 진문화는 설도가 만년에 자신을 여도사女道士에 견주었기 때문에 자신의 집 문을 '선경仙扃'이라고 일컬었다고 하였다.

旋 선 | 곧장, 금방.

擘 벽 | 가르다, 나누다.

煙嵐 연람 | 산림 속에 피어오르는 안개.

작품설명

《한시대계》에서는 여시어呂侍御를 시어사侍御史 여온呂溫(자 화숙和叔, 하중河中 사람)으로 추정하고 있다. 그는 정원貞元 20년(804)에 시어사로 토번吐蕃에 사신으로 가서 원화元和 원년元年(806)에 돌아왔다. 장봉주는 여시어에 대한 별다른 주석을 달지 않았고, 진문화는 누구인지 모른다고 하였다. 진문화는 이 시가 벗에 대한 그리움을 노래하고 있으며, 곡석산斛石山의 험준함과 눈 가득한 푸르름에 대한 묘사를 통해 이와 같은 아름다움을 여시어와 함께할 수 없는 것이 대단히 유감스럽다는 것을 표현하였다고 하였다. 즉 당신과 내가 함께 조망하며 감상할 수 없으니 저 푸르른 첩첩 산이 하늘에 닿는 아름다움을 헛되게 한 것이라는 것이다. 진문화는 또한 마지막 구절의 '만漫'이라는 한 글자가 이 시의 화룡점정이며 이로써 벗에 대한 시인의 깊은 그리움을 드러냈다고 평가하였다. 전체적으로 보아 이 시는 '선경후정先景後情(경치를 먼저 그리고 감정을 뒤에 그리는 것)'의 방식을 통해 전반부 두 구절은 곡석산의 새벽풍경의 신비로움과 아름다움을 묘사하였고, 후반부 두 구절에서는 여시어에 대한 시인

上 상 | 올라가다.
窅冥 요명 | 매우 심원한 곳. 이곳에서는 산의 매우 높은 곳을 가리킨다.
不得 부득 | ~할 수 없다. 이하 "현휘동지점玄暉同指點(현휘님께서 함께 손가락으로 가리키다)" 전체를 목적어로 받는다.
玄暉 현휘 | 현휘는 태양을 가리키기도 하고, 위진남북조 시대(남조南朝의 제齊나라)의 산수시인 사조謝朓(현휘는 그의 자字. 남제南齊 양하陽夏 사람)를 가리키기도 한다. 장봉주와 진문화 모두 사조로 보았다. 사조는 어렸을 때부터 이름을 떨쳤고 문장이 맑고 아름다웠으며 특히 5언시에 뛰어났다. 중서랑中書郞이 되어 선성태수宣城太守를 지냈고, 《사선성집謝宣城集》이 있다. 사령운謝靈運과 함께 중국 산수시를 창시하여 대표적인 산수시인으로 꼽히며, 그가 시를 잘 썼기 때문에 그의 자인 현휘는 나중에 문재文才가 있는 사람을 가리키는 데 사용되었다. 진문화는 이 시에서 현휘 즉 사조는 여시어呂侍御를 비유한 것이라고 하였다. 설도가 과거의 유명한 인물이나 사건을 빌려 현존하는 상대를 비유하기를 좋아했고, 제4구의 "창취蒼翠"와 제목의 "망望"이라는 글자가 사조의 시 〈겨울 저녁 군의 업무가 한가한 틈에冬日晚郡事隙〉

의 강렬한 그리움을 표현하고 있다. 특히 산수시로 유명한 남조의 시인 사조謝朓(현휘玄暉)를 빌려 여시어를 비유하고 아울러 우연의 일치인지 사조가 사용했던 시어(제목의 망望, 제4구의 창취蒼翠)를 동원하여 곡석산의 푸르름을 표현한 것은 재치가 있다.

"짙푸르른 차가운 산을 바라보니, 우뚝 솟아 평원을 내려다보네蒼翠望寒山, 崢嶸瞰平陸."에도 나온다는 점을 아울러 고려한다면 이 시의 현휘는 확실히 여시어를 비유한 것으로 보인다.

同 동 | 함께. 동사 앞에 쓰여 부사로 쓰인다.

指點 지점 | 손가락으로 가리키다. 어느 곳을 손가락 혹은 기타 물건으로 가리켜 보여준다는 의미.

天涯 천애 | 하늘가. 아주 먼 곳을 가리킨다.

蒼翠 창취 | (산이나 나무 따위가) 짙푸르고 싱싱하다. 사조의 시에도 이 두 글자가 나온다(앞의 현휘玄暉 주석 참조).

漫 만 | 쓸데없이, 헛되이, 부질없이.

靑靑 청청 | 싱싱하게 푸름. 빛깔이 매우 푸른 것을 형용한다.

요 원외님을 보내며
送姚員外

만 가지 강 버들, 초가을의 나뭇가지는,
땅에 하늘거리고 바람에 나부끼며 빛깔 아직 쇠하지 않았어요.
이것을 꺾어와서 이별 선물로 보내어서,
안개 속 달님이 두 마을에서 슬퍼하지 않게 하려 해요.

萬條江柳早秋枝,
褭地翻風色未衰.
欲折爾來將贈別,
莫敎烟月兩鄕悲.

∽주석

條 조 | 가지, 가늘고 긴 나뭇가지. 버드나무의 가지를 유조柳條라고 한다.
早秋 조추 | 초가을.
枝 지 | (초목의) 가지.
褭 뇨 | 하늘하늘하다, 간드러지다, 여리고 가늘고 긴 나뭇가지가 땅에 닿다.
翻 번 | 나부끼다.
衰 쇠 | 쇠하다. 약해지다.
欲 욕 | 하고자 하다, 바라다. 마지막 구 전체에 걸린다.
來 래 | 오다. 앞의 동사 절折과 결합되어 꺾어오다라는 의미이다. 일반적으로 '동사 + 래來'의 구조로 동사 뒤에 쓰여 동작이 화자가 있는 곳으로 향함을 나타내며 목적어를 수반할 때는 해당 목적어를 동사와 래來 사이에 넣어 표현한다. 이 시에서는 목적어인 이爾를 절折과 래來 사이에 넣었다.
爾 이 | 이것. 여기서는 버들을 가리킨다.
將 장 | ~을 가지고, ~로써. 현대중국어의 나拿(na), 용이用以(yongyi)와 같은 의미이다. 여기서는 '(꺾어온 버드나무 가지)를 가지고'라는 뜻으로 이어지는 동사 증별贈別(이별선물로 보내다)로 연결된다.

작품설명

요 원외姚員外라는 인물은 두 사람으로 생각할 수 있다. 한 사람은 요향姚向으로 장경長慶 2년(822)에 서천절도판관西川節度判官이 되었다. 또 한 사람은 단문창段文昌의 막료인 요강姚康으로 하규下邽(섬서성陝西省 위남현渭南縣) 사람이며 원화元和 15년(820)에 진사로 급제하여 우무위조참군右武衛曹參軍을 지내고, 검남관찰추관劍南觀察推官이 되어 선종宣宗(설도 사후) 때 태자첨사太子詹事를 지냈다. 두 사람 모두 단문창과 창화하여 동일 제목의 〈단 상공을 모시고 늦여름에 장의루에 올라奉陪段相公晚夏登張儀樓〉, 〈단 상공의 '무담사서대에 올라'에 화답하여和段相公登武担寺西臺〉(모두《전당시》권 331에 수록)가 있는데 이 시의 요 원외가 누구인지는 확실치 않다. 설도 또한 〈단 상국님이 무담사에 놀러오셨는데 병으로 따라갈 수 없어서 지어 부치다段相國游武擔寺病不能從題寄〉가 있으니 둘 중 한 사람일 것이다. 단문창이 서천절도사西川節度使를 지낸 것은 목종穆宗 장경長慶 원년元年(821) 2월에서 장경 3년(823) 10월까지 기간으로 설도의 나이 약 54세에서 56세 무렵까지이다.

이 시는 제목으로는 송별시이지만 시의 내용은 강가의 버들을 노래하고 있어 영물시의 성격도 갖추고 있다. 버들을 노래하면서 석별의 정을 노래한 것은 절묘하다. 버들가지를 꺾어 송별의 선물로 건네는 풍속은 한대漢代부터 시작되어 당대唐代에 와서 성행하였다. '류(柳, [liu], 버들)'와 '유(留, [liu], 머무르다)'는 쌍관어로 송별할 때 머물게 하고 싶은 심정을 표현한다. 버들[柳]을 꺾어와 떠나는 사람을 붙잡아서[留] 달님이 두 마을을 비추며 슬퍼하게 하는 그런 일(이별)은 일어나지 않게 하겠다는 표현이 재치가 있다.

贈別 증별 | 송별할 때 물건이나 시문 등을 상대에게 보내다.
莫教 막교 | ~로 하여금 ~하게 하지 마라. 휴교休教(xiujiao), 별양別讓(bierang)과 같다.
烟月 연월 | 운무가 드리워진 달, 몽롱한 달빛.

축씨 열세 번째 수재님께 답하여
酬祝十三秀才

드넓은 사유는 남산의 옥 빛깔처럼 차갑고요.
얼음 주머니는 초나라산 이슬쟁반을 깨뜨리지요.
시인의 걸출한 재능은 이름 드날린 지 오래인데,
무엇 때문에 봄날 급제자 방문 밑에서 쳐다보나요?

浩思藍山玉彩寒,
氷囊敲碎楚金盤.
詩家利器馳聲久,
何用春闈榜下看.

ㅎ주석

秀才 수재 | 지방시험에 급제한 자. 중앙시험을 볼 수 있는 자격이 주어진다.
浩思 호사 | 드넓은 사유, 끝없는 상상(하상遐想), 자유로운 상상(창상暢想)과 같다.
藍山 남산 | 남전산藍田山으로 섬서성陝西省 남전현藍田縣 동남쪽에 있고 복거산覆車山이라고도 한다. 여산驪山의 남쪽 언덕이다. 이 산에서 아름다운 옥이 나오기 때문에 옥산玉山이라고도 한다. '남藍'은 '남南'으로 된 곳도 있다.
玉彩 옥채 | 옥 빛깔.
氷囊 빙낭 | 얼음주머니. 여기서는 고결한 시상詩想을 가리킨다.
敲碎 고쇄 | 부수다, 깨뜨리다.
楚金盤 초금반 | 초금楚金은 초지방에서 나는 양질의 쇠를 가리키며 금반金盤은 '이슬을 받는 쟁반(승로반承露盤)'으로 고대 제왕들은 이 쟁반의 이슬을 마시고 신선이 되려 하였다. 그러므로 '초금반楚金盤'은 초지방에서 나는 좋은 쇠로 만든 승로반承露盤으로 축십삼祝十三의 시재를 찬미하기 위해 쓴 표현이다. 《삼보황도三輔黃圖》에 의하면 동언董偃이 옥수정을 쟁반(옥반玉盤)으로 삼아 얼음을 넣어 자리 앞에 두었는데 옥수정과 얼음이 모두 깨끗하였다고 한다.

작품설명

화답시이다. 제목의 '축십삼祝十三'의 '축祝'은 성이고 '십삼十三'은 축씨 집안에서 항렬이 13번째 해당되는 사람이다. 《한시대계》에서는 단성식段成式과 동시대인으로 강소江蘇 곡산曲山 사람인 축원응祝元膺으로 추정하였다. 《시인주객도詩人主客圖》에 그의 시 3수가 수록되어 있다.

진문화는 이 시가 과거에 급제하지 못한 벗을 위로하고 있다고 말한다. 그는 설도가 남산의 옥으로써 축수재祝秀才의 드넓은 사유를 칭찬하고 다시 얼음이 금쟁반을 깨뜨렸다는 것으로써 그의 맑은 운치를 비유하여 두 구 모두 인용이 멋지다고 하였다. 또한 진문화는 축수재가 이처럼 뛰어난 재능을 지녔지만 시단에서 명성을 떨치는 사람들이 대개 그렇듯 벼슬길에서는 순조롭지 못한 경우가 있는데 이 시 마지막 구절을 보면 축수재도 중앙의 춘시春試에서 낙방하고 나서 설도에게 회재불우懷才不遇의 고민을 호소하였기에 설도가 이 시를 지어 그에게 답한 것이라고 하였다. 이렇게 보는 이유는 이 시의 앞 두 구절에서 '차갑다

시종이 얼음에 쟁반이 받쳐있지 않아 틀림없이 녹아서 자리를 적실 것이라 생각하고는 만지다가 옥쟁반을 건드려 떨어뜨리자 얼음과 옥이 모두 부서졌다는 고사가 있다. 얼음과 옥이 서로 분간되지 않을 정도로 정결淨潔함을 말한다. 그런데 이 구절에서는 '금반金盤'이라고 하였기 때문에 이 고사와 완전히 일치하지는 않는다. 어쩌면 '금반金盤'은 '옥반玉盤'의 오기이거나 아니면 '옥반玉盤'을 대용하는 의미로 쓰였는지도 모른다. 사실이 어떠하든 빙낭 즉 고결한 시상은 금쟁반(옥쟁반)과 구분되지 않을 정도로 깨끗하다는 것을 나타낸다.

詩家 시가 | 시인.

利器 이기 | 날카로운 무기, 걸출한 재능 혹은 영재를 비유한다.

馳聲 치성 | 명성이 멀리 퍼지다.

何用 하용 | 왜, 어째서, 무엇 때문에. 반문의 어기로 '어찌 ~할 필요가 있는가?' '~할 필요가 없다'는 뜻.

春闈 춘위 | 춘시春試, 봄에 실시하는 중앙 고시考試. 당대唐代의 과거시험은 봄과 여름 사이에 있었다.

榜下 방하 | 시험의 급제자 이름을 써놓은 게시판[榜] 아래[下].

[寒]'라는 표현을 한 번 쓰고, 다시 '얼음[氷]'이라는 표현을 쓰고 있기 때문인데, 이 두 글자는 축수재의 창작력이 맑고 빼어남을 칭찬하면서 동시에 그의 심정의 슬픔과 처량함을 나타내는 것이라고 하였다. 진문화는 시인들은 습관적으로 따뜻함을 나타내는 '난暖'이나 '온溫'이라는 글자로 옥빛깔[玉彩]을 표현하는데 이 시에서 '차갑다[寒]'라는 말로 옥빛깔을 형용한 것은 단순히 압운 때문이라고만 해석할 수 없다고 하였다. 진문화의 이와 같은 감상은 어느 정도 일리가 있다. 특히 마지막 구절의 '어찌 ~할 필요가 있는가?(~할 필요가 없다)'라는 의미의 '하용何用'이라는 두 글자에서 그가 시험에 낙방하였다는 점과 낙방한 그를 위로하고자 하는 시인의 강렬한 어감을 모두 느낄 수 있다. 수재秀才는 지방시험에 합격한 사람으로 중앙시험을 볼 수 있는 자격이 주어지며, 마지막 구의 춘위春闈는 봄에 중앙에서 실시하는 과거시험이니 곽수재郭秀才에게 중앙시험의 합격자 게시판을 어찌 쳐다보냐고 하는 것은 시의 제목과 함께 앞뒤 상황이 맞아떨어진다.

이 낭중님과 헤어지며
別李郎中

꽃 지는 오동나무, 봉새는 황새와 헤어지고요.
진고개 오를 것을 생각하니 더욱 처량해져요.
반악이 가령 시와 부가 있다면,
절반의 언어는 아내 잃은 애도를 섞을 거예요.

花落梧桐鳳別凰,
想登秦嶺更凄凉.
安仁縱有詩將賦,
一半音詞雜悼亡.

ఆ주석

花落梧桐 화락오동 | 꽃이 지는 오동나무. 진문화는 이 구절에 대해 봉황새는 오동나무가 아니면 깃들지 않으며 부부가 서로 사랑하는 것을 비유하는 데 사용되는데, 이 시에서는 오동 꽃이 떨어지고, 봉새가 황새와 이별하는 것으로써 아내의 죽음을 비유하였다고 하였다. '화락花落'은 《명원시귀》에서 '엽락葉落'이라고 하였다.

鳳凰 봉황 | 상상의 새로 상서로운 새이다. 봉새는 수컷, 황새는 암컷이다.

秦嶺 진령 | 고개 이름. 일반적으로 종남산終南山으로 본다. 사천四川에서부터 검각劍閣의 고개를 넘어 장안長安 쪽으로 가는 길을 가로지르는 산맥 이름이다. 장안의 남쪽 배후로 장안 쪽이 바라보인다. 장봉주는 종남산으로 보고 약칭 남산南山이며, 진산秦山이라고도 한다고 하였다. 진문화 역시 진령秦嶺은 섬서성陝西省 경내의 종남산으로 이 시의 이낭중이 촉지방에서 수도인 장안으로 들어가는 것이라면 반드시 진령秦嶺을 지나간다고 하였다.

更 갱 | 더욱.

凄凉 처량 | 처량하다, 서글프고 구슬프다.

安仁 안인 | 진晋의 시인 반악潘岳의 자字. 반악은 시詩와 부賦 모두 잘 지었다. 아내가 죽은 뒤

작품설명

낭중郎中은 관직명으로 각 부部에 있으며 숙위관宿衛官이다. 어떤 책에서는 이 시의 제목이 중랑中郎으로 되어있지만 중랑이라는 칭호는 육조六朝까지 사용되었다. 장봉주는 이 이낭중李郎中이 이정李程(자는 표신表臣, 농서인隴西人)이라는 사람으로 정원貞元 12년(796)에 진사進士가 되었고 원화元和 초년(806)에 검남서천절도행군사마劍南西川節度行軍司馬가 되었으며, 원화 10년(815) 3월에 병부낭중兵部郎中, 지제고知制誥가 되었다고 하였다.

이 시는 송별시다. 송별시는 일반적으로 제목에 송送, 별別, 증贈이라는 글자를 넣는다. 모두 송별과 이별을 나타내지만 제목에 송送이 들어가는 것은 시인(화자)이 상대를 전송하는 것으로 시인(화자, 전송하는 주체)은 이곳에 있고, 상대가 이곳을 떠나는 것을 나타내는 경우가 많다. 대부분의 송별시는 제목에 송送이라는 글자를 즐겨 사용한다. 그런데 제목에 별別이 들어가는 것은 똑같이 이별과 송별을 의미하지만 이때는 시인(화

〈죽은 아내를 애도하는 시悼亡詩〉 3수를 지어 후대에 아내의 죽음을 애도하는 작품의 모델이 되었다. 여기서는 이낭중李郎中을 비유한다.

縱 종 | 가령, 만약.

將 장 | ~와, ~과. 접속사로 성질이 같은 단어나 구조가 비슷한 구를 연결하여 병렬 관계를 나타낸다. '여與'와 '화和'와 같은 역할을 한다. 당대唐代 노륜盧綸의 시 〈창당과 밤에 가을 못에 배를 띄우고與暢當夜泛秋潭〉 "떠나는 사람과 낙엽이 모두 한 배 속에 있네離人將落葉, 俱在一船中."에도 같은 표현이 나온다.

一半 일반 | 절반.

音詞 음사 | 언어.

雜 잡 | 섞다.

悼亡 도망 | 죽은 아내를 애도하다. 본래 죽은 자를 애도하다는 의미이지만 진晉의 반악이 아내가 죽은 뒤 〈죽은 아내를 애도하는 시悼亡詩〉 3수를 지었기 때문에 나중에는 상처喪妻를 도망悼亡이라고 하였다.

자)이 그와 헤어진다는 것, 그곳을 떠난다는 의미로 시인이 이별하는 상대는 그곳에 머무를 수도 있고 시인처럼 그곳을 떠날 수도 있다. 고전시가에서 제목에 별別이라는 글자가 들어가는 시들은 이별하는 두 사람 모두 그곳을 떠나면서 시인(화자)이 상대에게 이별을 노래하는 경우가 많으며 주로 유랑하는 두 사람이 제3의 장소에서 잠시 만나 헤어질 때 지은 경우가 많다. 예를 들면 당대唐代 두보杜甫의 〈동정과 헤어지며別董頲〉나 역시 당대唐代 고적高適의 〈동대와 헤어지며別董大〉 등의 시 모두 시인과 상대 모두 그곳을 떠나면서 시인이 상대를 전송하는 시들이다. 그렇다면 설도의 이 시 역시 제목에 '송送'을 쓰지 않고 '별別'을 쓴 것을 눈여겨본다면 단순히 '송送'과 같은 송별시로 보기보다는 시인과 상대(이낭중) 모두 이곳을 떠나면서 시인이 이낭중을 전송하는 시로 볼 수도 있다.

그런데 이곳이 어디이며 두 사람이 각기 어디로 가는지는 확실치 않다. 다만 분명한 것은 진령秦嶺을 넘어간다는 것인데 그곳을 넘어가는 자가 시인인지 이낭중인지는 알 수 없다. 이 시에 등장하는 이낭중과 시인이 구체적으로 어떤 상황에 있었는지는 확실치 않기 때문에 단정하기 어렵다. 진문화는 이 시가 상처喪妻한 벗을 위해 지은 것으로 원화和 10년에 이정이 병부낭중兵部郎中에 임명되어 수도(장안長安)로 갈 때 시인이 그를 송별하면서 지은 것으로 보았다. 진문화는 제목의 '별別'을 '송送'과 마찬가지로 단순히 송별시, 이별시로 본 것이다. 또한 진문화는 기록에 따르면 이정은 원화元和 8년에 이이간李夷簡이 서천西川에 주둔한 뒤에야 성도成都에 왔으며 원화 10년 3월에 촉지방을 떠났는데 그 사이에 상처喪妻를 하였다고 하였다. 이런 사실은 원진元稹의 〈촉땅에 드림貽蜀〉(다섯 수) 가운데 〈중승 이표신李中丞表臣〉의 시구 중 "오직 한스러운 것은 반악의 침상자리에 먼지 있는 것이라네獨恨潘床簟有塵."에서 알 수 있다고 하였다. 원진과 설도 모두 이낭중을 반악潘岳에 비유하고 있는 것이 흥미롭다. 《한시대계》에서는 이 시에 등장하는 봉새를 이낭중으로, 황새를 그의 아내로 보고 있으니 아마 부부간의 정이 돈독한 사람이었던 것 같다고 하였다. 제3구에서 부부애가 애틋한 것으로 유명한 진대晋代의 반악을 들어 이낭중의 부부애를 찬미하고 있다. 여기서 반악은 이낭중을 가리키며 이낭중이 시와 부를 짓는다면 그 언어의 절반은 옛날의 반악처럼 죽은 아내를 애도하는 것일 것이라고 말한다. 아마도 아내를 사별한 이낭중과 헤어지면서 설도가 위로의 마음을 표현한 것일 것이다.

부 도사님을 보내며
送扶鍊師

금포땅 귀항 배는 무협의 구름 속에요,
푸른 물결 아득히, 빗방울은 분분해요.
산음 땅의 도술은 소문이 난 지 오래라,
또한 왕희지께 거위를 준다고 말하네요.

錦浦歸舟巫峽雲,
綠波迢遞雨紛紛.
山陰妙術人傳久,
也說將鵝與右軍.

ᨒ주석

錦浦 금포 | 성도成都 완화계浣花溪에 있는 금포리錦浦里를 가리킨다. 설도는 만년에 완화계에 머물렀다.
歸舟 귀주 | 돌아가는(귀항하는) 배.
巫峽 무협 | 양자강의 상류. 삼협의 하나로 무산巫山기슭을 흐르는 양자강의 급류.
綠波 녹파 | 푸른 물결.
迢遞 초체 | 아득히 먼 모양.
紛紛 분분 | 분분히, 분분하다. 흩날리는 모양이 뒤섞이어 어수선함, 어지러운 모양.
山陰 산음 | 지명, 지금의 절강성浙江省 소흥紹興이다.
妙術 묘술 | 기묘한 술법.

작품설명

장봉주는 부연사扶鍊師는 부扶씨 성을 지닌 도사로 이 시의 제3구에 의하면 산음山陰 회계會稽사람으로 생각된다고 하였다. 《당음계섬唐音癸籤》에 의하면 도사道士에는 세 호칭이 있는데 법사法師, 위의사威儀師, 율사律師이다. 그 가운데 덕이 높고 생각이 정치한 자를 연사鍊師라고 하였다.

송별시이다. 이별의 날, 빗방울 뿌려 헤어짐의 눈물이 많음을 드러냈다. 부扶도사의 도술을 그 옛날 산음山陰 땅의 도사에 비유하며 찬미하였다. 헤어지지만 시인은 떠나는 자에 대한 찬미를 잊지 않는다. 설도는 글씨를 잘 써서 왕희지王羲之의 필법을 얻었다는 평을 받았다. 《선화서보宣和書譜》에서는 설도의 서체를 칭찬하여 "글씨에 여자의 기색이 없고 필력이 과격하며 행서의 묘처는 자못 왕희지의 필법을 얻었다作字無女子氣, 筆力峻激, 其行書妙處, 頗得王羲之法."라고 하였다. 그렇다면 이 시의 왕희지는 설도 자신을 암시하는 것으로 볼 수도 있다.

將 장 | ~을. 전치사 역할을 한다.
與 여 | 주다.
右軍 우군 | 서예가로서 유명했던 왕희지王羲之를 말한다. 동진東晉의 문장가로서 낭야瑯邪 사람이며 산음山陰 회계會稽의 내사內史가 되었다. 우군장군右軍將軍, 회계내사會稽內史 등의 벼슬을 지내 왕우군王右軍이라고 하였다. 초서草書와 예서隸書 모두 고금의 으뜸이었고 본성이 거위를 좋아하였다. 산음 땅의 한 도사가 거위를 잘 기르고 있어서 왕희지가 가서 보고 매우 기뻐하며 팔라고 하였다. 그랬더니 도사는 《도덕경道德經》을 써주면 거위 여러 마리를 주겠다고 하여 왕희지는 흔쾌히 써주고는 거위를 받아 돌아왔다고 한다.

마가 연못에서 소 중승님께
摩訶池贈蕭中丞

옛날에는 다능하시어 군막을 보좌하시더니요,
오늘 아침에는 함께 옛 신선배 타고 가네요.
처량타, 떠나가는 물, 무너지는 물결 저 멀리,
오직 돌기둥 앞에서 오열하며 흐르지 않네요.

昔以多能佐碧油,
今朝同泛舊仙舟.
凄凉逝水頹波遠,
惟有碑前咽不流.

☙주석

摩訶池 마가지 | 성도成都 성내에 있는 연못 이름이다. 진陳나라와 수隋나라 사이의 용맹한 장군 소마가蕭摩訶를 기념한 것으로 소마가蕭摩訶는 남난릉南蘭陵사람이며 자는 원윤元胤이다. 어려서 아버지를 잃었지만 진陳의 오명철吳明徹의 부장部將이 되어 북벌에 나섰으며 기마대를 이끌고 적진으로 들어가 종횡 분투하였다. 오명철은 그를 삼국시대 촉蜀의 용맹한 장수 관우와 장비를 능가한다고 말하였다. 공적을 쌓아 표기대장군驃騎大將軍이 되어 수원군공綏遠郡公에 봉해졌다. 수나라 때에 개부의동삼사開府儀同三司가 되었는데 병주幷州에서 반역에 가담하여 처벌되었다. 이 연못은 지금은 없다고 한다. 이 연못에서 배를 띄워 연회를 베풀었으며 서천절도사西川節度使 무원형武元衡의 시에도 〈마가 연못의 연회摩訶池宴〉가 있다. 《방여승람方輿勝覽》에 의하면 마가지는 수隋, 촉蜀의 왕수王秀가 광자성廣子城을 지을 때 이곳에서 흙을 파내어 연못이 되었는데, 어떤 승려가 그것을 보고 '마가궁비라摩訶宮毘羅'라고 하였다고 한다. 이는 범어인데 '마가摩訶'는 크다는 뜻이고, '궁비라宮毘羅'는 용을 말한다. 이 연못이 광대하여 용이 있다는 것이다. 성도 성내에 있었는데 나중에 말라버렸다고 한다.

昔 석 | 옛날에.

以 이 | ~로써.

작품설명

중승中丞은 어사중승御史中丞의 약칭으로, 관직명이며 관리의 탄핵을 담당한다. 소蕭는 소호蕭祜인데, 소우蕭祐라고도 하며 자는 우지祐之이고, 난릉蘭陵 사람이다. 진사시험에 합격하고 특별 초빙되어 습유拾遺가 되었다. 원화元和 초엽에 서천절도판관西川節度判官이 되었고 어사중승을 역임하였으며, 계관방어관찰사桂管防禦觀察使가 되었다. 거문고와 서화 등에 뛰어나고 자연을 사랑하며 풍류를 즐긴 인물이었다. 어사중승을 지낼 때 무원형의 막부에 있었다.

전형적 송별시이다. 소호蕭祜도 소마가蕭摩訶도 모두 난릉 사람이며, 남난릉은 남북조시대에 난릉사람이 이주해 살았다. 마지막 구는 소호가 선조 영웅을 추모하여 돌기둥 앞에서 오열할 거라고 설도가 상상하는 부분이다. 선조 영웅의 전고를 인용하여 현재의 인물을 격려하고 찬양하였다. 시인의 학식과 함께 사교시의 미덕이 잘 나타나 있다.

多能 다능 | 다능하다, 재주가 많다.
佐 좌 | 돕다.
碧油 벽유 | 청록색의 군막軍幕. 여기서는 청록색의 군막을 사용하는 사람 즉 절도사(군정장관軍政長官)를 가리키며 이 시에서는 검남劍南 서천절도사 무원형을 가리킨다. 소중승蕭中丞은 무원형의 막부에서 일하였다.
今朝 금조 | 오늘 아침.
同 동 | 함께.
泛 범 | 띄우다.
舊 구 | 옛.
仙舟 선주 | 신선배. 배에 대한 미칭美稱으로 선仙은 배를 아름답게 부르기 위해 붙인 말이다.
凄凉 처량 | 처량하다, 마음이 서글프고 구슬프다.
逝水 서수 | 떠나가는 물. 한번 떠나 돌아오지 않고 흘러가는 물을 가리킨다.
頹波 퇴파 | 무너지는 물결. 아래로 흐르는 물의 기세.
惟有 유유 | 다만 오직. 지유只有와 같다. '유도惟到', '비전碑前'은 '비천碑泉'이라고 되어 있는 곳도 있다.
碑 비 | 돌기둥.
咽 열 | 오열하다, 목메다, 목메어 울다.

이 서기님이 연회석에서 보내오신 것에 화답하여
和李書記席上見贈

멋지구나! 응시할 때 고사장에서 빼어났으니,
아마도 다시 서로 만나면 마음 넓히겠지요.
묻노니, 풍광은 누굴 위해 고운 것일까?
만 가지 실버들, 푸른빛의 연기 짙어요.

翩翩射策東堂秀,
豈復相逢豁寸心.
借問風光爲誰麗,
萬條絲柳翠煙深.

☙주석

見贈 견증 | 나에게 증정해주다.
翩翩 편편 | 행동이나 태도가 멋스러운 모양, 경쾌하고 자득한 모양.
射策 사책 | 응시하다. 사책은 본래 한대漢代의 관리등용시험의 한 방법인데, 일반적으로 응시應試를 가리킨다.
東堂 동당 | 동쪽 전당, 동각東閣. 과거시험 고사장을 가리킨다.
秀 수 | 빼어나다.
豈 기 | 아마도.
復 부 | 다시, 또.
相逢 상봉 | 서로 만나다.
豁 활 | 넓히다, 트이게 하다, 소통하다.
寸心 촌심 | 마음. 옛날에는 마음의 크기가 '네 변이 한 치(일촌一寸)인 정사각형(방촌方寸)' 정도라고 여겼기 때문에 촌심寸心이라고 불렀다.
借問 차문 | 묻노니, 말씀 좀 여쭙겠습니다. 남에게 모르는 것을 물음, 시험 삼아 한번 물어봄.

작품설명

서기는 관직이름이다. 문서기록을 담당한다. 당대唐代에는 원수부元帥府와 절도사節度使 모두 장서기掌書記를 두었고 약칭 서기書記라고 하였다. 이서기李書記가 누구인지는 알 수 없다.《한시대계》에서는 이서기를 이여李餘로 보았다. 그는 장경長慶 3년(823) 진사에 급제하였고 서천西川 사람이며 오래도록 막부에서 가도賈島와 화창하였다고 하는데 확증할 수는 없다. 이 시는 이서기의 멋진 풍류를 찬미하고 있다. 종성은《명원시귀》에서 이 시에 대해 "서로 만나면 곧장 마음이 넓어진다는 것은 진짜 서로 아는 사이가 아니라면 불가능하다. 더욱이 미묘함은 '기부豈復' 두 글자에 있는데 미루어 짐작함이 미묘함을 얻었다相逢卽豁寸心, 非眞相知不能. 尤妙在豈復二字, 懸揣得妙."라고 하였다.

고대 시가詩歌에서 흔히 볼 수 있는 가설적 물음으로 일반적으로 윗구에서 사용하고, 아랫구에서는 곧장 작자가 스스로 답하는 형식으로 되어 있다. 설도는 〈장원부님께 부치다寄張元夫〉에서도 같은 표현을 썼다.

風光 풍광 | 자연의 자태, 바람이나 빛의 모양.

爲 위 | 위하다.

誰 수 | 누구.

麗 려 | 곱다, 아름답다.

萬條 만조 | 만 가지. 조條는 가지, 가늘고 긴 나뭇가지. 버드나무 가지를 유조柳條라고 한다. 설도의 시 〈요 원외님을 보내며送姚員外〉에도 같은 표현이 나온다.

絲柳 사류 | 실버들, 수양버들을 달리 이르는 말. 가늘고 길게 늘어진 버들이라는 뜻이다. 설도의 시 〈마름, 노랑어리연꽃 못菱荇沼〉에도 유사柳絲라는 표현이 나오는데, 이것은 버들가지, 버드나무 가지이다.

翠煙 취연 | 푸른빛의 연기.

深 심 | 짙다.

팥배나무 꽃으로 이 태위님께 화답하여
棠梨花和李太尉

오균의 혜초 밭에서 아름다운 나무 옮겼는데,
때마침 동쪽 시내에 봄 비 내릴 때 맞추었네.
해는 저무는데 앵무새는 무엇 때문에 울어대나?
엷고 진한 꽃이 몽실몽실 무성한 가지 누르네요.

吳均蕙圃移嘉木,
正及東溪春雨時.
日晩鶯啼何所爲,
淺深紅膩壓繁枝.

주석

棠梨花 당리화 | 팥배나무 꽃. 당리棠梨는 팥배나무로 《이아爾雅》에서는 두杜, 감당甘棠이라고 하였고, 속칭 야리野梨라고 하며, 낙엽교목이고 흰색의 탐스럽고 고운 꽃이 피며, 팥알같이 생긴 열매가 열린다. 각종 배나무에 접목할 수 있다. 설도와 교분을 가졌던 당대唐代 원진元稹의 시 〈야생화 시들다村花晩〉에도 "세 달 봄이 이미 저물어, 복숭아 오얏 이지러지고 / 팥배나무 꽃은 하얗고, 순무는 노랗네三春已暮桃李傷, 棠梨花白蔓菁黃."라는 표현이 나온다(이 시의 당리가 무엇을 가리키는지에 대한 또 다른 설은 작품설명 참조).

吳均 오균 | 육조시대 양梁나라 절강성浙江省 오흥吳興 사람이다. 자는 숙상叔庠이고 학문이 깊고 재주가 뛰어났다. 양나라 천감天監 초기에 류운柳惲이 오흥 자사刺史가 되어 군의 주부主簿로 맞이하자 매일 시를 지었는데 그의 시풍을 따라하는 자가 많아지자 '오균체吳均體'라고 불리게 되었다. 이 시에서는 이태위를 오균에 빗대었다.

蕙圃 혜포 | 혜초밭. 《습유기拾遺記》에 "곤륜산은 9층인데 산의 형세가 점차 작고 좁아지며, 아래에 영지밭과 혜초밭이 있다崑崙山九層, 山形漸小狹, 下有芝田蕙圃."라고 되어 있다.

移 이 | 옮기다, 옮겨심다.

작품설명

팔배나무 꽃(당리화棠梨花)을 노래하여 화답한 시이다. 태위太尉는 관직명으로 군사를 담당하며, 삼공三公의 한 사람으로서 오늘날 국방장관에 해당되며 중앙관청의 요직이다. 설도가 살았던 시기에 이씨 성을 지닌 태위로는 유벽劉闢의 반란시기에 고숭문高崇文의 부장으로서 촉을 정벌한 이광안李光顔과 설도 만년 경에 서천절도사西川節度使였던 이덕유李德裕 두 사람이 있다.《한시대계》에서는 시의 내용으로 보아 이광안에게 보낸 것으로 추측하였다. 이광안은 촉을 정벌한 공적으로 목종穆宗으로부터 장안長安 개화리開花里에 저택을 하사받았다. 이 시에 나오는 오균吳均의 혜초 밭은 그의 개화리 저택 정원을 말하는 것으로 보인다고 하였다. 또한 이 시는 설도의 나이 54세 혹은 55세경에 지었다고 보고, 팔배나무 꽃은 촉땅에서 나는데 이광안이 촉땅에서 그 꽃을 보고 이식하였다고 하였다. 그리고 당시 이광안은 태위가 되지 않았고, 그가 사망한 보력寶曆 3년에(당시 설도는 59세였다) 태위를 하사받았기 때문에 이 시의 제목은 후에 고친 것일 것이라고 하였다. 한편 장봉주와 진문화는 이 시의 이태위

嘉木 가목 | 아름다운 나무.

正 정 | 때마침, 바로, 막

及 급 | ~에 맞추어, 알맞게, ~을 틈타. '(시간, 기회를) 이용하여'와 같은 의미로 사용되었다. 이 구절에서는 마지막 글자인 시時와 호응되어 '~한 때에 맞추다'는 의미로 사용되었다. 예를 들면 '때가 맞다', '시기적절하다'는 의미로 사용하는 '급시及時'나 때에 맞추어 적절하게 내리는 비를 의미하는 '급시우及時雨', 그리고 시기를 놓치지 않고 즐긴다는 의미의 '급시행락及時行樂' 등에서 사용되는 급及의 의미와 마찬가지이다.

東溪 동계 | 동쪽 시내. 진문화는 동계를 간주簡州에 있는 시내 중의 하나로 보고,《촉중명승기》에는 간주에 세 개의 시내가 있는데 동계東溪, 남계南溪, 전계前溪라고 하였다고 했다. 그런데 유천문은 성도成都에는 시내가 종횡으로 흘러가기 때문에 동계는 완화계浣花溪 부근의 시냇물일지도 모른다고 하였다.

春雨 춘우 | 봄비.

日晩 일만 | 해가 저물다.

何 하 | 무엇, 무슨.

李太尉를 이덕유(자字 문요文饒, 조주趙州 사람)로 보았는데, 이덕유는 한림학사翰林學士(설도의 시 〈주변루籌邊樓〉 참조)를 지냈고, 대화大和 4년(830)에 검남서천절도사劍南西川節度使가 되었으며, 대화 6년(832) 12월에 병부상서兵部尚書, 중서문하평장사中書門下平章事가 되었고 나중에 태위를 제수받아 위국공衛國公이 되었다. 이덕유가 태위가 된 때는 회창會昌 4년(844)으로 설도가 세상을 떠난 뒤이므로 이 때문에 장봉주와 진문화는 이 시의 제목이 후대 사람에 의해 가필된 것으로 보았다(張篷舟, 앞의 책, p. 50; 陳文華, 《唐女詩人集三種》, p. 48 참조).

한편 이 시에서 묘사하고 있는 당리화가 팥배나무가 아니라 해당화海棠花로 보는 설이 있다. 사실 당리화가 팥배나무 꽃인지 해당화인지를 따지는 것은 시를 지나치게 실증적인 관점으로 보는 것으로 시를 감상하는데 크게 중요하지 않다고 볼 수는 있다. 그러나 이 문제가 관련 시어를 정확하게 해석하는 데 일정한 영향을 주는 것도 사실이어서 이에 대한 작은 논쟁을 소개하려고 한다. 먼저 장봉주는 당리棠梨에 대해 별다른 주석을 하지 않았는데, 당리의 사전적 정의는 팥배나무이기 때문에 아마도

所爲 소위 | 까닭, 이유, 원인. 소이所以와 같다. 행위나 동작이 발생한 원인을 나타낸다.
淺深 천심 | 옅고 진함. 일반적으로 천심淺深은 얕고 깊음 혹은 깊이를 나타내지만, 여기서는 팥배나무 꽃에 대한 형상이므로 꽃잎 빛깔의 옅고 진함으로 보는 것이 옳겠다.
紅膩 홍이 | 꽃이 몽실몽실하다. 팥배나무 꽃의 형상을 그린 것이다. 홍紅은 꽃의 별칭으로 꽃은 대부분 붉은빛을 띠기 때문에 홍紅으로 꽃을 대신하기도 한다. 당대唐代 두보의 명작 〈봄 밤의 기쁜 비春夜喜雨〉 중 "새벽에 꽃이 젖은 곳을 보니曉看紅濕處"에도 홍紅 자로 꽃을 대신한 구절이 나온다. 이膩는 통통하고 반드르르하다는 뜻인데 여기서는 꽃에 대한 묘사이므로 꽃이 탐스럽고 고운 것을 가리킨다. 우리말의 몽실몽실은 통통하게 살이 쪄서 매우 보드랍고 야들야들한 느낌이 있는 모양을 말하며 꽃을 묘사할 때도 사용하므로 본서에서는 이膩를 몽실몽실하다로 번역해보았다.
壓 압 | (내리)누르다. (주로 위에서 아래로) 압력을 가하다.
繁枝 번지 | 무성한 가지, 많고 우거진 가지. 압지壓枝는 과실이 많이 열려 나뭇가지를 내리누르는 것을 말하는데 여기서는 팥배나무 꽃이 무성하여 가지를 내리누르는 것을 말한다.

당연히 팥배나무로 보았을 것이다. 진문화는 팥배나무임을 분명히 하고 있다. 그런데 유천문은 왕중용王仲鏞의 주장을 인용하여 당리를 해당화로 보고, 이덕유가 부임하기 전에는 촉지방에 당리화(해당화)가 없었으며 그가 부임할 때 낙양洛陽의 평천산장平泉山莊에서 이것을 가지고 와 설도에게 주었으며 설도가 재배하면서 해당화(당리화)가 촉지방의 명물이 되었다고 하였다(王仲鏞, 〈試論西川海棠和薛濤〉, 劉天文, 앞의 책, pp. 100~101). 그러나 이 설은 오유걸吳維杰과 오가吳柯[〈薛濤《棠梨花和李太尉》與西川海棠辨正: 王仲鏞《試論西川海棠與薛濤》質疑〉, 《成都大學學報》(社會科學版, 2006年 2期)]에 의해 비판을 받는다. 이들은 성도중의약대학成都中醫藥大學 아미학원峨眉學院과 성도설도연구회成都薛濤硏究會 소속으로 식물학적 지식을 동원해 이 시의 당리화는 해당화가 될 수 없음을 지적한다. 그들은 왕중용이 설도의 시 마지막 구절인 "천심홍이압번지淺深紅膩壓繁枝"에 근거하여 이 시 속의 당리화는 해당화[海棠]라고 하였는데, 이것은 그가 이 시구의 '홍이紅膩'(화비花肥: 홍紅은 화花, 이膩는 비肥의 의미를 지니는 것으로 풀이—역자 주)를 '홍화紅花'로 오해했기 때문이라고 하였다. 그들에 의하면 '홍이紅膩'의 홍紅은 붉은 꽃이 아니라 단순히 꽃[花]을 가리키며 그래서 홍이는 '화비花肥(꽃이 몽실몽실하다)'라는 의미라고 하였다. 그들은 또한 왕중용이 첫 구의 "오균혜포이가목吳均蕙圃移嘉木"에 근거하여 '가목嘉木' 해당海棠을 이덕유가 낙양洛陽에서 성도成都로 '옮겨와[移來]' 설도에게 기증하여 재배하게 된 것이라고 한 것 또한 오해라고 지적하였다. 왜냐하면 원예상식으로 볼 때 해당화는 이식에서 개화까지 약 10년 정도의 시간이 필요한데, 이덕유가 성도에 온 지 2년이 못 되어 설도는 사망하였기 때문에 이 시의 표현처럼 '옮겨와[移來]' 몇 년이 지난 뒤의 '가목嘉木'이 이미 "천심홍이압번지淺深紅膩壓繁枝"하는 것은 불가능하다고 하면서 식물학과 원예학지식을 공부하지 않고서는 설도의 이러한 영물시詠物詩는 읽어도 이해할 수 없다고 하였다. 한편 홍紅을 붉다는 의미 그대로 보아 팥배나무의 붉은 열매를 표현하는 것으로 볼 수도 있지만 이 시의 제목이 당리화 즉 꽃을 그리고 있는 것이므로 당연히 꽃에 대한 묘사로 보는 것이 옳다.

중국의 사천지방에서 가장 많이 나는 해당화[海棠]는 수사해당垂絲海棠, 수지해당垂枝海棠이라고 부르는데 낙엽 교목喬木으로 높이는 8미터까지 이르며 꽃은 피기 전에는 붉은색인데 핀 뒤에는 점차 분홍색으로 바뀐다. 그런데 이 시의 제목에 나오는 팥배나무 꽃(당리화)은 흰색을 띠므로 설도의 시구에 나오는 홍이를 꽃이 붉고 몽실몽실하다는 의미로 본다면 제목과 맞지 않게 된다. 물론 홍紅은 꽃의 별칭으로 풀 수 있으므로 굳이 붉은색에 집착할 필요는 없겠다. 그런데 당리화를 해당화로 보기 위한 가장 확실한 근거는 당대唐代 사천지방에서 해당화를 당리화라고도 부른 사례가 있어야 하는데 이에 대한 사전적 근거는 없다. 이 시에 나오는 이태위가 이덕유라는 주장도 확증자료가 있는 것은 아니다. 이 밖에도 설도의 시에 〈해당화 계곡海棠溪〉이라는 작품이 있으므로 만약 당리가 해당화라면 굳이 당리라고 부르지는 않았을 것으로 생각된다.

문 자사님께 답하여
酬文使君

연영궁에서 천자를 배알하니 조정의 은택 새롭고요,
다섯 말이 내달리니 큰길에 먼지 일어나네요.
오늘 사안의 뜰에 흰 눈 날리는데,
속요는 옛날의 고상한 곡조를 되살리지 못하네요.

延英曉拜漢恩新,
五馬騰驤九陌塵.
今日謝庭飛白雪,
巴歌不復舊陽春.

ঔ주석

延英 연영 | 당대唐代 장안의 궁전 이름. 이곳에서 천자를 배알하였고, 중대한 국사國事를 개최하였다.

曉拜 효배 | 천자에 대한 배알.

漢恩 한은 | 한漢나라 조정의 은혜라는 뜻이지만 여기서는 당唐나라 조정의 은혜를 말하는 것이다. 한나라를 빌려 당나라를 대신 노래하는 것은 당시唐詩의 전형적 수법이다.

五馬 오마 | 태수의 수레는 네 마리 말 이외에 앞에서 끄는 한 마리를 더하여 오두마가 된다.

騰驤 등양 | 말이 머리를 들고 힘차게 달려가는 것.

九陌 구맥 | 한漢의 수도, 장안성長安城 안에 있었던 큰 길.

謝庭 사정 | 진晉의 사안謝安의 뜰. 자제가 우수한 집을 비유한다.

白雪 백설 | 흰 눈. 흰 눈은 두 가지 의미를 지니고 있다. 첫째는 진晉의 여성시인으로 사혁謝奕의 딸인 사도온謝道韞과 관련된 고사에 나오는 흰 눈이다. 《진서晉書 · 왕응지처사씨전王凝之妻謝氏傳》에 의하면 어느 날 온가족이 모여 있는데 눈이 내리자 숙부인 사안謝安이 이 눈을 비유해보라고 하니 사안의 아들 사랑謝朗이 "소금을 공중에 뿌린 것 같다고 하면 거의 비

작품설명

문사군文使君이 누구인지는 확실치 않다.《전당시》와《신당서》 모두 문씨 성이 드문데도 누군지 분명치 않다. 이 작품은 사교를 목적으로 하는 창화시이다. 앞의 두 구절은 문 자사가 새로 황제의 은총을 받아 존귀하게 되었음을 표현하였다. 뒤의 두 구절은 위진남북조 시대의 뛰어난 여성시인 사도온謝道韞의 고사를 빌려 설도 자신의 노래는 사도온처럼 고상한 곡조를 살리지 못하고 다만 속요에 불과하다는 겸손이 묻어있다. 진문화는 문사군에게 재주가 사도온 같은 여인이 있어 시중들며 노래를 불러주기 때문에 설도의 속요는 더 이상 듣지 않는다는 의미로 보았다.

기겠는데요撒鹽空中差可擬."라고 하자 사도온은 "버들솜이 바람 따라 일어난다고 하는 것만 못해요未若柳絮因風起."라고 하니 그 자리에 있던 사람들이 그녀의 시적 감각에 감탄했다는 고사가 있다. 두 번째는 제4구에 나오는 양춘陽春과 함께 '양춘백설陽春白雪'이라는 말로 사용되는 경우인데 이 경우에는 고상한 곡조를 의미한다.

巴歌 파가 | 속요, 대중 가요.

復 복 | 되살리다, 회복하다.

陽春 양춘 | 고상한 곡조. 앞에 나온 파가巴歌(속요, 대중가요)에 대비되는 전통음악. 앞 구절의 백설白雪과 함께 고대 가곡의 이름으로 송옥宋玉의 〈초왕의 물음에 응대하여對楚王問〉에 "나그네 중에 영중에서 노래 부르는 자가 있었는데 그가 처음에 '하리파인'을 부르자, 나라 안에 모여서 함께 부르는 자가 수천 명이었다. … 그가 양춘백설을 부르자 나라 안에서 모여 함께 부르는 자가 수십 명에 불과하였다. … 그러므로 그 곡이 고상하면 할수록 그 화답은 더욱 적다客有歌於郢中者, 其始曰下里巴人, 國中屬而和者數千人. … 其爲陽春白雪, 國中屬而和者不過數十人. … 是其曲彌高, 其和彌寡."라는 구절이 있다. 하리파인下里巴人은 속요여서 수천 사람이 함께하는데, 양춘백설과 같은 고상한 곡이 되면 합창하는 자가 별로 없다는 말이다. 이 때문에 양춘백설은 고상한 곡을 가리키게 되었다.

오 자사님께 답하여
酬吳使君

지공의 별장은 화원 입구에 닿아있는데요,
앞산을 살 수 있었지만 줄곧 겪지 못했지요.
문으로 들어서면 섬계에 구름과 물이 가득,
드높은 서재 지척은 푸른 하늘에 이르지요.

支公別墅接花扃,
買得前山總未經.
入戶剡溪雲水滿,
高齋咫尺躡靑冥.

ᨖ주석

使君 사군 | 자사刺史(관직명)를 말한다. 군현郡縣을 감찰하는 관원으로 송원대宋元代 이후에는 주장관州長官에 대한 별칭으로 쓰였다.

支公 지공 | 동진東晋의 승려 지둔支遁. 진류陳留 사람으로 본래 성은 관關이고 자는 도림道林이다. 25세에 삭발하고 승려가 되어 섬계剡溪로 들어가 절을 지어 수행하였다. 당시 사안謝安과 왕희지王羲之 등과 친하였다.

別墅 별서 | 별장.

接 접 | 닿아있다, 이어지다.

花扃 화경 | 경扃은 문호, 출입구. 화경花扃은 화원입구.

買得前山 매득전산 | 앞 산을 살 수 있다. 매득買得은 '살 수 있다', 매買는 '사다', 득得은 조사助詞로 동사 뒤에 사용되어 가능을 나타낸다. 득得의 이와 같은 용법은 당대唐代 시인 습득拾得의 〈시詩〉 제19수 중 "원숭이도 오히려 가르칠 수 있건만, 사람이 어찌 분발하지 않는가獼猴尙教得, 人何不憤發."에도 같은 표현이 나온다. 매산買山은 '산을 사다, 은거하다'는 뜻인데, 매산이라는 표현에는 다음과 같은 관련고사가 있다. 유의경劉義慶의 《세설신어世說新語 · 배

작품설명

사군使君은 관직명이므로 오사군吳使君은 오씨 성을 지닌 사람일 텐데 《한시대계》에서는 오상호吳商浩(절강浙江 섬계剡溪 사람)를 지칭하는 것으로 추정하였다. 이 시는 화답시이다. 시의 제목은 《전당시》에서는 〈수오수군酬吳隨君〉이라고 하였는데 장봉주는 《청니연화기靑泥蓮花記》에 근거하여 〈수오사군酬吳使君〉으로 고쳤다. 오사군吳使君이 누구인지는 확실치 않으나 시의 내용으로 보아 지공支公처럼 섬계剡溪로 들어가 수행하려고 하는 인물로 보인다. 제2구로 보면 이 사람은 지금 사군使君의 벼슬을 하고 있어 은거하고자 하는 뜻(매산買山)이 있지만 아직은 그러지 못한 것이다(미경未經). 설도는 누군가를 찬미할 때 언제나 그와 유사한 옛 사람의 일을 빌려 현존하는 인물을 찬미하는 방식을 취하므로 이 시에서 지공支公은 오사군吳使君을 비유하는 것이라고 볼 수 있다.

조排調》에 "지도림支道林(지둔支遁)이 다른 사람을 통해 심공深公에게서 인산印山을 사려고 하였다. 심공이 대답하길 '소부巢父와 허유許由가 산을 사서 은거했다는 말은 들어보지 못했다'."라고 되어 있다. 《고일사문전高逸沙門傳》에 의하면 지둔은 심공의 말을 듣고 매우 부끄러워했다고 한다. 나중에 '매산買山'은 어진 선비의 은거를 비유하거나 사람의 재덕이 높음을 형용할 때 사용되었다. 인산은 섬현剡縣(지금의 절강성浙江省 승현嵊縣)에 있다.

總 총 | 줄곧, 내내.

未 미 | 아직 ~하지 못하다.

經 경 | (일, 사건 등을) 겪다, 경험하다, 체험하다.

入戶 입호 | 문으로 들어가다. 호戶는 집으로 드나드는 문, 출입구를 가리킨다. 진입문호進入門戶와 같은 뜻이다.

剡溪 섬계 | 계곡 이름. 절강성 조아강曹娥江 상류 계곡이다. 왕자유王子猷가 눈 오는 밤에 대규戴逵를 방문한 것으로 유명하다. 《태평환우기太平寰宇記》에는 "섬계剡溪는 섬현剡縣의 남쪽 150보쯤에 있다."라고 되어 있다.

雲水 운수 | 구름과 물.

高齋 고재 | 높은 서재.

咫尺 지척 | 아주 가까운 거리.

躡 섭 | 이르다, 다다르다.

靑冥 청명 | 푸른 하늘.

이 교서님께 답하여
酬李校書

재주는 형상 밖을 노닐어 몸은 비록 멀리 있어도,
학문은 지역에서 빼어나고, 재능은 듣기가 쉽네요.
장빈 땅에서 병약함을 돌본 뒤부터는,
다만 재빠른 새가 푸른 구름에서 춤추는 것을 바라보아요.

才遊象外身雖遠,
學茂區中事易聞.
自顧漳濱多病後,
空瞻逸翮舞靑雲.

ଓ주석

象外 상외 | '물외物外'로 물상物象(형상 세계) 밖, 세속의 밖을 의미한다. 유상외遊象外는 형상 세계 바깥에서 노닌다는 의미로 세상사 밖으로 벗어남을 말하며, 고상함을 나타낸다.
雖 수 | 비록 ~이지만.
遠 원 | 멀리 떨어져 있다.
茂 무 | 빼어나다, 탁월하다.
區中 구중 | 지역 내. 구區는 한정된 지역, 여기서는 지방을 말한다.
事 사 | 재능. 앞의 학문[學]과 함께 이교서가 재학才學(재능과 학문)을 겸비한 사람임을 가리킨다.
易聞 이문 | 듣기가 쉽다, 쉬이 들린다. 이교서의 재능이 소문나서 잘 들린다는 의미.
自 자 | ~에서부터.
顧 고 | 돌보다.
漳濱 장빈 | 장수漳水 물가, 병석에 눕다[臥病]. 장수漳水는 중국 산서성山西省에서 발원하여 하북성河北省으로 흘러 들어간다. 한대漢代 유정劉楨의 〈오관중랑장에게贈五官中郎將〉 4수 중

작품설명

교서校書는 서적을 교감하는 서기관書記官으로 설도의 시 속에 단교서段校書, 위교서韋校書 등이 등장한다. 《한시대계》에서는 이 시의 이교서李校書를 〈이 서기님이 연회석에서 보내오신 것에 화답하여和李書記席上見贈〉의 이서기李書記와 동일한 인물인 이여李餘로 보았는데 확증할 수는 없다. 이 시에 대해서 주석가들은 별다른 풀이를 하지 않고 있다. 시의 내용으로 보면 이교서는 세속 밖 저 먼 곳에서 살며 재주와 학문이 출중한 사람으로 한때 병상에 있다가 벼슬길로 나온 인물로 보인다. 어쩌면 교서라는 벼슬을 받은 것을 시인이 축하하는 시일지도 모르겠다.

제2수에 "내가 어려서 고질병에 걸려서 / 맑은 장수 물가에 몸을 숨겼지요余嬰沉痼疾, 竄身淸漳濱."라는 표현이 나온 뒤에 '장빈漳濱'은 '와병臥病'의 전고로 사용되었다.

多病 다병 | 병이 많다, 병약하다.

空 공 | 다만, 오직.

瞻 첨 | 바라보다, 쳐다보다, 우러러보다.

逸翮 일핵 | 강건하여 잘 날아다니는 새의 깃촉 혹은 빠르게 나는 새를 가리킨다. 여기서는 이교서李校書를 비유하였다.

舞靑雲 무청운 | 높은 구름 위에서 춤추는 것, 출세하는 것을 말한다. 청운靑雲은 푸른 구름, 높은 하늘의 구름으로 고관을 비유하거나 고위직을 도모하는 경로를 비유한다.

소십삼 중승님께
贈蘇十三中丞

낙양의 거리에 바퀴 묻은 기세는,
가을하늘 쫓아가 날아가는 매를 칠 듯하지요.
오늘 인비문서로 임금의 부름 받았사오니,
어사대 밖에서 서릿발 위엄은 떨치지 마세요.

洛陽陌上埋輪氣,
欲逐秋空擊隼飛.
今日芝泥檢徵詔,
別須臺外振霜威.

☙주석

洛陽 낙양 | 낙양. 후한의 수도이다.
陌上 맥상 | 거리 위. 맥陌은 도로이다.
埋輪氣 매륜기 | 바퀴를 묻은 기세. 《후한서後漢書 · 장강전張綱傳》에 의하면 후한後漢 순제順帝 때 양기梁冀가 권력을 독점하여 조정의 부패가 매우 심하자, 한안漢安 원년元年(142년)에 장강張綱 등의 여덟 명을 선발하여 전국을 순시하고 규찰하게 하였다. 그들 대부분이 왕명을 따랐지만 오직 장강張綱(자字 문기文紀. 무양武陽 사람)만이 낙양의 도정都亭(나그네가 휴식하는 건물)에 수레바퀴를 묻고 상소문을 올려 양기를 탄핵하고 그 죄상을 밝혀내자 온 서울이 들썩거렸다고 한다. 이 일로 인해 나중에 '바퀴를 묻다[埋輪]'는 권문세족을 두려워하지 않고 직언으로 간언하는 일을 가리키게 되었다.
欲 욕 | ~할 듯하다, 바야흐로(곧) ~하려 하다.
逐 축 | 쫓다, 뒤쫓아가다.
秋空 추공 | (높고 맑게 갠) 가을 하늘.
擊隼 격준 | 매를 치다. 장봉주는 '준隼'은 맹금猛禽이며, 장강이 양기를 탄핵한 일을 비유하였

작품설명

제목의 소십삼중승蘇十三中丞에서 소蘇는 성姓이고, 십삼十三은 항렬이다. 항렬은 동일 혈족 안에서 남자의 순위이다. 이름을 부르는 대신 항렬 순서로 부르는 경우가 많았다. 중승中丞은 관직명이다. 어사중승御史中丞의 줄임말이다. 관리 탄핵이나 법률 시행을 맡는 어사대御史臺의 장관으로 당송唐宋시대에는 흔히 중승이 어사대부御史大夫의 직임을 대행하여 그 권위는 나날이 높아졌다. 소십삼중승이 누구인지는 불확실하다. 진문화는 소삼십蘇三十으로 표기하고 혹 '소십삼蘇十三'이라고도 한다고 하고 이름은 알 수 없다고 하였다. 장봉주와 팽운생 등은 모두 별다른 풀이를 하지 않았고, 다만《한시대계》에서는 소십삼중승이 소세장蘇世長의 종손從孫으로 이름은 변弁이며 자는 원용元容이고 경조京兆 무공武功 사람이라고 하고 부연설명을 붙이고 있다. 설명에 따르면 그는 진사에 급제하고 봉천奉天(섬서성陝西省 건현乾縣)의 주부主簿를 지낼 때 주자朱泚의 난(덕종德宗 건중建中 4년)이 일어나 덕종이 봉천奉天에서 몽진하였는데 이때 난을 평정하고 공적을 세워 대리사직大理司直을 맡아 사법관련 업무를 보았고 얼마 뒤 감찰어사監察御使로 발탁되었다. 이 시는 그때의 취임을 축하해서 지은 것

다고 하였다.

芝泥 지니 | 인비人秘문서로 니봉泥封이라고도 한다. 고대의 공적 혹은 사적 간독簡牘으로 대부분 죽간이나 나무판에 썼다. 발송할 때 끈으로 묶고 끈 끝에 혹은 교차하는 곳에 점토로 봉하고 위에 인장을 덮어서 사사로이 뜯어보는 것을 막았다.

檢 검 | 봉함. 문서의 비밀을 유지하기 위하여 봉한 곳에 글자를 쓰거나 표시하는 일.

徵詔 징조 | 천자가 중앙관청으로 부르는 것. 이때 소변蘇弁은 성도成都에 있었던 것으로 생각된다.

別須臺外振霜威 별수대외진상위 | 별수別須는 '불수不須(~할 필요 없다)'와 같다. 대臺는 어사대御史臺이다. 옛날에는 어사대부를 헌대憲臺, 상대霜臺라고 불렀다. 상위霜威는 어사御史의 권위를 비유한 것으로 무서운 위력, 어사의 권력을 상징한다. 이 구절은 이미 임금의 부름을 받아 어사대로 들어가니 어사대 밖에서 어사의 권력을 행사하실 필요는 없다는 것을 말한다.

일 것이다. 여러 관직을 두루 거쳤고 2만 권가량의 서적을 사서 모아 당시 그의 장서는 궁중의 장서에 필적할 정도였다. 그의 전기는《신당서》권103에 있다. 종조부 소세장蘇世長이 파주巴州(지금의 사천성四川省 파중현巴中縣)의 자사刺史로 끝마쳤기 때문에 촉지방과 인연이 있었던 것 같고 설도와도 만날 기회가 있었을 것이다. 유천문은《한시대계》의 주장이 근거가 없다고 하면서도 소변蘇弁이 감찰어사를 지냈기 때문에 성도成都 지방을 순시했을 가능성이 있으며 이 시의 제목과 찬미로 볼 때 매우 가능성이 높다고 하였다.

만약 이 시를 소변에게 올리는 것으로 본다면 동한시대에 지방관의 문란을 바로잡기 위해 파견된 장강張綱이 중앙 재상의 행위를 문제시했던 것처럼 어사대의 장관으로서 소변이 가을하늘을 나는 매를 맞히는 기개로 행정을 펼치기를 기원한 것으로 읽을 수 있다. 주자朱泚가 처벌된 것은 흥원興元 원년元年(784, 당시 설도 나이 17세경)이고, 소변이 공적을 세워 대리사직大理司直이 되고, 얼마 뒤 감찰어사監察御使에 발탁되었기 때문에 이 시가 지어진 것은 흥원 원년 다음 해 정도로 볼 수 있다. 정원貞元 원년(785)에 위고韋皐가 검남서천절도사劍南西川節度使로 부임하고 2, 3년이 지났으므로 설도의 나이는 열아홉 혹은 스물 한두 살 정도 되었을 것이다. 이 시는 임금의 명을 받들고 수도로 돌아가는 소십삼중승에게 보내는 증별의 시로 적절한 전고를 통해 상대방을 찬미하는 것과 동시에 정의를 추구하는 시인 설도의 정신과 강건한 필치가 잘 나타나 있다.

곽 원외님의 '만리교에 적다'에 화답하여
和郭員外題萬里橋

만리교 가에서 홀로 월나라 노래를 흥얼거렸다니,
문자에 기대어 수심을 그리고 있음을 알겠어요.
곽세후의 풍류와 운치는 이전의 일들과 함께,
배를 만든 것뿐만 아니라 장맛비도 내리게 했지요.

萬里橋頭獨越吟,
知憑文字寫愁心.
細侯風韻兼前事,
不止爲舟也作霖.

주석

萬里橋 만리교 | 만리교, 다리이름. 성도成都의 서남쪽, 지금의 성도시成都市 남문 밖의 금강錦江에 있는 다리이다. 삼국시대에 비의費禕가 오吳나라의 국가사절이 되어 출발할 때 재상인 제갈량諸葛亮이 전송했던 곳으로 비의가 "만릿길이 이 다리에서 시작된다萬里之路, 始于此橋."라고 말한 데서 이름이 붙었다. 두보杜甫의 초당草堂은 이 다리 서쪽에 있으며 두보의 시에 "만리교 서쪽 한 초당萬里橋西一草堂"이라는 구절이 유명하다. 설도의 거처도 그 근처에 있었다.

頭 두 | 가, 근처, 교두橋頭는 다리 가, 다리 근처.

越吟 월음 | 전국시대 월越나라 사람인 장석莊舃이 초楚나라에서 벼슬하면서 고관에 올랐는데 부귀영화를 누리면서도 고국을 잊지 않고 병중에도 월나라 노래를 읊조리며 향수를 달래었다. 그래서 월음越吟은 고향과 고국을 그리워하는 마음을 비유하는 것으로 쓰이게 되었다.

細侯 세후 | 후한後漢 곽급郭伋의 자, 무릉茂陵 사람이다. 상서령尙書令, 어양태수漁陽太守, 병주목幷州牧 등을 지냈다. 그는 왕망王莽의 시대에 병주幷州의 목牧으로 재임되었는데 초임시

작품설명

원외員外는 원외랑員外郎의 약칭으로 관직명이다. 곽씨 성을 지닌 원외랑員外郎이 누구인지는 알 수 없다. 제목을 보면 이 시는 곽원외郭員外가 만리교萬里橋를 제목으로 지은 시를 설도에게 보냈고, 설도가 거기에 화답하여 이 시를 지은 것이다. 설도가 곽원외의 향수를 풀어주기 위해 지은 시이다. 첫 번째 구절은 곽원외가 만리교가에서 향수에 젖었다는 것으로 곽원외가 설도에게 보내온 시가 향수를 그리고 있다는 것을 의미하는 것이다. 설도는 곽원외의 향수의 깊이를 묘사하기 위해 '월음越吟'이라는 전고를 사용하여 곽원외가 마치 그 옛날 장석莊舃이 그랬던 것처럼 고향을 잊지 못하고 있다고 말한다. 두 번째 구절은 곽원외의 시를 읽어보니 그의 수심을 알겠다는 것으로 곽원외가 고향을 떠나 이곳 성도成都에 와서 근무하며 예로부터 이별장소로 유명한 만리교가에서 수심에 젖은 그 심정을 이해할 수 있다는 의미이다. 그런데 이 시에서 설도가 곽원외의 향수를 위로하는 방법은 대단히 지혜롭고 냉철하다. 설도는 전반부 두 구절에서는 그의 향수에 대한 동정과 이해심을 보여주고 난 뒤 후반부에서는 고대의 명신 가운데 같은 곽씨 가문의 관료인 곽급郭伋을 예로 들어

절에 주민들의 사랑을 받아 재임할 때 온 주민들이 기뻐하고 아동 수백 명이 죽마로 부임을 맞이하였다고 한다.

風韻 풍운 | 풍류와 운치.

兼 겸 | 아울러, 함께.

前事 전사 | (교훈을 삼을 만한) 이전 일, 전에 있었던 일, 과거의 일.

不止 부지 | ~에 그치지 않다, ~뿐만 아니라.

也 야 | 또한.

爲舟作霖 위주작림 | 배를 만들고 장맛비를 내리게 하다. 유능한 신하가 된다는 비유. 《상서商書·열명상說命上》에 "만약 큰 내를 건너려 한다면 너를 써서 배와 노를 만들고, 만약 큰 가뭄이 드는 해라면 너를 써서 장맛비를 내리게 하리라若濟巨川, 用汝作舟楫, 若歲大旱, 用汝作霖雨."라고 하였다. 이것은 은殷나라 고종高宗이 유능한 재상 부열傅說을 얻은 것에 대해 말한 것으로 나중에 '주즙舟楫'과 '임우霖雨'는 세상을 구제하는 유능한 신하를 비유하게 되었다.

그가 고향을 떠나 타지에서 임직하며 그곳의 백성들에게 온 사랑을 받은 것처럼 당신도 그와 같은 명신의 가풍을 지닌 후손으로서 임지에서 열심히 일하며 백성의 사랑을 받음으로써 향수를 잊기 바란다는 메시지를 전하고 있다. 마지막 구에서는《서경書經》의 전고를 인용하여 곽원외가 세상을 구제하는 재능을 지닌 유능한 신하가 될 것을 기대하고 있다. 전체적으로 이 시는 상황에 알맞은 전고를 잘 운용하여 멋지게 시인의 마음을 전달하고 있다. 명대의 종성은《명원시귀》에서 "고사를 인용하고 경전을 인용하여 함축과 전환, 깊이와 대응의 묘를 곡진하게 하였다用事用經, 曲盡渾含轉折, 淺深擊應之妙."라고 평가하였다.

정자주님을 보내며
送鄭資州

비가 내려 어둑한 아미산에, 강물은 흘러가고요,
떠나는 사람은 눈물 훔치며 높은 누각에 서있어요.
쌍깃발 달고서 천 명의 기병이 동쪽 길에 나란한데,
오직 나부만이 행렬 앞머리를 바라보고 있지요.

雨暗眉山江水流,
離人掩袂立高樓.
雙旌千騎騈東陌,
獨有羅敷望上頭.

ℬ주석

雨暗 우암 | 장마 때 하늘빛이 어두컴컴한 것을 말한다.

眉山 미산 | 미주眉州에 있는 산으로 아미산峨眉山을 말한다. 미주는 지금의 미산현眉山縣으로 송대의 유명한 문인들인 소동파蘇東坡 삼부자의 출생지로 지금도 성내 사면가紗線街에 소씨蘇氏 고택이 있으며, 삼소三蘇의 사당이 있다. 이 산은 성도成都에서 민강岷江을 끼고 남쪽으로 26해리 정도 내려가며 민강은 현성縣城의 바깥을 감고 흘러간다. 제1구의 강수江水는 민강을 가리킨다.

離人 이인 | 떠나는 사람. 이별하는 사람, 일반적으로 고향 혹은 친지를 떠나는 사람을 가리킨다. 당대唐代 노륜盧綸의 시 〈창당과 밤에 가을 못에與暢當夜泛秋潭〉 중 "떠나는 사람과 낙엽이 모두 한 배 속에 있네離人將落葉, 俱在一船中."에도 같은 표현이 나온다.

掩袂 엄몌 | 옷소매로 눈물을 훔치다.

高樓 고루 | 높이 지은 누각.

雙旌 쌍정 | 쌍깃발. 당대唐代 절도사 출행 시의 의장儀仗으로 일반적으로 고관高官의 의장 혹은 고관을 가리킨다.

千騎 천기 | 천 명의 기병, 사람과 말이 매우 많은 것을 형용한다. 한 말에 한 사람을 한 기騎라

작품설명

《전당시》를 비롯하여 대부분의 주석가들은 이 시의 제목을 〈송정미주送鄭眉州〉라고 하였는데 장봉주는《만수당인절구萬首唐人絶句》에 근거하여 〈송정자주送鄭資州〉라고 하였다. 명대의 조학전曹學佺의《촉중명승기蜀中名勝記》에는 '미주眉州' 조항 아래에 설도의 이 시가 기록되어 있는데, 시 속에 또한 미산眉山이라는 구절이 있어서 '정미주鄭眉州'로 보는 사람이 많다. 《한시대계》에서는 정미주로 보고 그가 누구인지 확실치 않지만 정여경鄭餘慶의 아들 정인鄭絪으로 추정된다고 하였다. 정인은 검남서천절도사劍南西川節度使 장연상張延賞의 장서기掌書記를 지냈으며, 장연상은 정원貞元 원년元年(785) 6월까지 성도成都에 주둔했다. 그러나 고증에 의하면 정인이 장연상의 막부에 들어간 것은 대종代宗 대력大歷 연간(766~779)으로 이때 설도는 아직 세상에 태어나지도 않은 때였다. 또한 정인은 정여경의 조카이며 부자관계가 아니므로 이와 같은 추정은 억측이다. 유천문은 정미주로 보고, 이 시는 성이 정鄭씨인 미주지방의 자사刺史가 미주를 떠나 다른 곳으로 부임하는 것을 전송하는 시로 보았다(劉天文,《薛濤詩四家注評

고 한다. 천기千騎 이하 구절은 고악부古樂府《두렁길 뽕나무陌上桑》의 언어를 차용하였다(고악부《두렁길 뽕나무》에 대해서는 작품설명 부분 참조).

騈 변 | (두 필의 말을) 나란히 하다.

東陌 동맥 | 동쪽 길, 맥陌은 길 혹은 두렁길(논밭 사이에 동서로 난 좁은 길). 여기서는 천 명의 기병이 나란하다고 하였으므로 길로 푼다.

獨有 독유 | 오직, 단지, 다만.

羅敷 나부 | 고악부《두렁길 뽕나무》에 한단邯鄲의 나부羅敷라는 여인이 태수의 요청을 거절하는 일이 나온다. 이 때문에 나부는 절개가 굳은 아름다운 아내를 나타낼 때 대용하였다. 최표崔豹의《고금주古今注》에 의하면 나부는 한단의 진씨秦氏의 딸인데 천 대의 수레를 가진 왕인王仁의 처가 되었고, 왕인은 후에 월왕越王의 가령家令이 되었다. 나부가 두렁에서(맥상陌上) 뽕나무(상桑)를 따는데, 조왕趙王이 보고 그녀를 빼으려고 하자 나부가 〈두렁길 뽕나무〉라는 노래를 지어 자신의 절개를 밝히자 조왕이 그만두었다고 한다.

望 망 | 바라보다.

上頭 상두 | 행렬의 앞머리.

說》, p. 59 참조). 설도의 시의 제목을 보면 주로 성씨 뒤에 관직을 붙여서 호명한 것이 많고, 지방 명칭만으로 자사刺史를 의미하는 경우도 있기 때문에 이 시의 제목은 〈송정미주送鄭眉州〉일 수도 있다.

첫 구절은 실제의 풍경을 그린 것이겠지만 또한 이별의 정경을 표현하기에 적절한 장치이다. 즉 비는 이별하는 사람의 눈물, 비가 내려 어둑함은 이별하는 사람의 마음이다. 그럼에도 강물은 흘러가니 강물은 이별하는 사람의 눈물이자 강물처럼 흘러가는 정자주鄭資州로 읽을 수도 있다. 제2구의 떠나는 사람[離人]은 정자주를 가리키며 이 구절은 그가 떠나기 전 고루高樓에서 이별을 안타까워하며 눈물을 훔치는 모습을 묘사한 것이다. 이 시의 제3, 4구는 고악부古樂府《두렁길 뽕나무陌上桑》와 관련된 표현이다. 천기千騎, 동맥東陌, 나부羅敷, 상두上頭는 모두 〈두렁길 뽕나무〉의 시구를 직접적 혹은 간접적으로 차용하였다. 《두렁길 뽕나무》에 "동쪽에 천여 기병이 달리는데, 남편이 맨 앞에 있네요東方千餘騎, 夫壻居上頭."라는 표현이 나온다. 여기서 '동쪽[東方]'은 남편이 벼슬하는 곳을 가리키고, '천여 기병[千余騎]'은 남편을 따르는 사람을 가리키며, '행렬의 앞머리에 있다[居上豆]'는 지위가 높고 사람들의 존중을 받는다는 것을 뜻한다. 떠나는 이에 대한 그녀의 마음은 절개 있는 여인 나부羅敷의 그것이다. 《한시대계》에서는 이 여인을 정자주의 현숙한 아내로 보고 설도가 그녀를 찬미한 것으로 보았다. 아마도 나부는 남편이 있는 절개 있는 여인을 나타내고, 설도는 남편이 없기 때문일 것이다. 그러나 시인 설도로 보아도 안 될 것은 없겠다. 정자주에 대한 설도의 마음을 나부의 마음에 빗댄 것일 수도 있다. 이 시는 모두 네 조각의 풍경화가 어우러져 한 수의 작품을 이루었다. 제1구는 이별하는 곳의 풍경화, 제2구는 떠나는 사람이 높은 누대에 서서 눈물을 훔치며 이별을 안타까워하는 풍경화, 제3구는 떠나는 사람의 행렬의 풍경화, 제4구는 보내는 사람의 풍경화이다.

봄날 들판에서 구경하며 놀다가 손 처사님께 부치다 두 수
春郊遊眺寄孫處士 二首

고개 숙여 오랫동안 서있었죠, 장미 향해서요,
사랑은 영릉땅 향초 닮아 옷을 물들이네요.
무슨 일이 있으신가요? 벽계의 손 처사님,
백로는 동쪽으로 가고, 제비는 서쪽으로 나네요.

低頭久立向薔薇,
愛似零陵香惹衣.
何事碧雞孫處士,
伯勞東去燕西飛.

☙제1수 주석

春郊 춘교 | 봄날 교외.
遊眺 유조 | 유람하다.
寄 기 | 부치다, 보내다.
處士 처사 | 관리가 아닌 민간인.
低頭 저두 | 장미꽃의 위치가 낮아서 아래를 향한다는 뜻.
久立 구립 | 오랫동안 서있는 것. 장미를 좋아하여 서서 떠나지 못하는 것을 말한다.
向 향 | 향하다. 향向은 《전당시》에서 '백白'이라고 된 곳도 있다고 부기하였다.
薔薇 장미 | 장미.
似 사 | 닮다, ~와 같다, 비슷하다, 흡사하다.
零陵香 영릉향 | 영릉땅의 향초. 영릉零陵은 지금의 광서성廣西省 계림桂林지방의 옛 이름이고 이 지방에서 나는 향초목香草木을 '영릉향零陵香'이라고 한다. 《본초강목本草綱目》에 따르면 "그 이름을 훈초薰草라고도 하며 7월 중순에 붉은 꽃을 피워 깊은 향을 낸다."라고 되어있다. 《수경주水經注》에서는 "영릉군零陵郡 도량현都梁縣 서쪽의 소산小山 위에 정수渟水가 있고, 그곳에서 난초가 피어난다."라고 하였다. 《본초本草》에서는 "혜초(혜蕙)는 일명 '영릉향'인데 영릉산零陵山 골짜기에서 피어난다"고 하였다.

오늘 아침에는 눈 닿는 대로 화초를 감상하는데요,
꽃무늬 비단 치마, 수놓은 융단이어요.
소매 가득, 머리 가득, 손을 아울러 쥐고서,
사람들이 알게 하지요. 꽃 보고 돌아가는 것을요.

今朝縱目翫芳菲,
夾纈籠裙繡地衣.
滿袖滿頭兼手把,
教人識是看花歸.

惹衣 야의 | 옷을 물들이다. 야惹는 물들이다, 옮아 묻다, 엉겨 붙다는 뜻으로 설도의 또다른 시 〈버들솜 노래柳絮詠〉의 제2구(春風搖蕩惹人衣)에도 나타난다.

何事 하사 | 무슨 일.

碧雞 벽계 | 동네(방안坊安) 이름. 성도成都의 서남쪽에 있다. 《익주기益州記》에 의하면 성도에 동네(방坊)가 백이십 개가 있는데 그 네 번째를 벽계방碧鷄坊이라고 한다. 설도는 만년에 이곳 벽계방에서 음시루吟詩樓를 세우고 살았는데 어쩌면 이 시에 나오는 손 처사와 함께 이웃으로 지내며 왕래했는지도 모른다. 《전당시》에서는 벽계碧溪라고 하였는데 장봉주는 《당음통전唐音統箋 · 홍도집洪度集》에 근거하여 '벽계碧雞'라고 하였다. 《전당시》에서도 '계雞'라고 한 곳이 있다고 부기하였다.

伯勞(백로) 이하 구 | 백로伯勞는 새 이름. 각 판본에서는 '백로百勞'라고 기록하였는데 장봉주는 당연히 착오라고 하고, 이는 '백로伯勞'이고 새 이름이라고 하였다. 그는 《옥대신영玉臺新詠 · 가사歌辭》에 "동쪽으로 날아가는 백로, 서쪽으로 날아가는 제비東飛伯勞西飛燕"라는 표현을 예로 들었다. 백로는 까치보다 좀 작은 새의 하나로 여름새이다. 설도의 이 구절은 장봉주가 예로 든 《옥대신영》의 시구 "東飛伯勞西飛燕"과 유사하다. 이 시는 《옥대신영》의 고사古詞 〈동쪽으로 날아가는 백로의 노래東飛伯勞歌〉로 이 시구로 인해 나중에 '백로비연伯勞飛燕'은 이별하는 친지 혹은 친구를 가리키게 되었다. 백로와 제비가 나뉘어 난다는 것은 이별을 비유하며 이 시에서 가능한 풀이이므로 장봉주의 주석이 일리가 있다.

☙제2수 주석

今朝 금조 | 오늘 아침.

縱目 종목 | (먼 곳을) 마음껏 보다, 눈 닿는 데까지 보다.

翫 완 | 구경하다, 관상觀賞하다, 감상하다, 완상琓賞하다, 보며 즐기다. 《전당시》에서는 완玩이

작품설명

손 처사가 누구인지 확실치 않다. 그리움을 전하는 편지시이다. 꽃과 향초 그리고 새에 대한 묘사를 통해 여성적 이미지를 한껏 드러냈다. 특히 제2수에서 온갖 꽃이 땅 가득 피어있는 모습을 '꽃무늬 비단 치마', '수놓은 융단'과 같은 예쁜 언어로 표현한 것에서 여성 특유의 예민한 감수성이 드러난다. 황주성黃周星은《당시쾌唐詩快》에서 이 시에 대해 "참으로 저절로 멋이 있어 그래서 속인이 알 바가 아니다亦自有趣, 故非俗人所知." 라고 평하였다.

라고 기록하고, '열悅'이라고 되어있는 곳도 있다고 하였다. 장봉주는 '완翫'으로 기록하였다.

芳菲 방비 | 화초, 향기 나는 꽃과 꽃다운 풀.

夾纈籠裙 협힐롱군 | 꽃무늬 비단 치마, 협힐夾纈은 꽃무늬를 염색한 옷감이고, 농군籠裙은 비단치마인데, 여기서는 온갖 꽃이 나무 가득 피어난 것을 비유한 것이다.

繡地衣 수지의 | 수놓은 융단. 지의地衣는 융단, 땅 가득 꽃이 떨어진 것을 비유하였다.

滿 만 | 가득하다.

袖 수 | 소매.

兼手 겸수 | 손을 아울러, 두손으로.

把 파 | 쥐다, 잡다.

教 교 | ~로 하여금 ~하게 하다.

識 식 | 알다.

是 시 | 이, 이것. 시是의 역할을 이렇게 보지 않고 앞뒤 세 글자(教人識/看花歸)를 연결하는 글자로 보아서 긍정을 표현하는 '~이다'로 볼 수도 있다. 고문에서 시是의 역할과 변천은 매우 다양한데 당대唐代 시에서 시是는 이미 현대 중국어에서 흔히 쓰이는 동사 '~이다'의 의미로 상용된 것이 사실이다. 또한 이 구절에서 시是를 단순히 어기를 강조하는 정도의 역할로 볼 수도 있다. 시是를 어떻게 보든 이 구절의 의미는 사람들에게 꽃을 보고 돌아가는 것을 알게 한다는 의미이다. 본서에서는 7언시의 기본 구법과 위 시의 기본 구법인 4/3구법의 리듬을 따라 시是를 앞의 동사 식識의 목적어로서 이것(제3구를 가리키는 지시대명사)이라는 의미로 풀고, 이 시是는 의미상 이어지는 세 글자(看花歸)의 주어 역할(이것은 꽃을 보고 돌아감이다)을 하는 것으로 보았다.

양 공봉법사님의 '부름을 받다'에 답하여
酬楊供奉法師見招

저 멀리 흐르는 물, 긴 유수는 깨끗하고 또 맑아요.
눈 덮인 창가에 높이 누우니 구름과 나란하고요.
원안의 집에 밥 짓는 연기 없는 것 꺼리지 않고,
상산에서 이름을 드러내는 것에 오직 웃음지어요.

遠水長流潔復淸,
雪窗高臥與雲平.
不嫌袁室無煙火,
惟笑商山有姓名.

ↄ주석

供奉 공봉 | 관직명. 당대唐代에는 문예와 기예에 능한 자를 궁중에서 봉사하게 했다. 승려나 도사들도 궁중에 있으면서 경전을 강의하고 설법하기도 하였다.
遠水 원수 | 먼 물. 저 멀리 흐르는 물.
長流 장류 | 기나긴 유수. 길게 흐르는 물.
復 부 | 또.
雪窗 설창 | 눈이 비치는 창. 겨울 창.
高臥 고와 | 세속을 피해 산 속에 은거하며 벼슬살이를 하지 않고 자유로운 생활을 하는 것을 비유한다.
與 여 | ~와, 과.
平 평 | 나란하다. 다른 사물과 높이가 같은 것을 말한다.
嫌 혐 | 싫어하다. 꺼리다.
袁室 원실 | 원씨의 집. 원씨袁氏에 대해서는 두 가지 설이 있다. 《한시대계》에서는 후한後漢의 원굉袁閎으로 보았는데 그는 붕당의 쟁의가 일어나자 흙집을 짓고 입구를 만들지 않은 채 창

작품설명

장봉주와 진문화 등은 양공봉법사楊供奉法師가 누구인지에 대해 밝히지 않았다. 다만《한시대계》에서 이 시의 양공봉법사는 원화元和 연간(806~820)에 무원형武元衡의 막료인 포용鮑溶이 지은 〈아미산 양 연사에게 부침寄峨眉山楊鍊師〉, 〈양 연사에게 보냄贈楊鍊師〉, 〈아미산 도사와 약속하였는데 온종일 오지 않기에與峨眉山道士相期盡日不至〉 등의 시에 등장하는 양연사楊鍊師일 것으로 보았다.

산 속에 은거해 있던 양법사楊法師가 궁중의 공봉관供奉官이 되어 천자

으로 음식물을 넣게 하고 처자와도 얼굴을 맞대지 않으며 18년이 되도록 경전을 송독했다고 한다. 한편 장봉주와 진문화는 후한의 원안袁安(자 소공邵公, 후한 여양汝陽 사람)으로 보았는데 그는 미천할 때 낙양에 머물던 중 큰 눈이 내렸는데 사람들이 나가 걸식을 하는데도 혼자서 빳빳이 누워 일어나지 않았다고 한다. 낙양의 수령이 찾아가보니 문은 닫혔고 행적이 없어 눈을 치우고 집안으로 들어가니 원안이 빳빳하게 누워서 폭설로 사람들이 모두 굶고 있으니 다른 사람에게 불편을 끼치는 것은 옳지 않다고 말하였다고 한다. 낙양의 수령은 그를 현명하다고 생각하여 효렴孝廉에 추천하였다고 한다. 유천문은 이 두 가지 설 가운데 원굉袁閎으로 보는 것이 더 적절하다고 하였는데 본서에서는 원안袁安으로 보았다. 왜냐하면 바로 앞 구절에 나오는 설창雪窗과 고와高臥(곤궁함에 처해서도 여전히 절개를 고수하는 행위를 원안고와袁安高臥라고 한다)라는 표현은 원안의 고사와 관련이 있고, 또한 원안은 은거하다가 나중에 벼슬길에 나갔기 때문에 이 시에서 노래하는 양공봉법사楊供奉法師의 경우에 부합하기 때문이다.

煙火 연화 | 밥 짓는 연기.

惟 유 | 오직, 다만.

笑 소 | 웃음 짓다, 웃다.

商山 상산 | 섬서성陝西省 상현商縣 동쪽에 있는 산 이름, 지폐산地肺山이라고도 한다.《고사전高士傳》에 의하면 진시황秦始皇 때 사호四皓(네 사람의 백발노인) 즉 동원공東園公, 용리선생用里先生, 기리계綺里季, 하황공夏黃公이 폭정을 보고 함께 상산商山에 은거했다고 한다. 이 네 사람은 모두 80여 세로 머리와 눈썹이 희어서 '상산사호商山四皓'라고 불렀는데 모두 유명한 인물들로 한漢 고조高祖가 불렀지만 응하지 않았다고 한다. 후에 고조가 태자를 폐하고 조왕趙王의 뜻대로 하려 하자 태자의 어머니인 여후呂后는 장량張良의 계책에 따라 네 사람을 후하게 예우하고 초빙한 뒤 태자의 고문을 맡기고 태자와 함께 고조와 만나게 하니 고조는 자신이 불렀을 때는 산을 떠나지 않았던 네 사람이 태자를 위해서는 산을 떠났다는 것에 놀라며 태자가 훌륭한 천자가 될 준비가 되었다고 생각하여 폐위를 거두었다고 한다. 모두 한 고조의 아들 유영劉盈을 보좌하여 명성을 크게 떨쳤다.

有姓名 유성명 | 성명을 드러내다, 유명하다, 명성이 높다, 성명이 널리 알려지다.

의 측근으로 부름을 받고 설도에게 〈부름을 받다見招〉라는 시를 보내와서 설도가 이 시로 답장을 보낸 것이다. 은거를 하다가 궁중의 부름을 받은 양법사楊法師를 고대의 유명한 은인들인 원안袁安과 상산사호商山四皓의 경우에 비유하여 찬미하고 있다. 기녀로서 설도의 사교시는 찬미를 기본 덕목으로 삼고 있고, 그녀가 사람들을 찬미하는 방법은 언제나 고대의 유사한 인물들을 끌어들여 현재의 이 사람을 비유하는 것이다. 이 시는 그녀의 사교시의 성격이 잘 드러나 있다.

장원부님께 부치다
寄張元夫

앞 계곡에 홀로 서 있는데, 뒤 계곡에는 줄지어 있는,
해오라기 붉은 옷 알아 자연히 놀라지 않네요.
묻노니, 인간세상이 시름겹고 적막한 뜻은요?
백아의 거문고 줄 끊어져 이미 소리 없네요.

前溪獨立後溪行,
鷺識朱衣自不驚.
借問人間愁寂意,
伯牙弦絶已無聲.

ㅁ주석

前溪 전계 | 앞 계곡.
獨立 독립 | 홀로 서다.
行 항 | 줄지어 있다.
鷺 노 | 해오라기.
朱衣 주의 | 붉은 옷. 일반적으로 붉은색 관복 혹은 붉은 옷을 입은 관원을 가리킨다. 당송唐宋 시대에는 4, 5품 관원이 입었다.
自 자 | 자연히, 당연히.
借問 차문 | 묻노니, 말씀 좀 여쭙겠습니다. 남에게 모르는 것을 물음, 시험 삼아 한번 물어봄. 고대 시가에서 흔히 볼 수 있는 가설적 물음으로 일반적으로 윗구에서 사용하고, 아랫구에서는 곧장 작자가 스스로 답하는 형식으로 되어 있다. 당대唐代 두목杜牧의 시 〈청명清明〉 중 "묻노니 술집은 어느 곳에 있는가, 목동이 멀리 행화촌을 가리키네借問酒家何處有, 牧童遙指杏花村." 등을 비롯하여 진晉의 도잠陶潛, 당대唐代 한유韓愈의 시 등에도 같은 표현이 나온다.
人間 인간 | 인간 세상.

작품설명

장원부張元夫는 검남서천절도사檢南西川節度使 이이간李夷簡의 막부에서 교서校書를 지낸 인물이다. 설도는 이곳의 막부를 항상 출입하였기 때문에 그와 사귀었을 것이다. 원진元稹은 〈촉땅에 드림貽蜀〉(다섯 수) 중 제4수에서 〈교서 장원부張校書元夫〉라는 제목으로 그의 재능을 칭찬한 바 있다.

이 시의 전반부 두 구는 무엇을 의미하는지 이해하기 쉽지 않다. 진문화는 홀로 가는 자가 해오라기와 함께 지내는 은일한 풍취를 그린 것으로 적막한 인생을 보내는 시인 자신의 표상으로 보았다. 진문화는 제2구의 주의朱衣가 관복을 의미하지만 이곳에서는 붉은 옷을 가리킨다고 하였는데 아마도 홀로 가는 자가 입은 붉은 옷으로 보고, 해오라기가 그를 잘 알기 때문에 놀라지 않는 것으로 푼 것 같다. 한편《한시대계》에서는 이 시를 재주가 있지만 재주를 알아주는 사람이 없어 적막한 장원부를 설도가 위로하는 시라고 보았다. 유천문은《한시대계》의 견해가 일리가 있다고 하면서 장원부가 서천西川의 막부에서 인간관계가 좋지 않아 뜻을 얻지 못한 것 같다고 하였다(劉天文, 앞의 책, p. 82). 문제는 붉은 옷[朱衣]을 어떻게 풀이하고, 해오라기[鷺]가 붉은 옷을 알아 놀라지 않는다는 의미를 어떻게 볼 것인가이다. 먼저 제1구는 앞 계곡과 뒤 계곡의 상황이 뚜렷이 대조된다. 앞 계곡에 홀로 서있는 자는 고독하고 적막한 자이다. 뒤 계곡에 줄지어 가는 것은 해오라기이다. 붉은 옷은 당송唐

愁寂 수적 | 우수와 적막.

伯牙弦絶 백아현절 | 《열자列子 · 탕문편湯問篇》에 의하면 백아伯牙는 춘추春秋시대 초楚나라 사람으로 거문고의 명인이었고, 종자기鐘子期는 그의 음악을 깊이 이해한 자라고 되어 있다. 《여씨춘추呂氏春秋》에서는 종자기가 죽자 백아는 거문고를 부수고 두 번 다시 연주하지 않았는데 거문고의 음률을 알아주는 사람이 없다고 생각했기 때문이라고 되어 있다. 여기에서 자신을 알아주는 사람이라는 뜻의 '지음知音'이라는 고사가 유래되었다.

已 이 | 이미.

宋시대의 관복으로 당송대 시에서 붉은 관복, 붉은 관복을 입은 이들로 사용되므로 단순히 붉은 옷은 아닌 것으로 보인다. 그런데 왜 해오라기가 등장하고, 이 해오라기가 붉은 옷(관복을 입은 관료들)을 알아서 놀라지 않는다는 것은 무슨 의미인가? 중국의 전통문화에서 해오라기가 지닌 문화적 표현 가운데 '해오라기의 차례[鷺序]'(《금경禽經》)라는 말이 있다. '노서鷺序'에 대한 장화張華의 주에 의하면 "해오라기는 백로인데, 작은 것이 큰 것을 넘지 못하며, 나는 것에도 순서가 있어 관료의 형상이다鷺, 白鷺也, 小不踰大, 飛有次序,百官縉紳之象."라고 하였다(《漢語大詞典》 참조). 일반적으로 '노서鷺序'는 관료들이 조회에 참석할 때 질서정연한 모습을 형용하므로 해오라기는 붉은 옷을 입은 관료와 문화적 이미지가 연계된다. 이와 같은 맥락에서 볼 때 이 시의 해오라기는 붉은 관복을 입은 관료들의 모습에 익숙하기 때문에 '자연히 놀라지 않네요'라고 말한 것으로 이해할 수 있다. 그렇다면 이 시의 제1구에서 앞 계곡에 홀로 서 있는 자는 지음知音이 없어 고독하고 적막한 장원부를 가리키며, 뒤 계곡에 줄지어 있는 해오라기는 해오라기처럼 줄지어 조회하는 득의한 관원들의 모습과 중첩되어 앞 계곡의 상황과 뚜렷한 대조를 보여준다. 상대방에게 부치거나 보내는 설도의 사교시는 기본적으로 상대방의 모습과 상황을 그리고 칭찬이나 위로, 격려의 말을 전하는 것들이 많다. 이로 볼 때 이 시의 전반부는 장원부의 고독하고 적막한 상황을 형상적으로 그리고 있고, 후반부에서는 이와 같은 적막은 '지음知音'의 부재에서 비롯된 것이라고 말하고 있는 것으로 읽을 수 있다.

신 원외님이 꽃을 꺾어 보내오신 것에 답하여 酬辛員外折花見遺

파랑새 동쪽에서 날아와 마침 매화 떨어뜨리는데요,
꽃송이 입 가득 머금고 신선 궁궐에 내려왔어요.
가지 하나 나에게 주는 공손한 마음,
잡고서 바람 앞을 향하니 점점 피어나요.

靑鳥東飛正落梅,
銜花滿口下瑤臺.
一枝爲授殷勤意,
把向風前旋旋開.

☙주석

酬 수 | 상대방이 보내온 시문에 대한 응답으로 쓰는 시에 붙인다.
見遺 견유 | 나에게 보내오다.
靑鳥 청조 | 파랑새. 사자使者 혹은 편지를 나타낸다. 파랑새는 고대 전설에서 서왕모西王母를 위해 소식을 전하는 사자使者였다. 이 시의 앞 두 구는 신원외辛員外가 사자를 시켜 꽃을 보내온 것을 말하였다.
正 정 | 때마침, 바로, 막
銜花 함화 | 꽃을 입에 물다.
滿口 만구 | 입 가득.

작품설명

원외員外는 원외랑員外郎의 약칭으로 관직명이다. 신원외辛員外가 누구인지는 정확하지 않다. 신원외가 꽃을 꺾어 보내온 것에 대하여 화답한 시이다. 봄 신의 명을 받은 파랑새가 동쪽에서 날아와 꽃을 떨어뜨렸는데, 그 새는 입 가득 꽃을 머금고 천상의 궁전에서 내려온 것 같다. 파랑새는 멀리 곤륜산에 산다는 서왕모의 메신저이다. 신원외가 사자를 보내어 꽃을 보내온 것을 환상적으로 묘사하였다. 설도는 그녀 자신의 집을 요대瑤臺로 묘사하였는데 요대는 신선이 사는 궁전으로 여도사로서의 자신의 지향을 드러냈다.

瑤臺 요대 | 신선이 사는 궁전.

爲授 위수 | ~에게 주다. 위爲 뒤에 목적어가 생략되어 있는 전치사(전치사 + 목적어) 구조로 위爲는 ~에게, ~을 향하여(행위의 방향을 나타내는 전치사)를 의미하고 수授는 주다는 의미이다.

殷勤 은근 | 친절하고 공손한 마음.

把 파 | 잡다, 한 손으로 쥐다.

向 향 | ~(으)로 향하다.

旋旋 선선 | 천천히, 점점, 빙빙 도는 모양 등의 뜻이 있는데 장봉주와 진문화는 '점점漸漸'이라고 풀었다.

開 개 | 꽃송이가 피어나다.

타인의 '비 내린 뒤 대나무를 완상하며'에 답하여 酬人雨後翫竹

남방 하늘에 봄비 내릴 제,
어디에서 눈서리 자태를 보리.
많은 무리 또한 무성하다 말하지만,
어찌 빈 맘으로 스스로를 지키리.
많이 죽림칠현을 붙잡아 취하게 하고,
일찍이 순임금비와 짝하여 슬퍼하였지.
세모에 그대는 완상할 수 있으리라,
푸릇푸릇 진기한 굳센 마디.

☙주석

翫 완 | 완상하다, 보고 즐기다.
南天 남천 | 남방의 하늘 혹은 남방.
春雨 춘우 | 봄비. 명사이지만 이 구절에서는 동사로 사용되었다.
那 나 | 어디, 어떻게.
鑒 감 | 보다, 살펴보다.
雪霜姿 설상자 | 눈과 서리와 같은 자태. 꽃과 나무가 엄동설한을 두려워하지 않는 자태를 가리킨다.
衆類 중류 | 많은 무리. 여기서는 뭇 초목들을 가리킨다.
亦 역 | 또한.
云 운 | ~라고 말하다.
茂 무 | 무성하다.
虛心 허심 | 빈 마음, 겸손하여 자만하지 않는 마음. 여기서는 대나무의 실제 형상이자 품성을 비유한 것이다. 대나무는 속(心, 중심, 심지)이 비어있어(虛), 그 형상도 허심虛心이며, 그 품성 또한 깨끗하다.
寧 영 | 어찌, 설마. 영寧은 《전당시》 등에서는 '능能'으로 기록하고 있다. 장봉주는 명대 판본 《설도시》에 근거하여 영寧으로 고쳤다.

南天春雨時,
那鑒雪霜恣.
衆類亦云茂,
虛心寧自持.
多留晉賢醉,
早伴舜妃悲.
晚歲君能賞,
蒼蒼勁節奇.

自持 자지 | 스스로를 지키다, 견지하다.
多 다 | 많이, 자주.
留 류 | 붙잡다, 머무르게 하다, 떠나지 못하게 하다.
晉賢 진현 | 위진魏晉시대의 죽림칠현竹林七賢. 대나무 숲에서 노닐며 술을 마시고 즐기던 일곱 명의 현자로 완적阮籍, 혜강嵆康, 산도山濤, 유령劉伶, 완함阮咸, 상수向秀, 왕융王戎을 가리킨다.
醉 취 | 취하게 하다. 여기서 '취하게 하다'는 죽림칠현이 대나무 숲에서 술을 마시며 취하였으므로 일차적으로는 술에 취하게 한다는 뜻이지만, 동시에 죽림에 도취하게 한다는 의미도 가진다.
早 조 | 일찍이.
伴 반 | 함께 하다, 짝하다.
舜妃 순비 | 순임금의 비 즉 아황娥皇과 여영女英. 아황과 여영은 요임금의 두 딸로 순임금의 비가 되었는데 순임금이 죽자 두 비가 슬픔으로 통곡한 눈물이 상수湘水의 대나무에 반점을 만들었다는 전설이 있다.
晚歲 만세 | 세모. 《전당시》에서는 어떤 판본에서 '세만歲晚'이라고도 하였다고 부기하였다.
君 군 | 그대, 당신. '부復'라고 되어 있는 곳도 있다.
能 능 | ~할 수 있다.
賞 상 | 완상하다, 즐겨 감상하다. 앞에 나온 완翫과 같은 의미이다.
蒼蒼 창창 | 짙푸르러 우거지다, 무성하다. 창창蒼蒼은 겨울에도 푸릇푸릇한 대나무의 진한 푸른 빛을 나타내면서 동시에 무성하게 우거진 모습을 뜻하기도 한다. 이 시에서는 제3구의 마지막 글자 '무茂'의 의미와 연계된다.
勁節 경절 | 대나무의 마디가 굳셈. 절조를 비유하는 데 사용된다.
奇 기 | 진기하다, 기이하다.

작품설명

이 시는 제목을 보면 증답시이므로 사교시로 분류할 수 있는데, 시의 내용으로 보면 '대나무'를 찬미하고 있어 영물시로 분류할 수도 있다. 본서에서는 제목을 고려하여 분류하였다.

이 시는 대나무의 절개를 찬미하고 있는데 현존하는 설도의 시 가운데 유일한 5언 율시다. 시의 제목과 처음 두 구절로 미루어 본다면 어떤 사람이 비 온 뒤 봄날의 대나무를 감상한 시를 설도에게 보냈고 설도가 이 시로 화답한 것이다. 사천四川은 대나무의 명산지로 큰 대나무를 묶어 만든 착교笮橋라고 하는 다리 또한 이 지방의 명물이다. 제3, 4구에서는 대나무의 강인한 정신을 뭇 초목들과 대비시켜 뭇 초목들도 무성하지만 대나무처럼 빈 맘으로 스스로를 지키지는 못한다고 말한다. 제4구는 '허심虛心'과 '영寧'의 위치가 도치되어 있다. 제3구의 2, 3구법(중류衆類 두 글자, 역운무亦云茂 세 글자)의 구성에 따라 배치한 것으로 보인다. 특히 제5, 6구에서는 대나무와 관련된 대표적 고사인 죽림칠현의 이야기와 순임금의 두 비에 관한 전설을 인용하여 절개를 추구하는 대나무의 고고한 정신을 찬미하였다. 제5, 6구의 행위의 주체는 대나무이다. 대나무가 죽림칠현을 붙잡아 취하게 하고, 순임금의 비와 짝하여 슬퍼한다는 표현은 대단히 생동감 있다. 이 두 구는 전후 두 구의 글자 배치가 절묘한 대우(다多-조早, 유留-반伴, 진현晉賢-순비舜妃, 취醉-비悲)를 이루고 있어 율시의 백미를 잘 구현하고 있다. 지금 사천성四川省 성도成都에 가면 설도를 기념하여 만든 망강루望江樓 공원이 있다. 이곳에는 설도가 이 시에서 찬미한 푸른 대나무가 하늘을 찌를 듯이 우거져 있다.

벗을 보내며
送友人

물의 나라 갈대에 밤새 서리 내리고,
달은 차갑고 산 빛 함께 짙푸르네.
누가 말하나? 천 리는 오늘밤부터,
떠나는 꿈 아득하고, 변새는 멀다고.

水國蒹葭夜有霜,
月寒山色共蒼蒼.
誰言千里自今夕,
離夢杳如關塞長.

𝔠𝔰주석

水國 수국 | 물이 많은 지방 즉 성도成都를 말한다. 성도 주변에는 금강錦江, 민강泯江, 양자강揚子江 등이 있어 물의 도시라고 불린다.

蒹葭 겸가 | 갓 피어난 갈대. 《시경詩經》의 진풍秦風에 〈갈대蒹葭〉라는 작품이 있는데 첫 부분에 "갈대는 짙푸르고, 흰 이슬은 서리가 되네. 바로 그대는 물 저편에 있네蒹葭蒼蒼, 白露爲霜. 所謂伊人, 在水一方."라는 표현이 나온다. 이 시는 본래 물가에서 옛 친구를 그리워하는 것인데 나중에는 일반적으로 '겸가蒹葭'로써 다른 지역에 있는 친구를 그리워하는 것을 가리키게 되었다.

有霜 유상 | 서리 내리다. 일기현상을 표현할 때 유설有雪(눈이 내리다), 유우有雨(비가 내리다) 등으로 표현한다.

山色 산색 | 산 빛, 산의 풍경.

共 공 | 함께.

蒼蒼 창창 | 짙푸르다. 창창蒼蒼은 진한 푸른 빛을 의미하는데 《시경詩經》의 〈갈대蒹葭〉의 "겸가창창蒹葭蒼蒼"의 창창蒼蒼은 갈대가 가을이 되어 빛깔이 짙푸르러 무성하고 선명한 모양을

작품설명

이 시는 뜻이 깊고 음률이 조화로워 역대로 찬송되어 설도의 대표작으로 꼽힌다. 《사고전서제요四庫全書提要》의 〈설도이야시집薛濤李冶詩集〉 조항에는 이 시와 〈죽랑사당에 적다題竹郎廟〉 두 시가 예로부터 전송되었다고 하였다. 또한 후촉後蜀의 위곡韋穀은 이 시를 《재조집才調集》에 수록하고, 제1구가 명구라고 하였다. 제1, 2, 4구에서 《시경詩經》의 〈갈대蒹葭〉 편의 시어를 적절히 활용하여 가을밤 벗을 송별하는 분위기의 처량함을 배가시키고 있다. 명대 주정周珽은 이 시에 대해 "위의 연은 송별의 슬픈

띠는 것을 형용한다. 즉 빛깔을 표현하는 데서 나아가 무성한 모습을 형용하기도 하기 때문에 주석가와 역자에 따라서 짙푸르다, 무성하다, 혹은 두 가지 의미를 함께 설명하는 식으로 주석을 달기도 한다. 설도의 이 구절에서의 창창蒼蒼은 밤이 되어 차가운 달빛과 산 빛이 모두 짙푸른 빛깔을 띠고 있는 것을 표현한 것으로 무성하다는 의미까지 표현하는 것으로 확장할 필요는 없겠다.

誰 수 | 누가.

言 언 | 말하다. 마지막 구 전체에 다 걸린다.

自今夕 자금석 | 오늘 밤부터. 자自는 부터, 금석今夕은 오늘 밤이다. 오늘 밤부터 천 리나 떨어지는 이별이 시작된다는 것을 말한다.

離夢 리몽 | 떠나는 꿈, 떠나는 사람의 꿈.

杳如 묘여 | 아득하다, 까마득하다. 아득히 먼 모양을 나타낸다. 묘杳는 까마득하다, 아득히 멀다, 묘연하다는 뜻이고, 여如는 접미사로 주로 고문古文에서 형용사 뒤에 쓰여 동작 혹은 사물의 어떤 상황이나 상태를 나타내는데 예를 들면 '공공여야空空如也(텅텅 비어 있다)'나 '돌여기래突如其來(갑자기 발생하다, 갑자기 닥쳐오다, 뜻밖에 나타나다)'의 여如와 같다. 이때 여如는 같은 역할을 하는 '연然'에 해당되며, 여如 대신 연然을 사용하기도 하므로 '돌여突如'와 '돌연突然'처럼 '묘여杳如'와 '묘연杳然'은 같은 의미에 해당된다. 다만 '묘여杳如'의 경우에는 '묘연杳然'이라는 표현을 더 선호한다. '묘연杳然'의 사전적 정의를 보면 형용사로 그윽하고 멀어서 눈에 아물아물하다, 오래되어 기억이 흐리다, 소식이나 행방 따위를 알 길이 없다 등의 의미를 지닌다. 예를 들어 일반적으로 행방이 묘연하다라고 할 때나 '음신묘연音信杳然(소식이 묘연하다, 감감하다, 종무소식이다)' 등으로 표현한다.

關塞 관새 | 국경에 설치한 관문이나 변새(변경에 있는 요새). 이 시의 '새塞'는 '노路'라고 되어 있는 곳도 있다. 당대唐代 두보杜甫의 시 〈봄을 아파하다傷春〉 제1구 중 "변새 삼천 리, 안개꽃 일만 겹關塞三千里, 煙花一萬重."에도 같은 표현이 나온다.

長 장 | 멀다, 요원하다. 이 시와 관련 있는 《시경詩經 · 진풍秦風》, 〈갈대蒹葭〉 중 "물결 거슬러 그를 쫓으려는데, 길은 험하고도 멀어라溯洄從之, 道阻且長."에도 이 글자가 나오는데 같은 뜻으로 사용되었다.

경치이고, 아래 연은 석별의 깊은 정이다上聯送別悽景, 下聯惜別深情."라고 하고, 또한 "이별의 근심에 깊이 잠긴 자가 아니라면 누가 말할 수 있겠는가非深于離愁者, 孰能道焉?"(《唐詩選脉箋釋會通評林》 第19冊)라고 평하였다. 경치를 먼저 그리고 감정을 뒤에 그리는 선경후정先景後情은 한시의 일반적 구성이다.

보내는 말
寄詞

영지 누각은 어슴푸레한 운무 속에서요,
운무 걷히니 깊숙이 옥황궁 보이네요.
자양님은 천상의 신선손님이어서,
세상에서 누대의 공을 세웠다고 칭송하지요.

菌閣芝樓杳靄中,
霞開深見玉皇宮.
紫陽天上神仙客,
稱在人間立世功.

ଔ주석

菌閣芝樓 균각지루 | 신선이 거주하는 곳, 도교 사원의 건물을 아름답게 형용한 것이다.
杳靄 묘애 | 운무가 어슴푸레한 모양. 묘애杳藹라고도 한다.
霞開 하개 | 운무가 걷히는 것을 가리킨다.
深 심 | 깊숙이. 겉(밖)에서 속(안)까지의 거리가 멀고 으슥함을 가리킨다.
見 견 | 보이다.
玉皇 옥황 | 옥황상제. 천제天帝를 일컫는다. 도교에서 최상의 신으로 꼽는다.
紫陽 자양 | 고대전설과 도교에서 신선을 자양이라고 불렀다. 예를 들면 주周 목왕穆王 때 이팔백李八百을 자양진군紫陽眞君이라고 불렀고, 한대漢代의 주의산周義山과 송대宋代의 장백단張伯端은 모두 자양진군紫陽眞君이라고 칭하였다. 일반적으로 도사道士를 가리킨다. 설도의 시 〈새 옷이 막 만들어져 입어보며試新服裁製初成〉에도 자양궁紫陽宮이 나온다.
神仙客 신선객 | 신선손님. 은자隱者 혹은 도사道士에 대한 경칭.
稱 칭 | 칭찬하다, 칭송하다.

작품설명

이 시는 누구에게 보낸 것인가? 《한시대계》에서는 이 시는 〈곡석산에서 새벽에 바라보며 여 시어님께 부치다斛石山曉望寄呂侍御〉와 동일 시기의 작품으로 보고, 이 시에서의 '신선객神仙客'은 여온呂溫을 가리킨다고 말하였다. 마지막 구절에서 공적을 세웠다고 한 것은 여온이 토번吐蕃으로 사신을 가서 세운 공적을 칭송한 것이라고 말하였다. 한편 팽운생彭雲生은 이에 대해 여온이 아니라 위고韋皐라고 하고 이 시는 위고가 죽은 뒤인 원화元和 초년初年에 지은 것이며, 시 속에서 말하는 신선객은 위고라고 하였다. 위고는 일찍이 '제갈무후지후신諸葛武侯之後身'의 칭호를 얻은 명장이며 "당왕조를 중흥시킨 공훈이 있다有中興唐時之功"고 하였다(劉天文, 앞의 책, p. 76). 이 시가 누구에게 보낸 것인지는 확신할 수 없으나 매 구절마다 도교관련 용어와 전고를 사용한 것으로 보아 도사에게 보내는 시로 보이며 도교적 색채가 짙어 설도의 도교적 취향만큼은 분명히 보여주고 있다.

在人間 재인간 | 세상에서. 재在는 전치사로 '~에서'(동작 · 행위와 상관있는 시간 · 장소 · 범위 · 조건 등을 이끎), 인간人間은 인간세상, 속세라는 뜻이다.
立 입 | 세우다. 이어지는 세공世功의 공功과 결합되면 공을 세우다(입공立功)는 뜻이 된다.
世功 세공 | 누대累代(여러 대)의 공적.

강가 정자에서의 전별
江亭餞別

푸른 늪, 붉은 진창, 풍경은 고요하고요,
범씨와 왕씨는 함께 이병주의 부관이지요.
교외 정자에 빠른 관악管樂은 사경을 넘는데,
거공은 보이지 않아 마음 홀로 시름해요.

綠沼紅泥物象幽,
范汪兼倅李幷州.
離亭急管四更後,
不見車公心獨愁.

☙주석

江亭 강정 | 강변의 정자. 팽운생彭雲生은 '강정江亭'을 '합강정合江亭'으로 보았다. 《사천통지四川通志》의 화양현華陽縣 조항에 의하면 합강정合江亭은 현의 동쪽과 남쪽의 두 강이 합류되는 곳으로 합강원合江園 내에 있으며 당대唐代의 위고韋皐가 세웠다고 한다. 또한 《촉중명승기蜀中名勝記》에도 합강合江의 옛 정자는 당대 사람들이 송별회를 하던 곳으로 명사들이 지은 시가 꽤 있다고 되어 있다(劉天文, 《薛濤詩四家注評說》, p. 60). 설도와 위고의 관계나 시의 제목을 보면 이 강정江亭은 합강정合江亭일 가능성이 크다.

餞別 전별 | 주연酒宴을 마련하여 사람을 전송하는 것.

沼 소 | 늪.

泥 이 | 진창, 진흙.

物象 물상 | 사물의 형상. 이곳에서는 자연 풍경을 가리킨다.

幽 유 | 고요하다.

范汪 범왕 | 한 사람의 이름인지 아니면 두 사람을 가리키는지 그리고 누구인지는 확실치 않다. 아마 서천절도사西川節度使의 막하에 있었던 사람(들)일 것이다. 장봉주는 범왕范汪을 동진東晉 사람이라고 하고, 자字는 현평玄平이며, 박학하고 두루 통한 인물로 유량庾亮의 참군參軍이 되었다가 환온桓溫이 촉蜀을 정벌할 때 형주유부荊州留府가 되었고, 뒤에 서주徐州와

작품설명

송별시이다. 이 시의 제목은 '강정연전江亭宴餞', '강정연江亭宴'이라고 되어 있는 곳도 있다. 다른 시들이 제목에서 송별하는 대상을 밝힌 경우와 달리 이 시에서는 대상을 정확히 밝히지 않고 있다. 누구를 전송하는지는 확실치 않지만 제2구를 보면 전송의 자리에 이병주를 보좌하는 부관인 범씨와 왕씨가 보이지 않아 시인이 시름에 젖고 있다. 범씨와 왕씨를 환온桓溫의 부관이었던 거공에 비유하여 찬미하고 송별회에서 그의 부재를 안타까워하고 있다. 이별의 장소는 강가이다. 시인은 언제나 강가에 머물러 있고 사람들은 배를 타고 이곳을 떠난다.

연주兗州, 두 지방의 자사刺史가 되었다고 하였다. 유천문은 장봉주가 말하는 범왕范汪이 시의 마지막 구에 나오는 거공車公과 동시대 사람이고 거공이 환온과 관련된 인물이라는 점을 고려한다면 장봉주의 주장이 일리가 있다고 하였지만, 그가 부관副官을 했다는 기록이 없고, 하물며 환온이 아낀 부관은 거공이었으므로 비유가 일치하지 않는다. 한편 《한시대계》와 진문화는 범왕을 범씨范氏, 왕씨汪氏 두 사람으로 보았다. 바로 이어 '겸쉬兼倅'라는 표현이 나오는 것으로 보아 본서에서는 일단 두 사람으로 보았다. 이렇게 본다면 범씨와 왕씨는 설도와 같은 시대의 인물로 이병주를 보좌했던 인물일 것이며, 마지막 구절의 거공은 이 두 사람을 비유하기 위해 끌어들인 전고로 보아야 할 것이다.

兼倅 겸쉬 | 함께 부관副官으로 있다, 혹은 공동으로 보좌하다. 겸兼은 함께, 공동으로, 쉬倅는 부관 혹은 보좌하다의 뜻이다. 즉 범씨와 왕씨가 함께 이병주의 부관으로 있다, 혹은 함께 보좌하고 있다는 뜻이다.

李幷州 이병주 | 이병주가 누구인지는 알 수 없다. 병주幷州라고 칭하는 것으로 보아 병주의 태수로 부임하는 사람일 것이다. 병주는 현재 산서성山西省 태원시太原市이다.

離亭 이정 | 교외의 정자. 옛 사람들은 항상 이곳에서 이별의 주연을 베풀었다.

急管 급관 | 리듬이 빠른 관악管樂.

四更 사경 | 하룻밤을 다섯으로 나눈 넷째 부분. 곧 새벽 2시~4시까지의 동안.

不見 불견 | 보이지 않다.

車公 거공 | 《전당시》에는 '공거公車'라고 하고, 주석에서 '거공車公'이라고 되어있기도 하다고 하였다. 귀한 지위에 있는 사람이 타는 수레를 '공거公車'라고 하므로 문맥상 '거공車公'이라고 하는 것이 더 자연스럽다. 장봉주는 《만수당인절구萬首唐人絶句》에 근거하여 '공거'를 거공이라고 하고 거공은 동진東晉의 거윤車胤으로 자는 무자武子이고 남평南平 사람이며, 기지가 뛰어나고 박학으로 이름을 떨쳤으며, 환온이 장사長史(부관副官)로 데리고 와 매번 모임이 있을 때에 거공이 없으면 즐겁지 않다고 하였다고 했다.

먼 그대에게 두 수
贈遠 二首

야들한 새 창포, 잎새 또한 나란히,
봄 깊어 꽃이 져 앞 계곡 채웠어요.
그대 아직 진나라 관문기병에서 옮기지 못한 걸 알고서,
달빛이 천 개의 문 비출 제, 소매 가리고 울어요.

擾弱新蒲葉又齊,
春深花落塞前溪.
知君未轉秦關騎,
月照千門掩袖啼.

☙제1수 주석

擾弱 요약 | 유순하고 연약함. 이하 제1구는 새로 난 창포의 형상을 그린 것이다.
新蒲 신포 | 새 창포, 새로 난 창포. 신新은 새로운, 여기서는 창포가 새로 났다는 것을 말한다. 신新은 《만수당인절구萬首唐人絶句》에서는 '청靑'으로 되어 있다. 포蒲는 창포인데, 포蒲는 창포菖蒲(천남성과의 여러해살이풀) 이외에 부들(부들과의 여러해살이풀), 냇버들 등을 가리키기도 한다. 장봉주와 진문화는 설도가 창포 심기를 좋아하였다고 하고 창포로 보았다. 원진元稹이 설도에게 보낸 시(〈寄贈薛濤〉)에 "창포꽃 피어나고 오색구름 높다네菖蒲花發五雲高."라는 표현이 나온다. 창포는 초여름에 담황색의 꽃이 피며 중국 민간에서는 단오절에 쑥과 함께 문 앞에 걸어두는 풍습이 있다.
葉 엽 | 잎, 여기서는 창포잎. 《전당시》에서는 '엽葉'이 '녹綠'으로 된 곳도 있다고 부기하였고, 진문화는 이를 따라 녹綠으로 하였는데, 창포 잎의 빛깔을 형상하는 데 녹綠자도 적합해 보인다. 본서는 일단 《전당시》와 장봉주의 원전을 따랐다.
又 우 | 또한, 더하여, 동시에. 몇 가지 상황이나 성질이 동시에 존재함을 나타낸다.
齊 제 | 가지런하다. 창포잎의 모양은 칼처럼 뻗어 가지런하게 피어난다.
春深 춘심 | 봄이 깊다, 봄의 정취가 농후하다.

부용꽃 갓 떨어지니 촉산은 가을이어요,
비단 글자 개봉하니, 도리어 근심이네요.
규방에선 전쟁터 일일랑 알지 못하니,
달 높아 또 다시 망부루에 올라보아요.

芙蓉新落蜀山秋,
錦字開緘到是愁.
閨閣不知戎馬事,
月高還上望夫樓.

塞 색 | 채우다
前溪 전계 | 앞 계곡
君 군 | 그대
未 미 | 아직 ~하지 못하다.
轉 전 | 옮기다.
秦關 진관 | 진나라 관문. 진관秦關은 진나라 국경에 있는 관문, 일반적으로 함곡관函谷關을 가리키는데 이 시에서는 장안長安 일대를 가리킨다.
騎 기 | 기병, 수비병으로 진관기秦關騎는 국경지방을 수비하는 기병을 말한다.
落 낙 | 장봉주 본에서는 '발發'로 되어 있다. 장봉주는 각 판본에서는 '화락花落'으로 되어 있는데 잘못이라고 하고, 창포 꽃은 초여름에 꽃이 피는데, 촉지방은 따뜻하여 봄이 무르익으면 바로 피어나니 '낙落'으로 하는 것은 옳지 않다고 하였다. 그러나 이 시의 꽃이 반드시 창포꽃만을 가리킨다고 할 수는 없으며 봄이 깊으면 꽃이 지는 것이다. 또한 이 구절 뒷부분의 "앞계곡 가득 메웠다"는 표현은 봄날이 깊어지면서 봄꽃들이 계곡물에 떨어져 가득 메웠다는 표현으로 더 적합하므로 본서에서는 '낙落'으로 풀었다.
月照 월조 | 제4구의 '월조月照'는 《전당시》의 기록인데 장봉주는 《만수당인절구》에 근거하여 '일조日照'라고 고쳤다. 그러나 시구의 내용상 '일조'보다는 '월조月照'가 더 자연스럽다.
千門 천문 | 천 개의 문, 많은 집들 혹은 수많은 사람을 의미한다. 천가千家와 같다.
掩袖 엄수 | 소매로 얼굴을 가리다.
啼 제 | 울다.

☙제2수 주석

芙蓉 부용 | 연꽃, 부용. 두 가지 뜻이 있다. 하나는 목부용木芙蓉이고, 다른 하나는 수부용水芙

작품설명

이 시의 순서는 판본에 따라 서로 바뀐 경우가 있는데 본서는 장봉주의 책을 따랐다. 장봉주는 이 시 두 수가 비록 받는 사람이 누구인지 밝히고 있지는 않지만 글 뜻으로 보건대 원진元稹에게 보내는 시로 보인다고 하였다. 장봉주는 설도의 현존 화답시 가운데 이 두 수를 제외하면 모두 평범한데 이 두 시는 부부관계로서 자신을 그리고 있다고 하였다. 원진은 원화元和 4년(809) 3월에 동천감찰어사東川監察御史가 된 뒤 재주梓州(지금의 사천성四川省 삼대현三臺縣)에서 설도와 만났다. 7월에 낙양洛陽으로 전근 가서 다음 해(810) 2월에 강릉부사조참군江陵府士曹參軍으로 좌천되었다. 장봉주는 설도의 〈먼 그대에게 두 수贈遠 二首〉를 이때 원진에게 보낸 작품으로 보고 당시 설도는 창포 심기를 좋아했는데 이 시에서 잡초에 흥을 기탁하여 창포꽃이 피어나는 경치를 묘사하고 있다고 하였다. 좌천될 때는 마침 원진의 아내 위총韋叢의 장례가 있었던 다음 해이고 원진이 강릉江陵에서 폄적되어 첩 안선빈安仙嬪을 받아들이기 전 해이며 이 때문에 아마도 설도가 부부로 자임하였을 것이라고 보았다. 장봉주는 이 시

蓉으로 연꽃의 다른 이름이다. 후자는 오월吳越 등의 강남지방에서 불리는 이름이다. 장봉주는 부용을 수부용이라고 하여 연꽃이라고 하였다. 목부용은 가을에서 겨울까지 피며, 수부용(연꽃)은 여름에 한창 꽃이 피어나므로 시에서 떨어진다는 표현과 가을이라고 하는 말로 보아 후자로 해석하는 것이 좋을 것이다. 부용芙蓉은 부용夫容(지아비의 얼굴)과 쌍관어(동음이의어)로 시에서는 사랑하는 지아비의 얼굴로 흔히 사용된다.

新 신 | 막, 갓, 금방.

錦字 금자 | 비단에 짠 글자. 전진前秦의 두도竇滔가 양양襄陽의 태수로 부임할 때 그의 아내 소혜蘇蕙가 200여 수의 회문시廻文詩 〈선기도璇璣圖〉를 비단에 새겨 남편에게 자신의 생각을 보낸 고사가 있다(《侍兒小名錄》 참조). 그래서 후세에 '비단 글자'라고 하면 아내가 남편에게 보내는 편지를 일컫는다.

開緘 개함 | (편지 등을) 개봉하다, 뜯다. 함緘은 편지, 서신을 뜻한다. 당대唐代 이백李白의 시 〈오랜 별리久別離〉 중 "하물며 비단에 짠 편지 있어, 편지를 뜯으니 탄식하게 하네況有錦字書, 開緘使人嗟."에도 같은 표현이 나온다.

到是 도시 | 도리어, 오히려. 도到는 도倒와 통용되어, 도시到是는 도시倒是(도리어, 오히려)와 같은 의미로 쓰인다. 당대唐代 왕가우王嘉祐의 시 〈가을 아침 목부용秋朝木芙蓉〉 중 "수면의 부

의 제1수는 원진이 2월에 폄적되어 다시 복직되지 못하던 때를 진술하였고, 제2수는 원진이 시를 받았을 때 즉 '부용신락芙蓉新落'의 때로 시간이 모두 맞아떨어진다고 하였다. 창포꽃에 대한 묘사는 원진이 설도에게 보낸 〈설도에게 보냄寄贈薛濤〉에서 원진 또한 묘사하고 있고 다른 작품에서는 창포에 대한 언급이 없는 것으로만 본다면 이 시는 설도가 원진에게 보낸 작품으로 추정할 수도 있다. 그러나 현존시의 한계가 많아 이것만으로 이 시의 먼 그대가 원진이라고 확증하기는 어렵다.

첫 번째 시는 봄을 노래했고, 두 번째 시의 시간적 배경은 가을이다. 서로 다른 시간적 배경을 지닌 시를 병렬한 것으로 보아 국경을 수비하는 특정인에게 보낸 것은 아니고 상상해서 지은 것으로 보인다. 특히 두 시 모두에서 '락落' 자를 썼는데 실제로 전쟁터에 나가 있는 임을 위해 쓴 시라면 이런 불길한 의미의 글자를 넣지는 않았을 것이다. 첫 번째 작품은 짙어가는 봄날 풍경의 노래가 살벌하고 긴장감 도는 전쟁터와 선명하게 대조되어, 한적한 자연 풍경이 더 슬프고 애틋하다. 국경을 수비하는 임에 대한 염려로 달 뜨는 밤이면 집집마다 전쟁터로 나간 병사의 아내들이 눈물을 흘린다는 것으로 멀리 있는 임에 대한 그리움과 염려를 그려냈다. 봄날은 아름다우나 사랑하는 임은 저 먼 곳에 있다. 봄날의 아름다운 풍경과 대비되어 이어지는 두 구절의 아픔은 증폭된다. 두 번째

용은 가을 되어 이미 시들었는데, 많은 가지는 도리어 꽃이 자라나는 때라네水面芙蓉秋已衰, 繁條到是著花時."에도 같은 표현이 나온다.

閨閣 규각 | 아녀자의 방.

不知 부지 | 알지 못하다.

戎馬 융마 | 병마兵馬. 전쟁을 의미한다.

還 환 | 다시, 또. 한 번만은 아니고 어젯밤에도 오늘밤에도 거듭한다는 것을 의미한다.

上 상 | 올라가다.

望夫樓 망부루 | 지아비를 그리워하는 누대로 특정 누대 이름은 아니다.

작품의 계절은 가을이다. 촉의 산은 가을로 물들며 부용꽃이 떨어진다. 멀리 국경지방에서 온 편지를 뜯으니 근심만 가득한데 아녀자로서 화자는 전쟁을 알지 못하고 가을 밤마다 누대에 올라 무사히 개선하기를 기원할 뿐이다. '부용芙蓉'과 '금자錦字' 모두 여성적인 사랑의 언어이다. 명대의 곽위郭煒는 《고금여시선古今女詩選》에서 "새 창포(신포新蒲)에 야들하고 연약한(요약擾弱)이라는 두 마디를 붙인 것은 참으로 절묘하다新蒲着擾弱二字, 妙甚."라고 하였다.

제2부

그녀의 사물

'그녀의 사람'이 사교용 시의 모음이라면 '그녀의 사물'은 비사교용 시 모음이다. 기녀로서의 공적 생활 이외에 그녀의 사생활을 엿볼 수 있는 시들이다. 그녀 주변의 사물, 경물에 대한 묘사와 개인 서정을 노래한 작품들로 주로 "영물시詠物詩"에 해당된다. 설도는 사물을 노래하기를 좋아하였다. 꽃과 풀, 나무와 새 그리고 온갖 경물을 보고 언어로 그려냈다. 그녀가 그려낸 사물 속에는 그녀의 마음이 담겨 있다. 꽃과 풀, 곤충, 새, 경물 등을 노래한 설도의 영물시는 사물을 빌려 주로 화목하고 다정한 사랑의 관계를 노래하고 있다. 공자는 《논어論語》에서 《시경詩經》을 읽으면 "새와 짐승, 초목의 이름을 많이 알게 된다多識於鳥獸草木之名."라고 했는데 설도의 시를 읽으면 역시 그런 일이 일어난다.

봄에 바라보다 네 수
春望詞 四首

꽃이 피는데 함께 즐기지 못하고,
꽃이 지는데 함께 슬퍼하지 못해요.
서로가 그리운 곳 물으려 한다면,
꽃이 피고 꽃이 지는 때라 하지요.

花開不同賞,
花落不同悲.
欲問相思處,
花開花落時.

제1수 주석

開 개 | (꽃이) 피다.
同 동 | 함께.
賞 상 | 즐기다.
落 낙 | 지다.
欲 욕 | ~하려고 하다.
相思 상사 | 서로 그리워하다. 주로 남녀가 사랑하여 상대방을 그리워하는 것을 가리킴.

풀을 따서 한마음 맺어 보아요,
나를 알아주는 임께 보내려고요.
봄날의 애수가 막 애간장 끊으니,
봄날의 새들이 또 서글피 울어요.

擸草結同心,
將以遺知音.
春愁正斷絕,
春鳥復哀吟.

❧제2수 주석

擸草 남초 | 풀을 뜯다. 남擸은 《전당시》에서 남攬으로 기재하고 주석에 '함檻'이라고도 한다고 하였다. 각 판본에서는 대부분 함檻이라고 되어있다. 장봉주는 진구陳矩의 《홍도집洪度集》에 근거하여 '남擸'으로 고쳤는데 이 글자는 '남擥'으로 '따다, 뜯다, 손으로 잡다'는 뜻이 있다. 진문화는 '채적採摘(따다, 뜯다)'으로 풀었다. '남초攬草'는 풀을 뜯어 한마음(동심同心)의 매듭을 맺는 것을 말한다.

結 결 | 맺다.

同心 동심 | 한마음, 여기서는 동심결同心結을 가리킨다. 동심결은 납폐納幣 등에 쓰는 매듭인데 애정을 표시하는 매듭으로 많이 사용한다.

將 장 | 장차(곧) ~하려 하다, 머지않아 곧.

以 이 | ~로써, ~을 가지고

遺 유 | 보내다. 《전당시》에서는 견遣으로 기록하였는데 장봉주는 '유遺'로 기록하고 '증정하다, 보내다'라는 의미라고 하였다.

知音 지음 | 지기, 서로 마음이 통하는 친한 벗. 《열자列子 · 탕문편湯問篇》에서 거문고의 명인인 백아伯牙가 자기의 소리를 잘 이해해 준 종자기鍾子期가 죽자 자신의 거문고 소리를 아는 자가 없다고 하여 거문고 줄을 끊었다는 데서 유래한다.

春愁 춘수 | 봄날의 애수, 봄이 쉬이 지나감을 아쉬워하는 뒤숭숭한 마음.

正 정 | 바로, 막, 때마침.

斷絕 단절 | 끊다.

春鳥 춘조 | 봄철의 새

復 부 | 또, 다시

哀吟 애음 | 슬피 울다. 음吟은 (새가) 울다, 노래하다.

바람에 꽃잎은 날마다 시들어가고,
만날 날은 아직도 아득하네요.
한마음의 사람은 맺지 못하고,
한갓되이 한마음 풀 맺었어요.

風花日將老,
佳期猶渺渺.
不結同心人,
空結同心草.

☙제3수 주석

將 장 | 장차(곧) ~하려 하다, 머지않아 곧.
佳期 가기 | 애인과 만나는 때, 남녀가 데이트하는 날. 결혼 날짜, 결혼식 날이라는 뜻도 있다. 진문화는 결혼 날짜(혼기婚期), 결혼약속(혼약婚約)으로 풀었다.
猶 유 | 아직도, 여전히.
渺渺 묘묘 | 아득히 먼 모양.
結 결 | 맺다.
同心 동심 | 한마음.
空 공 | 한갓되이, 부질없이.

어떻게 감당하리, 꽃송이 가지 가득,
도리어 둘이 서로 그리워하게 하네요.
옥 젓가락이 아침 거울에 드리워짐을,
봄바람은 아는가요? 모르는가요?

那堪花滿枝,
翻作兩相思.
玉箸垂朝鏡,
春風知不知.

☙제4수 주석

那堪 나감 | 어떻게 감당하리, 어찌 견디리.
翻 번 | 도리어.
作 작 | ~하게 하다, 일으키다.
兩相思 양상사 | 둘이 서로 그리워하다. 상사相思는 서로 생각하는 것인데 나중에는 남녀가 서로 좋아하지만 다가갈 길이 없어서 일어나는 상념을 주로 가리키게 되었다. 남조南朝시대 송宋의 포조鮑照의 시 〈악부시 '봄나들이'를 모방하여代春日行〉에 "둘이 서로 그리워하는데, 둘은 알지 못하네兩相思, 兩不知."라는 표현이 나온다.
玉箸 옥저 | 옥 젓가락, 눈물을 나타내는 시어이다. 《전당시》에서는 '옥근玉筋'으로 기록하였는데, 장봉주는 옥저玉箸로 기록하고 있다. 《육첩六帖》에 "위나라 견후는 얼굴이 흰데 눈물이 두 줄기 드리워지면 옥 젓가락이 된다魏甄后面白, 淚雙垂爲玉箸."라고 하였다. 이백의 시 〈규방의 정閨情〉에 "옥 젓가락 밤낮으로 흘러 / 쌍쌍이 붉은 얼굴에 떨어지네玉箸日夜流, 雙雙落朱顔."라는 표현이 있다. "옥저수조경玉箸垂朝鏡"은 아침에 일어나 거울을 마주하고 눈물을 드리운다는 뜻이다.
垂 수 | 드리우다.
朝鏡 조경 | 아침에 화장하는 거울.

작품설명

《전당시》에서는 제목의 '춘망春望'을 '망춘望春'으로 하기도 한다고 하였다. 설도 전체 작품 가운데 명작으로 손꼽힌다. 봄날의 그리움을 노래한 이 시는 일본 시인들이 적잖이 번역하였는데 사토 하루오佐藤春夫의 《거진록車塵集》, 나카 히데오那珂秀穗의 《지나역조규수시초支那歷朝閨秀詩抄》 등에 모두 번역시가 수록된 바 있다. 우리나라에서는 일찍이 김소월의 스승인 안서 김억에 의해 번역되어 김성태의 가곡 〈동심초〉로도 유명하다. 부재하는 연인에 대한 비탄이 부드럽고 고운 필치로 묘사되어 독자로 하여금 절로 그리움에 젖어 들게 한다. 명대 종성은 《명원시귀》에서 "네 수를 세밀하게 읊조려보면 '바라보다[望]'라는 글자에 뜻이 있음을 느낄 수 있다. 만약 대강 읽으면 다만 그 숨은 한만을 알고, 그 실망스런 탄식을 알지 못한다細諷四詩, 覺有望字意在. 若率然讀之, 但知其幽恨, 不知其悵歎."라고 하였다. 명대의 황주성黃周星은 《당시쾌唐詩快》에서 제1수와 제3수에 대해 "두 시는 모두 천근하지만 인정에 맞아, 그래서 절묘하다二詩皆以淺近而入情, 故妙."라고 평하였다.

담정벽譚正璧은 설도 작품 중에 일반인이 애독하는 것은 역시 〈봄에 바라보다春望詞〉라고 하였다. 근래 학자 강화姜華는 "그녀의 유고 가운데 지금 남아있는 시를 근거로 비평한다면 〈봄에 바라보다春望詞〉가 제1등의 작품이며 또한 가장 성공적인 작품이라 하겠다. 예술방면에서 본다면 '선'과 '미', 이 두 단계에 이르렀으며, 언어문자를 맛보더라도 '진眞'의 내공 또한 온전히 이르렀다. 작자의 인격 표현이 분명함에 대해서는 더욱 말할 필요가 없다."라고 하였다(〈介紹女詩人薛濤〉, 譚正璧, 《中國女性文學史》, 百花文藝出版社, 2002, 제2판 p. 180 참조).

바람
風

혜초 스쳐 지나는 미풍 저 멀리,
현에 나부끼며 울어대는 한 소리.
숲 나무 끝, 낮에는 휘이익 휘익,
소나무 사잇길, 밤에는 처량하네.

獵蕙微風遠,
飄弦唳一聲.
林梢明淅瀝,
松徑夜淒淸.

☙주석

獵 엽 | 스쳐 지나다. 송옥宋玉의 〈바람風賦〉에 "혜초 스쳐 지나며獵蕙草"라는 표현이 있는데, 이선李善의 주注에서 "엽獵은 스쳐 지나다이다獵, 歷也."라고 하였다.

蕙 혜 | 혜초. 향초 이름. 훈초熏草, 패란佩蘭, 영릉향零陵香 등으로 불리는데 몸에 차거나 염병을 피하는 데 사용된다.

飄 표 | 나부끼다. 바람이 불어 보내거나 불어 스치는 것을 가리킨다.

唳 여 | 울다. 학이나 기러기 등의 새가 높고 낭랑하게 울다.

一聲 일성 | 한 소리, 하나의 소리.

林梢 임초 | 숲의 나무의 끝, 말단. 당대唐代 두보杜甫의 시 〈초가집이 가을바람에 부서지다茅屋爲秋風所破歌〉 중 "띠가 날아 강을 건너 강가 교외에 흩뿌려지고, 높은 것은 긴 숲의 나무 끝에 걸렸다네茅飛渡江灑江郊, 高者掛罥長林梢."에도 같은 표현이 나온다.

明 명 | 낮, 대낮. 《전당시》에는 '명鳴'으로 되어 있는데 장봉주는 《만수당인절구》에 근거하여 '명明'으로 고치고, 여기서 '명明'은 낮을 의미한다고 하였다.

淅瀝 석력 | 휘익 휘익. 의성어. 바람소리 혹은 바람이 불어 잎이 떨어지는 소리.

작품설명

바람을 노래한 영물시이다. 바람의 자태를 네 가지 경우로 묘사한 명작이다. 각 구절이 독립되어 바람의 자태를 묘사하고 있으며 기승전결의 구법을 따르지 않은 특이한 작품이다. 제1구에서는 바람이 혜초를 스치며 저 먼 곳에서 향기를 보내온다고 하였으니 이것은 후각적 이미지로 바람을 그린 것이다. 제2구에서는 바람이 거문고의 줄을 퉁겨 마치 학이 높고 낭랑하게 우는 것 같은 소리를 낸다고 하였으니 이것은 청각적 이미지를 통해 바람을 그린 것이다. 제3구에서는 숲 속 나뭇가지 끝에 휘익한다고 하였는데 이것으로 바람이 있음을 알 수 있으니 그것은 그 소리와 함께 나뭇가지가 흔들리기 때문이다. 이는 청각적 이미지와 시각적 이미지가 결합되어 공감각적으로 바람의 존재를 그린 것이다. 제4구에서는 밤에 소나무 숲길에서 부는 바람이 처량하고 스산하다 하였는데 이것은 저녁바람이 주는 심리적이고 촉각적인 이미지이다. 시인은 머물러 있는 풀, 악기 줄, 숲 속 나무, 소나무 길 등에서 눈에는 보이지 않으나 움직임을 느낄 수 있는 바람의 존재를 포착하여 개성 있는 이미지를 연출하였다. 미국에서 출판된《중국고전문학선집》(Victor Mair ed, *The Columbia Anthology of Traditional Chinese Literature*, New York: Columbia University Press, 1994)에서 명작으로 소개하였다.

松徑 송경 | 소나무 사이 작은 길. 당대唐代 원결元結의 시《백운정에 올라登白雲亭》중 "문을 나가니 남산이 보여, 기쁘게 소나무 사이 작은 길을 쫓아가네出門見南山, 喜逐松徑行."에도 같은 표현이 나온다.

凄淸 처청 | 처량하고 스산하다. 진晉 반악潘岳의 〈가을의 감흥秋興賦〉 중 "달은 몽롱하게 빛을 머금었고, 이슬은 처량하게 춥고 차갑네月朣朧以含光兮, 露凄淸以凝冷."에도 같은 표현이 나온다.

매미
蟬

이슬이 씻어 소리 맑고 깊어라,
바람이 불어 마른 잎 가지런하네.
소리소리 서로 이어진 듯해도,
저마다 한 가지에 깃들어 있네.

露滌音淸遠,
風吹故葉齊.
聲聲似相接,
各在一枝棲.

ɞ주석

滌 척 | 세척하다.
音淸遠 음청원 | 소리가 맑고 깊다. '음청音淸'은 《전당시》에는 '청음淸音'으로 되어있는데 장봉주는 《만수당인절구》에 근거하여 '음청音淸'으로 고쳤다.
故葉 고엽 | 마른 잎, 고엽枯葉과 같은 뜻이다. 《전당시》에는 '수엽數葉'으로 되어 있는데 장봉주는 《만수당인절구》에 근거하여 '고엽故葉'으로 고쳤다.
齊 제 | 가지런하다.
似 사 | 마치 ~인 것 같다(듯하다).
相 상 | 서로.
接 접 | 잇닿다, 호응하다.
各 각 | 저마다, 각기, 각각.
在 재 | ~에 처하다, ~을 차지하다. 거어居於, 처어處於의 의미이다.
一枝 일지 | 하나의 나뭇가지.
棲 서 | 깃들이다.

작품설명

《전당시》에서는 이 시의 제목을 〈문선聞蟬〉이라고도 한다고 부기하였다. 설도는 사물을 노래한 '영물시'에도 뛰어났다. 매미를 세밀하게 관찰하여 묘사해낸 솜씨에서 여성시인의 섬세함이 느껴진다. 고대 중국인은 매미가 바람을 먹고 이슬을 마시며 살아서 품성이 고결하다고 여겼다. 매미의 청각적 이미지가 살아있어 '매앰 맴, 맴 맴' 하고 저기 멀리 어딘가에서 소리가 들려오는 듯하다. 소리가 서로 이어져 주고받는 것 같지만 사실은 각자 다른 한 가지에 깃들여 우는 것이다.

달
月

넋은 갈고랑이 모양 따라 작아지고,
부채는 한나라 베틀 좇아 둥글어지네.
가느다란 그림자와 둥근 바탕,
인간세상 몇 군데서 바라볼까?

魄依鉤樣小,
扇逐漢機團.
細影將圓質,
人間幾處看.

☙주석

魄 백 | 넋. 여기서는 달이 처음 생길 때 혹은 막 스러질 때의 희미한 달빛 혹은 달을 뜻한다.
依 의 | 따르다. 좇다.
鉤樣 구양 | 갈고리 모양. 여기서는 초승달의 형상을 가리킨다.
扇逐漢機團 선축한기단 | 부채는 한나라 베틀 좇아 둥글다. 선扇은 부채. 축逐은 따르다로 바로 윗 구절의 '의依'와 뜻이 같다. 한기漢機는 한나라 베틀. 단團은 둥글다이다. 한대漢代 반첩여班婕妤의 〈원망의 시怨詩〉 중 "제나라 하얀 비단 새로 자르니 / 고웁고 깨끗함이 서리, 눈 같아 / 기쁨 함께 부채를 만들어보니 / 둥글둥글 밝은 달 비슷하네요新裂齊紈素, 鮮潔如霜雪, 裁爲合歡扇, 團團似明月."라는 구절에서 새로 만든 '합환선合歡扇'을 둥근 달에 비유하였는데, 이 구절은 그것을 인용하여 둥근 부채로 둥근 달(보름달)의 모습을 나타내고 있다.
細影 세영 | 가느다란 그림자. 초승달을 가리킨다.
將 장 | 접속사로서 병렬을 나타내는 '~와', '~과'의 의미로 쓰였다.
圓質 원질 | 둥근 바탕. 보름달을 가리킨다.
人間 인간 | 인간 세상.

작품설명

달을 노래한 영물시이다. 초승달에서 보름달에 이르는 동안의 달의 형상을 노래하고 있다. 제1구는 갈고랑이 같은 초승달의 모양을 그렸고, 제2구는 둥근 보름달을 한대漢代의 여인이 베틀에서 짠 베로 만든 둥근 부채로 표현하였다. 제1구와 제2구는 선명한 대우對偶를 통해 달의 두 형상을 비유를 통해 선명하게 그리고 있다. 달은 '음陰'이요, 여성이므로 달의 형상을 여성과 관련된 사물인 베틀과 베, 그리고 반첩여班婕妤가 버림받은 여성의 비유로 쓴 '둥근 부채'에 연관시켜서 통일된 이미지를 연출하였다. 달은 때로는 가느다란 그림자로 비추지만, 그 바탕은 둥근 것이다. 그림자[影]와 바탕[質], 가늚[細]과 둥긂[圓]이 본래는 하나이다. 이 시 제4구의 의미는 애매모호하다. 명대의 종성은《명원시귀》에서 이 시에 대해 "세밀한 언어와 그윽한 울림이 때때로 사람을 향하고 있지만 숨김과 드러냄을 스스로 다하려 하지 않았다細語幽響, 故故向人, 而含吐不欲自盡."라고 평하였다. 진문화는 종성의 평을 인용하여 이 시에서 그리고 있는 달의 모습이 무엇을 의미하고 있는지는 독자의 상상에 맡겨야 한다고 하였다.

幾處 기처 | 몇 군데, 몇 곳. 기幾는 몇, 처處는 군데, 곳을 의미한다. 그런데 몇[幾]은 수사로 약간의 수량(several, some)을 나타내는 의미로 풀 수도 있고 의문을 나타내는 수사(how many)로 풀 수도 있다. 기처幾處의 용례 역시 두 가지 경우 다 있다. 따라서 제4구는 평서문으로 본다면 인간세상 몇 군데에서 바라본다는 의미이고, 의문문으로 본다면 인간세상 몇 군데에서 바라볼까로 풀이할 수 있다. 진문화는《당여시인집삼종唐女詩人集三種》에서는 의문문으로 구두점을 처리하였고,《몽위호접야심화夢爲胡蝶也尋花: 이야설도어현기시주평李冶, 薛濤, 魚玄機詩注評》에서는 평서문으로 구두점을 처리하였다. 두 가지 모두 문맥상 가능한데, 본서에서는 의문문으로 처리하였다.

연못 위 한 쌍의 오리
池上雙鳧

암수가 함께 초록 못에 깃들여서,

아침에 떠났다가 저녁에 날아 돌아오네요.

또다시 추억해요 새끼 거느리던 시절을,

한마음이었지요 연잎 사이에서요.

雙棲綠池上,

朝去暮飛還.

更憶將雛日,

同心蓮葉間.

주석

雙鳧 쌍부 | 쌍오리.

雙棲 쌍서 | 날짐승의 암수가 함께 서식하다.

綠池 녹지 | 초록 못.

朝去暮飛還 조거모비환 | 아침에 떠났다가 저녁에 날아 돌아오다. 《전당시》에서는 '조모공비환 朝暮共飛還'이라고 기록하였는데 장봉주는 《만수당인절구》에 근거하여 제2구를 '조거모비환 朝去暮飛還'으로 하였다.

更 갱 | 다시.

憶 억 | 추억하다, 그리워하다.

將雛 장추 | 어미새가 새끼를 거느리다, 새끼를 키우다.

日 일 | 시절, 때, 철.

同心 동심 | 한마음으로, 마음을 같이하다.

蓮葉 연엽 | '연蓮'은 '연戀'과 쌍관어이다.

間 간 | 사이.

작품설명

이 시의 제목은 《전당시》에서 〈지상쌍조池上雙鳥〉라고 하였는데 장봉주는 《만수당인절구》에 근거하여 제목을 〈지상쌍부池上雙鳧〉라고 하였다. '연蓮'은 '연戀'과 쌍관어이므로 '연잎'은 사랑의 잎사귀, 사랑의 보금자리로 읽힌다. 기녀로서 결혼생활을 경험하지 못한 설도로서는 다정한 오리 한 쌍의 생활이 몹시 부러웠을 것이다.

원앙초
鴛鴦草

초록 꽃부리는 예쁜 섬돌 가득,
둘이 둘이 원앙은 앙증맞아요.
봄날 해가 긴 것을 단지 즐기며,
가을 바람 이른 것 상관 않지요.

綠英滿香砌,
兩兩鴛鴦小.
但娛春日長,
不管秋風早.

ᢃ주석

綠英 녹영 | 초록 꽃부리.
香砌 향체 | 예쁜 섬돌, 향기 나는 섬돌. 일설에는 정원 안에 벽돌을 쌓아 만든 화단이라고도 한다. 뜰 섬돌이라는 뜻의 '정체庭砌'라고도 한다.
兩兩 양양 | 둘씩 짝을 이루다.
鴛鴦 원앙 | 원앙새. 여기서는 원앙초를 가리킨다.
小 소 | 작다.
娛 오 | 즐기다.
春日 춘일 | 봄날 해, 봄날의 태양, 봄날, 봄철. 본서에서는 다음 구절의 추풍秋風과 대비되어 봄날 해로 풀었다.
長 장 | 길다.
不管 불관 | 상관하지 않다, 아랑곳하지 않다.
秋風 추풍 | 가을 바람. 춘풍春風으로 된 곳도 있다.
早 조 | 이르다.

작품설명

《익부방물략기益部方物略記》에 의하면 원앙초는 봄에 잎이 늦게 생기는데 그 어린 꽃부리가 잎 가운데 둘씩 서로 향하고 있어 마치 두 마리의 새가 마주 나는 것 같다고 한다. 초여름에 노랗고 흰 꽃이 피는데 둘이 서로 마주 보고 있어 원앙초라고 부른다. 원앙초는 인동초忍冬草로 꽃 색깔이 흰색에서 노란색으로 변하기 때문에 '금은화金銀花'라고도 한다.

명대 종성은《명원시귀》에서 이 시에 대해 "원앙초를 이처럼 호되게 비난하였으니 원망심을 감당할 수 없었던 것이다把鴛鴦草如此狠狠責數之, 負怨不堪."라고 평하였다. 이 시의 마지막 두 구절에 대해서 담정벽은 다음과 같이 말하고 있다. "이 시의 마지막 두 구절은 두 가지 확연히 다른 해석이 있다. 하나는 제1인칭을 사용하여 해석한 것으로 '우리는 다만 해가 긴 봄날에 즐길 줄이나 알지, 가을 바람이 늦게 오든 일찍 오든 관여치 않네요.'이다. 다른 하나는 제2인칭을 사용하여 해석한 것으로 '너희는 해가 긴 봄날에 내내 즐기면서 가을 바람이 오는 것을 상관치 않아서는 안 되니, 가을 바람이 오면 너희는 곧장 더 이상 즐길 수 없게 되노라.'이다. 앞의 해석은 퇴폐적인 교만한 자긍심이고, 뒤의 해석은 일깨움을 주는 한탄이다."

팔십일과를 노래하며
詠八十一顆

빛깔은 붉은 노을, 아침 해에 비하고,
모양은 합포땅의 둥근 귀고리 같아라.
펼칠 적에 구구 팔십일로 숫자를 알고,
보이는 곳 쌍쌍이 오르락내리락.

色比丹霞朝日,
形如合浦圓璫.
開時九九知數,
見處雙雙頡頏.

주석

八十一顆 팔십일과 | 팔십일과가 무엇인지에 대해서는 설이 분분하다. 합환수合歡樹(나무이름), 앵두[櫻桃], 아미산들꽃[峨眉山野花], 여지荔芝, 홍두紅豆(나무이름, 홍두수紅豆樹), 공동珙桐(중국야자수), 팔십일과기八十一顆棋(바둑, 장기), 민간풍속도인 〈구구소한도九九消寒圖〉, 고대 주산珠算 도구 등의 주장이 있다(胡世晨, 〈珙桐的得名與'八十一顆'猜想〉, 《中國花卉報》, 2004. 2. 11. 참조). 크게 보아 식물로 볼 것인지 아니면 기물로 볼 것인지로 나뉘는데 본서에서는 일단 민간풍속도인 〈구구소한도〉로 보아 번역하였다.
色 색 | 빛깔.
比 비 | ~에 비하다, 견주다.
丹霞 단하 | 붉은 노을.
朝日 조일 | 아침 해.
形 형 | 모양.
如 여 | ~와 같다.
合浦 합포 | 현縣 이름으로 지금의 광동성廣東省 염강현廉江縣의 서쪽 지방이며 한대漢代에 설

작품설명

이 시는 '팔십일과八十一顆'를 노래한 영물시이다. 6언의 개성 있는 형식 속에 밝고 화목한 분위기가 넘친다. 팔십일과가 무엇인지에 대해서는 역대로 뚜렷한 해설이 없었는데 최근 중국의 도도서陶道恕가 새로운 주장을 내놓아 학계의 호평을 받았다. 그는 〈당대민간습속적예술표현唐代民間習俗的藝術表現-설도시(영팔십일과)시해薛濤詩(咏八十一顆)試解〉(《薛濤研究論文集》에 수록)에서 이 시에서 노래한 것은 '구구소한도九九消寒圖'라고 하는 투사도로 제목의 '팔십일과八十一顆'는 구구단의 구단의 누적이며, '과顆'는 투사도 중의 소매素梅를 가리킨다고 하였다. 이것은 기후와 관련된 민간풍속도로 동지冬至 이후 81일간의 날짜 계산도로 '구구도九九圖'라고도 한다. 이에 대해서는 여러 가지 설이 있다. 동지 후에 매화 한 가지를 창 사이에 붙여서 매일 미인이 아침에 화장할 때마다 연지로 동그라미 하나를 그려 81개가 채워지면 살구꽃으로 바뀌고 날씨가 따뜻해진다는 기록도 있고(元, 楊允孚,《灤京雜詠》卷下), 동지가 되면 흰 매화 한 가지

치하였다. 연해지역에서 구슬이 난다.

圓璫 원당 | 귀고리. 《전당시》에는 '운당篔簹'으로 되어 있는데 《만수당인절구》에 근거하여 고쳤다.

開 개 | 펼치다. 이 시에서 노래하고 있는 '팔십일과八十一顆'를 무엇으로 볼 것인지에 따라 해석이 달라질 수 있다. 물건으로 본다면 '펼치다'이고, 식물로 본다면 '피어나다'로 번역할 수 있다. 본서에서는 일단 민간풍속도로 보아 펼치다로 번역하였다.

九九 구구 | 여러 가지 의미가 있는데, 이 시의 제목으로 본다면 81을 가리킨다. 문제는 이 81이 무엇을 가리키는지는 확실치 않다. 이 시의 팔십일과를 무엇으로 보느냐에 따라 다른데 식물로 본다면 피어나는 기간이나 열매의 수량 등으로 볼 수 있다. 본서에서는 민간풍속도인 〈구구소한도九九消寒圖〉로 보아 81일 즉 동짓날부터 시작하여 81일간을 말하며, 9일씩 모두 9번 계산하여 처음의 9일을 '일구一九', 다음의 9일을 '이구二九'라고 하여 이런 식으로 마지막의 9일을 '구구九九'라고도 한다.

知數 지수 | 숫자를 알다. '여수如數'로 되어 있는 곳도 있다.

雙雙 쌍쌍 | 쌍쌍이, 쌍쌍으로, 둘씩, 나란히.

頡頏 힐항 | 오르락내리락하다.

를 그려 꽃잎을 81개로 해놓고 날마다 한 잎을 물들여 모두 81개가 되면 봄이 깊어진다는 기록도 있다(明, 劉侗 · 於奕正,《帝京景物略 · 春場》). 이 놀이는 '9일씩 계산하기[數九]'(동지 다음날부터 81일간, 처음의 9일을 '일구一九', 다음의 9일을 '이구二九'라고 하며 이런 식으로 마지막의 9일을 '구구九九'라고 일컫는다)에서 파생된 일종의 문화오락활동으로 이 시는 이에 대한 예술적 표현으로 볼 수도 있다. 도도서는 이 작품을 고대 시인이 최초로 이 민간 풍속을 묘사한 값진 자료라고 하였다.

명대 종성은 이 시에 대해《명원시귀》에서 "입에서 나오는 대로 말하였는데 당시에는 틀림없이 대단히 칭송되었을 것이다. 그렇지 않다면 어찌 오랫동안 보존되었겠는가信口作語, 當時必甚稱賞, 不然何亦存之永久耶?"라고 하였다. 황주성黃周星은 "하찮고 가까운 것으로써 감정을 넣었는데 고상하고 절묘하다以賤近入情, 高妙."라고 하였다.

죽랑사당에 적다
題竹郎廟

죽랑사당 앞에는 고목이 많네요,
석양이 깔리자 산 더욱 푸르고요.
어느 곳 강촌에 피리 소리 나는데
소리소리 모조리 님맞이곡이네요.

竹郎廟前多古木,
夕陽沈沈山更綠.
何處江村有笛聲,
聲聲盡是迎郎曲.

૭૩주석

竹郎廟 죽랑묘 | 이 사당은 사천四川 영현榮縣의 동쪽을 흘러가는 영천榮川의 강언덕에 있다. 이 사당에서 야랑국왕夜郎國王인 죽랑(竹郎 혹은 竹王)의 제사를 지냈다. 전설에 의하면 한대漢代의 야랑국왕이 큰 대나무 속에서 태어났기 때문에 죽랑竹郎 혹은 죽왕竹王이라고 불렀다고 한다. 《촉기蜀記》에서는 옛날에 어떤 여인이 시냇가에서 비단을 빨고 있는데 큰 대나무가 물 위로 흘러오자 그것을 건드리니 임신을 하였고 나중에 아들 하나를 낳았는데 자립하여 왕이 되었으며 '대나무[竹]'로 성姓을 삼았다고 하였다. 후에 한漢 무제武帝가 죽왕竹王을 제거하자 그 지방 사람들이 그를 위해 죽왕묘竹王廟를 세워 해마다 제사를 지내주어 우환이 생기지 않도록 하였다고 한다.

更 갱 | 더욱.

何處 하처 | 어느 곳.

江村 강촌 | 강촌, 강가에 있는 마을.

沈沈 침침 | 낮고 깊게 깔리는 모양.

有 유 | 나다, 나타나다. 어떤 상황이 발생하거나 나타나는 것을 말한다. 여기서는 (피리 소리가)

작품설명

이 시의 제목은 《문원영화文苑英華》에서는 〈죽랑묘竹郎廟〉로 되어있다. 이것은 귀주성貴州省 동재桐梓의 죽랑묘竹郎廟에서 지은 것은 아니다. 사천성四川省과 귀주성은 이웃하고 있기 때문에 사천성 남쪽을 흘러가는 영천榮川의 언덕에도 죽랑竹郎을 제사 지내는 사당이 있었다고 한다. 양촌羊村은 《여시인설도女詩人薛濤》에서 이 죽랑묘가 "낙산성樂山城 서북쪽 죽공계竹公溪에 있으며 이름은 청죽사青竹祠이고 죽림竹林의 삼랑三郎에게 제사를 지냈는데 낙산현지樂山縣志에 설도의 이 시를 수록하고 있다"고 하였다(劉天文, 《薛濤詩 四家注評說》, p. 42 참조).

《한시대계》에서는 설도의 이 시를 〈무산사당을 찾아 뵙고謁巫山廟〉와 함께 대체로 설도가 성도成都와 강릉江陵을 오가던 도중에 지은 것으로 보고 대략 설도의 나이 마흔 살경에 지은 것으로 보았다. 또한 팽운생彭雲生은 설도가 원화元和 8년 봄에 강릉으로 가서 원진元稹을 만났고 원화 9년에 성도로 돌아왔는데 그 도중에 〈무산사당을 찾아 뵙고〉, 〈서암西巖〉, 〈모란牡丹〉 등의 시를 지은 것으로 추정하기도 하였다(〈薛濤與元稹相晤時間及地點考〉, 《薛濤研究論文集》, 四川人民出版社, 2000). 사실이 어떠하든 이 시는 설도의 대표작 가운데 하나로 꼽힌다. 《사고전서제요四庫全書提要》의 《설도이야시집薛濤李冶詩集》 항목에는 이 시와 〈벗을 보내며送友人〉가 예전부터 입으로 전해져 노래로 불렸다고 하였다. 아마도 후촉後蜀 위곡韋穀의 《재조집才調集》에 이 두 수와 〈버들솜柳絮〉이 채록되었기 때문일 것이다.

나다는 의미.

聲聲 성성 | 소리소리마다.

盡是 진시 | 전부(온통) ~이다.

迎郎曲 영랑곡 | 야랑왕夜郎王 죽랑竹郎의 영혼을 맞이하는 제사에서의 피리곡. '낭郎'은 '선仙'으로 되어있는 곳도 있다.

설도시선집薛濤詩選集을 낸 미국의 진 라슨Jeanne Larsen은 이 시가 지금의 중국 남서부지역에 내려오는 세 명의 신격화된 지도자의 사당을 연상시킨다고 하였다. 설도가 살던 시대에 이 지역은 중국의 통치지역이 아니었다. 이 숭배는 당시에 유행하였기 때문에 설도가 자연스레 노래하였을 것이다. 혹은 설도가 829년 남조南詔의 침략으로 포로가 되었다가 돌아온 성도의 젊은이에게 들은 곳을 묘사했는지도 모른다고 하였다(Jeanne Larsen trans and introduce, *Brocade River Poems: Selected Works of the T'ang Dynasty Courtesan Xue Tao*, Princeton, NJ: Princeton University Press, 1987, p. 100 참조).

승려가 갈대피리 부는 것을 듣고
聽僧吹蘆管

새벽매미 오열하고 저녁 꾀꼬리 시름겹네,
언어는 깊고 두터워라, 열 손가락 끝에.
불경 읽기를 멈추고 잠깐 한번 연주하니,
흩어지며 경쇠 소리 따라 맑은 가을을 감도네.

曉蟬嗚咽暮鶯愁,
言語殷勤十指頭.
罷閱梵書聊一弄,
散隨金磬泥淸秋.

☙주석

僧 승 | 스님.
蘆管 노관 | 갈대 피리.
曉 효 | 새벽.
蟬 선 | 매미.
嗚咽 오열 | 오열하다, 목에 메어 울다.
暮 모 | 저녁, 해질 무렵.
鶯 앵 | 꾀꼬리.
愁 수 | 시름겹다, 근심하다, 시름겨워하다.
言語 언어 | 언어, 갈대피리 소리. 새와 벌레가 우는 것을 비유할 때 사용한다. 당대唐代 육구몽陸龜蒙의 시 〈습미의 '병 뒤 봄날의 심사'의 운에 화답하여和襲美病後春思韻〉 중 "백로새의 언어가 곁의 꽃에서 들리네百勞言語傍花聞."에도 같은 표현이 나온다. 여기서는 갈대피리 소리를 비유하였다.
殷勤 은근 | 감정이 깊고 두터운 것.

작품설명

승려가 부는 갈대피리 소리를 노래하고 있다. 설도와 같은 시기의 장호張祜에게 〈간 스님이 갈대피리를 부는 것을 듣고聽簡上人吹蘆管〉(《전당시》 권511)라는 시가 있는데 장호는 일찍이 촉지방에 머물렀고 당대 시인 중 음악과 관련된 시를 가장 많이 지었으며 일찍이 설도와도 화창한 바 있다. 이에 근거하여 《한시대계》에서는 이 두 시인의 시 속의 승려는 똑같이 간상인簡上人(간 스님, 간簡은 성, 상인上人은 승려라는 뜻)으로 추정하였다. 피리소리는 새벽매미가 오열하는 듯하고 저녁 앵무새가 시름에 젖은 듯하다. 음률의 언어는 은근하며, 그 소리는 간절하여 맑은 가을 속을 감돌며 사라지지 않는다. 이 작품은 미국에서 출판된 《중국고전문학선집》(Victor Mair ed, 앞의 책)에서 설도의 〈바람風〉, 〈연밥 따는 배採蓮舟〉와 함께 설도의 대표작 3수로 소개하고 있다.

十指頭 십지두 | 열 손가락 끝. 지두指頭는 손가락 끝.
罷 파 | 멈추다, 그치다.
閱 열 | 읽다, 보다.
梵書 범서 | 범어서적, 즉 불경.
聊 요 | 잠시, 잠깐. 《전당시》에는 '요聊'라고 되어 있는데, 장봉주는 《만수당인절구》에 근거하여 '노勞'로 고쳤다. 문맥상 '노勞(힘을 쓰다, 애를 쓰다)'보다는 '요聊(잠시, 잠깐)'라는 의미가 더 자연스럽다.
弄 농 | 연주하다.
散 산 | 흩어지다.
隨 수 | 따르다.
金磬 금경 | 절에서 사용하는 쇠로 만든 경쇠.
泥 이 | 장봉주는 '머물다, 남다[滯也]'라고 풀었다. 진문화는 '이泥'라는 용어는 당대唐代의 시에서 습관적으로 사용하는 용어이며, 부드러운 말로 요구하거나 조르다는 뜻인데 이곳에서는 '감돌다[繚繞]'는 의미로 사용되었다고 하였다. 피리소리가 가을하늘을 휘감는 것을 나타낸다.
清秋 청추 | 해맑은 가을.

여지를 추억하며
憶荔枝

전해 듣기로 상군은 머나먼 남방 오지라네,
붉은 열매, 통통한 살을 잊을 수 없다네.
가까이에 청의수가 있는데 초수와 이어져서,
소박한 과즙액이 도리어 신선과즙액을 닮을 수 있었네.

傳聞象郡隔南荒,
絳實豐肌不可忘.
近有青衣連楚水,
素漿還得類瓊漿.

☙주석

憶 억 | 추억하다, 생각하다, 그리워하다.
荔枝 여지 | 과일의 일종으로 중국 남방에서 난다. 양귀비楊貴妃가 좋아하여 유명해졌다.
傳聞 전문 | 전해 듣다.
象郡 상군 | 고대 군郡 이름으로 관할경계는 대략 지금의 광서廣西 서부 일대이다. 진대秦代에 설치했다가 한대漢代에 폐지했다. 이 지역에서 여지荔枝가 많이 생산되었다.
隔 격 | 멀리 떨어져 있는, 격리된.
南荒 남황 | 남방의 황량하고 먼 곳을 가리킨다.
絳實 강실 | 붉은 열매. 붉게 익은 여지荔枝의 열매를 가리킨다.
豐肌 풍기 | 통통한 살. 여지의 과육이 풍부한 것을 가리킨다.
不可 불가 | ~할 수가 없다.
近 근 | 가까이에.
青衣 청의 | 청의수青衣水라고 하는 강의 이름. 사천성四川省 낙산현樂山縣에서 장강長江으로 흘러가는 강이다.

작품설명

남국의 대표 과일 중의 하나인 여지를 노래한 영물시이다. 여지는 귀한 과일로 양귀비가 좋아하였다고 한다. 여지는 사천성四川省 낙산현樂山縣 주변에서도 생산되었는데, 이 시의 후반부 두 구에서 노래한 여지는 바로 촉지방 사천四川의 가주嘉州에서 나는 것이다. 가주산嘉州產 여지는 당대唐代에 명성을 떨쳐 이 지방 특산물이 되었고, 송대宋代에 이르러서는 진상품이 될 만큼 사천 지방의 특산물로 유명해졌다고 한다.

連 연 | 잇닿다, 이어지다.

楚水 초수 | 초나라 지방의 강으로 광동廣東, 광서廣西 방면의 장강長江을 가리킨다. 청의강靑衣江이 민강岷江을 지나 장강으로 들어가기 때문에 초수와 서로 이어진다[連]고 하였다. 《태평환우기太平寰宇記》에 의하면 청의수靑衣水의 수원水源은 노산瀘山 요외徼外에서 시작하여 동남쪽으로 흘러 엄도嚴道, 홍아洪雅, 협강夾江을 지나 용유龍游에 이르러 민강과 합해진다고 한다. 용유는 수나라시대의 현縣 이름이고, 당대唐代에는 가주嘉州라고 하였으며 지금의 사천성 낙산현이다. 이 가주 지방에서 여지가 생산되었다.

素漿 소장 | 소박한 과즙액(넥타, nectar). 이 시에서는 여지의 과즙을 가리킨다.

還 환 | 도리어.

得 득 | ~할 수 있다. 동사 앞에 쓰여 가능을 나타낸다.

類 유 | 닮다, 비슷하다.

瓊漿 경장 | 신선이 마시는 과즙액. 경장璚漿이라고도 하는데 이 시에서는 앞의 소장素漿과 대비되는 고급 과즙액, 옥같이 진귀한 과즙액을 가리킨다. 가주에서 나는 여지가 남방에서 나는 여지 못지않게 맛있음을 가리킨다.

곡석산 서사
斛石山書事

왕씨 집안의 산수 그림 속에는요,
정취가 온통 흰 가루와 검은 먹으로 꾸며졌지요.
오늘 문득 큰 언덕 경계에 올라 바라보니까요,
보요장식에 비취보석을 붙인 일천봉인걸요.

王家山水畵圖中,
意思都盧粉墨容.
今日忽登虛境望,
步搖冠翠一千峯.

ↂ주석

斛石山 곡석산 | 산 이름. 설도의 다른 시 〈곡석산에서 새벽에 바라보며 여 시어님께 부치다斛石山曉望寄呂侍御〉 참조.

書事 서사 | 서사敍事. '사실(사물)을 있는 그대로 적다'라는 뜻이다. 기사記事와 같은 의미이고, 눈앞에 일어나는 일에 대하여 말하거나 쓰다는 의미의 즉사卽事의 뜻도 포함하고 있다. 이 시는 곡석산이라는 구체적 사물 혹은 사실에 대한 기록이면서, 그 자리에서 즉흥적으로 쓴 즉흥시(즉사시卽事詩)의 성격을 동시에 갖고 있다.

王家 왕가 | 왕씨 집안. 왕씨王氏에 대해서는 두 가지 설이 있다. 장봉주는 당대唐代의 시인이자 산수화가인 왕유王維를 말한다고 하였다. 왕유는 남종화의 조종祖宗으로 원경遠景의 산수화를 잘 그렸으며, 시와 그림 모두에 뛰어나 소식蘇軾이 "시 속에 그림이 있고, 그림 속에 시가 있다詩中有畵, 畵中有詩."라고 논한 바 있다. 한편 진문화는 여기서의 왕씨는 왕재王宰이며 그림은 왕재가 그린 곡석산 그림이라고 하였다. 진문화는 주경현朱景玄의 《당조명화록唐朝名畵錄》에 "왕재는 서촉에 살며 정원 연간에 위령공(위고韋皐)이 빈객으로 예우하였다. 산수와 나무와 돌을 그렸는데 형상 밖을 벗어났다王宰家于西蜀. 貞元中, 韋令公以客禮待之. 畵山水樹石, 出

작품설명

이 시는 곡석산斛石山에 올라 그림 속의 산과 실제 산을 비교하며 감회를 그린 시이다. 이 시의 제목은 곡석산서사斛石山書事이다. 서사書事라는 말은 사전적 정의가 별도로 제시되어 있는 용어가 아니다. 글자 그대로 풀이하면 사물 혹은 사실[事]을 쓰다, 기록하다[書]는 의미로 흔히 우리가 쓰는 서사敍事의 의미와 통하고, 직접 현장에서 본 것을 그 자리에서 썼다는 점에서 즉흥시(즉사시卽事詩)의 성격을 함께 지닌다. 이 시의 전반

于象外."라는 기록이 있다고 하고, 두보杜甫에게도 〈왕재가 그린 산수도에 재미삼아 지은 노래戱題王宰畵山水圖歌〉라는 시가 있다고 하였다. 설도와 위고 등의 관계를 고려해보면 여기서 왕가는 왕재로 보는 것이 더 타당할 것이다.

畵圖 화도 | 그림.

意思 의사 | 정취, 흥취.

都盧 도로 | '온통, 전부, 다' 혹은 '~에 불과하다[不過]'라는 의미가 있다. 장봉주는 《시사곡어사회석詩詞曲語辭匯釋》에서 설도의 이 시의 도로都盧는 불과하다[不過]와 같으며, 그림 속에 보이는 곡석산이 분가루와 먹으로 칠한 것에 불과할 뿐이고, 실제로 한번 바라보아야 비로소 보요步搖와 관취冠翠의 기이함을 알게 된다는 뜻이라고 하였다. 진문화 또한 당대唐代의 속어로 '~에 불과하다[不過]'는 뜻이라고 보았다. 《한시대계》에서는 '온통, 전부, 다'로 풀었다. 《한어대사전》 등의 큰 사전에는 '~에 불과하다'라는 풀이는 없고, '온통, 전부, 다[統統]'라는 의미가 나오는데 그 예로 설도와 같은 시대를 살며, 설도에게 보내는 시도 남긴 시인인 당대唐代 백거이白居易의 시 〈동네사람에게 보내어 왕래하다贈隣里往還〉 중 "골육은 전부 열 명이 안 되고, 모아둔 양식은 어렴풋이 삼년 치가 되지요骨肉都盧無十口, 糧儲依約有三年."를 들고 있다. 문맥상 두 가지 의미 모두 괜찮다. 본서에서는 《한어대사전》의 의미를 따랐다.

粉墨 분묵 | 그림 그릴 때 사용하는 흰 가루와 검은 묵, 일반적으로 그림물감을 가리킨다.

容 용 | 꾸미다, 화장하다.

忽 홀 | 문득.

登 등 | 오르다.

虛境 허경 | 큰 언덕, 산 언덕. 허虛는 허墟의 속자로 큰 언덕, 산 언덕이라는 뜻이 있고, 경境은 지경地境, 경계, 장소라는 의미로 여기서는 곡석산斛石山을 가리킨다. 진문화는 허경虛境을 하늘[天空]로 풀고 여기서는 하늘 높이 솟아있는 곡석산斛石山의 봉우리를 가리킨다고 하였다.

步搖冠翠 보요관취 | '보요步搖'는 고대 여인의 머리 장식의 하나. 걸어갈 때 흔들리기 때문에 붙인 이름이다. 관冠은 앞에 덧붙이다는 뜻이고, 취翠는 비취보석으로 보요장식에 비취 보석을 덧붙였다는 뜻이다. 곡석산 일천 봉우리의 아름다움을 형용하였다.

부 두 구절을 읽어 보면 시인이 이 시의 제목을 서사書事라고 붙인 것이 얼마나 적절한지 알 수 있다. 시인은 곡석산을 왕씨 집안[王家]에서 그린 그림을 통해 이미 보았다. 그런데 실제로 곡석산에 올라 직접 눈으로 보니 그림으로 도저히 그려낼 수 없는 실물의 풍경을 목도한다. 이 시는 곡석산에 대한 그림이 아니라 시인이 직접 본 곡석산의 실제 사물(실제 사실)을 있는 그대로 적은 것 즉 서사한 것이다. 곡석산은 풍경이 수려하여 당대唐代에 이미 명승지가 되었으며 매년 3월에 사천四川지방 장관이 관속을 데리고 산에 올라 놀았다고 한다. 설도는 〈곡석산에서 새벽에 바라보며 여 시어님께 부치다斛石山曉望寄呂侍御〉라는 시에서도 곡석산의 아름다움을 노래한 바 있다. 아름다운 산수는 직접 가보아야 그 장관을 온전히 체험할 수 있다. 아무리 멋지게 그린 그림도 실물에 비할 수는 없다. 이 시의 큰 언덕[虛境]은 그림 속 경계에 대비되는 실제체험의 경계이다. 시인의 깨달음의 내공이 느껴진다.

고향 생각
鄉思

아미산 아래 물은 기름과 같아서요,
내 마음 떠도는 배와 같아 가엾게 여기네요.
어느 날에야 한 척의 배로 금포를 떠나,
노젓는 소리 일제히 부르며 강물 속으로 떠날까요?

峨嵋山下水如油,
憐我心同不繫舟.
何日片帆離錦浦,
櫂聲齊唱發中流.

주석

峨嵋山 아미산 | 사천성四川省에 있는 명산으로 성도成都 서남쪽에 있다. 산봉우리가 서로 마주하고 있는 것이 눈썹 같아서 아미산이라고 이름 붙였다. 미嵋는 미眉로 쓰기도 한다.

水如油 수여유 | 물이 기름 같다. 아미산 아래 기슭을 흐르는 강물이 기름이 흐르는 것처럼 기름지고 매끄러움을 말한다.

憐 연 | 가엾게 여기다, 불쌍히 여기다. 가엾게 여기는 주체는 제1구에 나오는 아미산 아래 물이다.

同 동 | 같다.

不繫舟 불계주 | 묶여있지 않은 배, 자유로이 떠도는 배. 이 말은《장자莊子 · 열어구列禦寇》의 "재주 있는 자는 고생스럽고, 지혜로운 자는 근심스럽다. 무능한 자는 구하는 바가 없어서 배불리 먹으며 즐겁게 노니 떠돌아다니는 것이 마치 묶여있지 않은 배와 같아 텅 비어 즐겁게 노니는 자이다巧者勞而智者憂, 無能者無所求, 飽食而遨遊, 泛若不繫之舟, 虛而遨遊者也."에서

작품설명

설도의 고향은 장안長安(지금의 서안西安)인데, 아버지를 따라 촉 땅(사천四川)으로 와서 기녀 생활을 하며 다시는 고향으로 가지 못한 것 같다. 시인이 머물고 있는 이곳 아미산 아래, 저 강물은 기름과 같이 미끄러워 떠나는 배를 언제든지 신속하게 보낼 수 있다. 그러나 시인의 몸은 떠나지 못하고 마음만 늘 묶여있지 않은 배와 같아 저 강물이 배를 띄워 보내고 싶어도 띄우지 못하니 가엾어 할밖에. 이 시는 기녀로서의 설도의 삶이 그대로 반영되어 있다. 묶여있는 자로서의 회한과 고향에 한번 가보고 싶은 진한 향수가 깊이 드러나 있다. '떠나고 싶은 마음'은 머물러 있는 자의 기본 심리이다. 이 시에서 시인이 자기 마음을 '떠도는 배'에 비유한 것은 생동감 있고 절실하다.

나왔다. 고향으로 돌아가고 싶은 간절한 마음을 나타낸다.
何日 하일 | 어느 날.
片帆 편범 | 한 척의 배, 외롭게 홀로 떠 있는 배[孤舟].
離 이 | 떠나다.
錦浦 금포 | 금강 물가. 성도成都를 금관성錦官城이라고 하는데, 비단[錦]을 생산하기 때문이다. 그 성 주변에 금강錦江이 흐르고, 물가에 선착장이 있다. 장봉주는 실제로 금포리錦浦里가 완화계浣花溪에 있다고 하였는데 시의 내용상 꼭 특정 지역일 필요는 없겠다.
櫂聲 도성 | 노 젓는 소리.
齊唱 제창 | 여러 사람이 다 같이 소리를 질러 부름.
發 발 | 떠나다, 출발하다.
中流 중류 | 물 속. (양쪽 기슭이 아닌) 강이나 내 따위의 한가운데.

능운사를 노래하다 두 수
賦凌雲寺 二首

듣자하니 능운사 안에 있는 이끼 풀은,
바람 세고 해 가까워 잔 티끌 끊는다지.
구름을 가로질러 연꽃 벽 물들이며,
시인 보월이 오기를 기다리는 듯하다지.

聞說凌雲寺裏苔,
風高日近絕纖埃.
橫雲點染芙蓉壁,
似待詩人寶月來.

☙제1수 주석

賦 부 | 어떤 대상을 시가로 짓거나 노래하는 것.
凌雲寺 능운사 | 능운사, 사찰이름. 지금의 사천성四川省 낙산현樂山縣(당대唐代의 가주부嘉州府)에 있는데 민강岷江의 언덕에 우뚝 솟은 능운산凌雲山(일명 구정산九頂山)에 있다. 속칭 대불사大佛寺로 당대唐代 개원초開元初에 창건되었는데, 위고韋皐가 이곳에 와서 공사를 끝냈다고 한다. 이 산의 강 쪽 절벽에는 현종玄宗 개원開元 중엽에 승려 해통海通이 산을 깎아 높이 360장丈(약 71m)의 대마애불大磨崖佛(낙산대불樂山大佛, 능운대불凌雲大佛이라고도 한다)을 새기고 7층의 누대를 세웠다. 사찰은 강 언덕에서부터 높이 돌계단을 올린 위치에 있어서 눈 아래로는 맞은편 언덕의 가주성嘉州城을 내려다보고, 멀리 아미산에서 불어오는 바람을 맞이하여 풍광이 절경이다. 위고가 촉 땅에 주둔했을 때 그 공사를 마무리하고 〈대상기大像記〉를 지었다. 지금은 이곳을 대불암大佛巖이라고 하는데 사천 지방의 대표적 명승고적지이다.
聞說 문설 | 듣자하니. 청설聽說(현대 중국어의 tingshuo)과 같다.
苔 태 | 이끼
風高 풍고 | 바람이 세다.
日近 일근 | 해가 가깝다, 해 가까이에 있다.

듣자하니 능운사 안에 있는 꽃송이는,
허공 날아 돌비탈길 감고 강 따라 굽이친다지.
때로는 항아 거울 닫아건 채로,
옥누대 오색 노을 새겨낸다지.

聞說淩雲寺裏花,
飛空遶磴逐江斜.
有時鎖得嫦娥鏡,
鏤出瑤臺五色霞.

絶 절 | 끊다, 막다.
纖埃 섬애 | 잔 띠끌. 섬纖은 '진塵'이라고 된 곳도 있다.
橫雲 횡운 | 구름 사이를 가로지르다. 높이 있는 것을 형용한다.
點染 점염 | 물들이다.
芙蓉 부용 | 연꽃의 별칭. 목부용木芙蓉을 가리키기도 한다. 부용벽芙蓉壁은 벽의 이름일 수도 있고, 부용(연꽃)을 그려놓은(벽화) 벽일 수도 있으며, 목부용이 있는 벽일 수도 있다.
似 사 | 마치 ~인 것 같다(듯하다).
待 대 | 기다리다.
寶月 보월 | 몇 가지 해석이 있다. 《한시대계》에서는 진귀한 달빛으로 보고, 보寶 자를 앞에 붙인 것은 귀하게 여기는 마음을 드러낸 것이라고 하였다. 그런데 장봉주는 보월寶月을 북제北齊의 시승詩僧이라고 하였다. 진문화는 이 시의 보월은 남제南齊의 시승으로 음률을 잘 알아 그의 시는 무제武帝의 칭찬을 받았다고 하였다. 또한 당대唐代 개원開元 때에도 보월이라는 시승詩僧이 있어 무외법사無畏法師와 더불어 10여 부의 불경을 번역하였지만, 설도와 시대가 가까운 시인인 권덕여權德輿의 시에서 여러 차례 보월寶月을 언급하면서 사령운謝靈運, 심약沈約 등과 함께 언급한 것으로 보아 이 시에서 가리키는 바는 당연히 남제南齊의 보월寶月이라고 하였다. 이 시의 제목이 능운사이고 바로 앞에 시인이라는 말이 있으니 시인 보월로 보는 게 좋겠는데 그가 북제北齊인지 남제南齊인지 아니면 당대唐代의 인물인지는 확신할 수가 없다.

♧제2수 주석

飛空 비공 | 허공을 날다, 공중에 날아들다.
遶 요 | 감다, 휘감다, 에워싸다.

작품설명

능운사의 선경仙境을 그린 영물시이자 서경시이다. 사찰의 이름만큼 시에 담긴 세계도 하늘 높이 오르는 듯한 느낌이다. 능운사의 능운凌雲의 의미는 '하늘로 곧장 올라가다, 하늘 높이 오르다'로 지향이 숭고하거나 기세가 높고 원대한 것을 형용한다. 그래서 '능운의 뜻[凌雲之志]'이라고 하면 '높은 구름을 훨씬 넘는 뜻'이라는 말로 속세에 초연한 태도나 속세를 떠나서 초탈하려는 마음을 가리킨다. 이 시의 분위기는 바로 사찰 이름대로이다. 사실 능운사의 가장 큰 특징은 유네스코에 의해 세계문화유산으로 지정되어 지금도 수많은 관광객의 발걸음을 멈추게 하는 낙산대불(능운대불凌雲大佛이라고도 한다)이다. 이 대불은 능운산 서쪽 암벽을 통째로 잘라내 새긴 마애석불로서, 713년 창건된 능운사의 본존미륵보살이다. 불상의 규모는 높이 71미터, 머리 너비 10미터, 어깨 너비 28미터로 세계 최대의 석각미륵불좌상石刻弥勒佛坐像이다. 당나라 때 승려 해통海通이 배가 안전하게 지나다니기를 기원하여 조각을 시작하였는데, 그가 세상을 떠난 뒤 검남서천절도사 위고韋皐가 마저 완성하여 제작기간만도 약 90년에 이른다. 위고는 바로 시인 설도가 모셨던 주요 인물이었고, 설도 당시에 이 대불은 이미 완성되어 인구에 회자되었으므로 시인

磴 등 | 돌비탈길.
逐 축 | 따르다, 따라가다.
斜 사 | 굽이치다, 굽다.
有時 유시 | 때로(는), 어떤 때.
鎖得 쇄득 | 잠근 채, 닫아건 채로. 쇄鎖는 잠그다, 닫아걸다. 득得은 조사助詞로 현대 중국어의 '저著'처럼 동사 뒤에 사용되어 동작의 지속이나 진행을 나타낸다. 당대唐代 영호초令狐楚의 시 〈새하곡塞下曲〉 제1수 중 "평생의 의기는 지금 어디에 있는가, 가족편지를 잡은 채 눈물은 구슬 같구나平生意氣今何在, 把得家書淚似珠."에도 이와 같은 표현이 나온다. 우리말에 "이미 있는 상태 그대로 있다"는 뜻을 나타내는 말인 '채'로 번역하는 것이 적절해 보인다.
嫦娥鏡 항아경 | 항아거울 즉 달을 가리킨다. 항아嫦娥는 달 속에 산다는 여신이다. 전설에 의하면 항아의 남편 예羿가 서왕모西王母에게서 불사약을 얻었는데, 항아가 그 불사약을 훔쳐

역시 이 대불에 대해 들은 바 있을 터이다. 시의 첫 구에서 시인은 '듣자하니[聞說]'로 시작하였으니 시인은 이곳을 직접 가보진 않았다. 상식적으로 생각해보면 능운사에 가본 사람들이 시인에게 가장 먼저 들려주는 이야기는 낙산대불의 거대함과 웅장함일 것이다. 그런데 시인은 놀랍게도 능운사를 노래한 이 시에서 이곳의 가장 거대한 존재인 대불에 대해서는 말하지 않고 아주 작은 존재인 이끼와 꽃을 통해 이 사찰의 선경仙境을 상상하고 있다.

제1수에서는 능운사의 이끼를 통해 탈속의 분위기를 그리고 있다. 이 이끼는 바람이 세고 해 가까이에 있어 잔 티끌을 끊는다. '잔 티끌을 끊어버린다[絶纖埃]'는 것은 세속을 끊는다는 의미의 절진絶塵 혹은 절애絶埃를 연상시킨다. 설도와 동시대의 시인으로 〈설도에게與薛濤〉라는 시를 남긴 백거이白居易 또한 〈산 속에서 다섯 절구, 돌 위의 이끼山中五絶句·石上苔〉라는 시에서 "촘촘히 무성하게 돌 위의 이끼는, 맑고 향기롭고 순녹색으로 잔 티끌을 끊는다漠漠班班石上苔, 幽芳靜綠絶纖埃."라는 구절을 남기고 있어 이 시의 시상이나 언어표현과 매우 유사하다. 제2수에서는 능운사의 꽃을 통해 탈속의 분위기를 그리고 있다. 능운사의 아름다운 꽃은 바람이 불면 흩어지며 돌비탈길을 따라 춤추며 강기슭으로 비껴 날아간다.

달나라로 도망을 가 월궁月宮의 선녀가 되었기 때문에 '항아嫦娥'는 달을 비유한다. 거울[鏡] 또한 달을 비유하는데 예를 들면 당대唐代 이백李白의 시 〈술잔을 잡고 달에게 묻다把酒問月〉 중 "밝기가 마치 나는 거울(비경)이 붉은 대궐을 내려다보는 것 같고皎如飛鏡臨丹闕"에서 '비경飛鏡'이 '밝은 달[明月]'을 비유하고 또한 신화와 전설에서 달을 항아가 화장하는 거울로 보기도 한다. 그러므로 항아경嫦娥鏡은 달을 비유한 것이다.

鏤出 누출 | 새겨 내다.

瑤臺 요대 | 옥 누대, 화려하게 꾸민 훌륭한 궁전, 신선이 사는 곳. 중국신화에 나오는 곤륜산崑崙山 위에 있는 단상. 고대 전설에서는 서왕모西王母가 사는 궁전이다. 신선이 살며 해와 달이 그곳에서 나온다고 한다. 시문에서 선경仙境이나 높은 하늘을 비유할 때 종종 사용한다.

五色霞 오색하 | 오색 노을.

때로는 이 흩어지는 꽃들이 달(항아경)을 둘러싸고 신선궁궐(요대瑤臺)에 오색 노을을 새겨낸다고 한 것은 그 선경仙境의 찬란한 아름다움을 그린 것이다. 여기서 신선궁궐은 능운사요, 오색 노을은 달빛 아래 살랑살랑 아른거리는 꽃 그림자이다.

이 시는 사찰을 소재로 하여 불교적 색채를 띠면서 동시에 도교적 선경仙境의 분위기를 띠고 있다. 설도는 여성 특유의 곱고 어여쁘고 섬세한 묘사로 능운사의 절경을 신비롭게 그려냈다. 종성은《명원시귀》에서 이 시에 대해 "두 시는 모두 뜻밖에 상상을 펼쳐 어렴풋하고 그윽하고 빼어나 절구의 한 파를 이루었으며 오늘날은 하기 어려운 것이다二詩皆從意外生想, 縹渺幽秀, 絶句一派, 爲今所難."라고 하였다.

9월 9일에 비를 만나 두 수
九日遇雨 二首

만 리에 거센 폭풍, 북풍 기운 진하여라,
강변 성은 쓸쓸히 낮에도 음침하누나.
누가 불쌍히 여길까, 산에 올라갈 수 없음을,
아까워라, 추위 속에 핀 꽃, 빛깔이 황금 같아.

萬里驚飆朔氣深,
江城蕭索晝陰陰.
誰憐不得登山去,
可惜寒芳色似金.

제1수 주석

九日 구일 | 음력 9월 9일 중양절重陽節을 말한다. 9는 특별한 숫자로 양수陽數 가운데 제일 크며, 양수인 9가 겹쳐 있어서 '중양重陽', '중구重九'라고 한다.
驚飆 경표 | 거센 폭풍. 표飆는 폭풍.
朔氣 삭기 | 북방 기운.
深 심 | 진하다.
江城 강성 | 성도成都는 민강泯江에 임하고 있기 때문에 강변 성곽이다.
蕭索 소삭 | 쓸쓸한 모양.
晝 주 | 낮.
陰陰 음음 | 음침하다. 하늘이 흐린 모양.
誰 수 | 누가.
憐 연 | 불쌍히 여기다.
不得 부득 | (어떤 압력이나 제한 때문에) 불가능하다, ~할 수 없다.
登山 등산 | 산에 오르다. 중양절에 산에 올라 국화주를 마시며 사악한 기운을 쫓는 풍습이 있다.

수유 열리는 가을철, 연인과의 만남은 막히고,
황금 국화, 추위 속에 핀 꽃, 뜰 가득 향기라네.
신녀가 오려고 함은 연정이 있음을 알아서이니,
먼저 비와 구름으로 하여금 못을 어둡게 하네.

茱萸秋節佳期阻,
金菊寒花滿院香.
神女欲來知有意,
先令雲雨暗池塘.

可惜 가석 | 아까워할 만하다. 진짜 아까워하다.
寒芳 한방 | 추위 속에 핀 꽃. 한화寒花(늦가을과 겨울에 피는 꽃). 날씨가 쌀쌀할 때 피는 꽃으로 대부분 국화를 가리킨다.
色 색 | 빛깔.
似 사 | 같다. 닮다.

∞제2수 주석

茱萸 수유 | 수유나무. 운향과芸香科에 속하는 낙엽교목. 이 열매의 기름을 짜서 머릿기름으로 쓰며, 9월 9일 중양절에 이 열매를 허리에 차면 사악한 기운을 물리친다고 한다.
秋節 추절 | 가을철.
佳期 가기 | 애인과 만나는 때. 데이트하는 날.
阻 조 | 가로막히다.
金菊 금국 | 황금색의 국화. 사천성四川省에 많다. 당대唐代에는 흰 국화가 귀하고 노란 국화는 흔했다.
寒花 한화 | 추위 속에 핀 꽃. 늦가을과 겨울에 피는 꽃. 제1수의 한방寒芳과 같다. 날씨가 쌀쌀할 때 피는 꽃으로 대부분 국화를 가리킨다.
滿 만 | 차다. 가득하다.
院 원 | 뜰. 정원.
神女 신녀 | 무산巫山의 신녀神女. 초楚나라 회왕懷王이 고당高唐에서 노닐다가 낮에 잠이 들어 만난 여인으로 그녀 스스로 '무산의 여인[巫山之女]'이라고 하였다. 후대 사람들이 '무산신녀巫山神女'라고 불렀다. 설도의 〈무산사당을 찾아 뵙고謁巫山廟〉 참조.

작품설명

9월 9일 중양절에 비가 내렸다. 9는 양陽이고 9월 9일은 양이 중첩되어 중양절重陽節이라고 하여 산에 올라 수유열매를 머리에 꽂고 쑥을 먹으며 국화주를 마시고 사악한 기운을 물리치는 풍습이 있다. 그런데 비가 내려 그 약속을 지킬 수 없게 되었다. 얄미운 비[雨]지만 시인은 무산巫山 신녀神女의 고사를 끌어들여 이것을 '운우지정雲雨之情'과 연결시킴으로써 틀어진 약속에 대한 우울함을 에로틱한 정서로 반전시켰다. 명대 종성은 《명원시귀》에서 이 시에 대해 "뜻과 가락이 비록 분명하고 유창하지만, 조금 평범한 솜씨에 가깝다意調雖明暢, 稍近庸流手筆."라고 평하였다.

欲 욕 | ~하려고 하다.
有意 유의 | (남녀 사이의) 사랑하는 마음이 있다. 남녀 사이에 연애의 감정이 있음을 가리킨다.
先 선 | 먼저.
令 영 | ~에게 ~하게 하다.
暗 암 | 어둡게 하다.
池塘 지당 | 못.

강변
江邊

서풍이 문득 기러기 쌍쌍이 난다고 알려주니,
인간 세상의 마음과 몸, 둘 다 절로 기쁘네요.
물고기 창자에 비결이 있는 것이 아니라면,
누가 밤마다 맑은 강에 서있을 수 있을까요?

西風忽報雁雙雙,
人世心形兩自降.
不爲魚腸有眞訣,
誰能夜夜立淸江.

☙주석

西風 서풍 | 서쪽에서 불어오는 바람. 가을 바람을 가리킨다.
忽 홀 | 문득, 갑자기.
報 보 | 알리다, 전하다.
雁雙雙 안쌍쌍 | 기러기가 쌍쌍이 날다. 쌍쌍雙雙은 '쌍쌍이, 쌍을 이루어'라는 뜻이다. 기러기가 가을이 되어 추운 북방에서 날아오는데 줄을 지어 난다는 뜻이다. 옛사람들은 기러기가 서신을 전해준다고 믿었다. '안雁'은 '연燕'으로 된 곳도 있다.
人世 인세 | 인간세상.
心形 심형 | 정신과 형체.
兩 양 | 둘 다, 둘.
自 자 | 절로, 저절로, 자연히.
降 항 | 기쁘다. 《시경詩經》의 주남周南 〈풀벌레草蟲〉에 "만나게만 된다면, 내 마음 놓일 텐데 亦旣覯止, 我心則降."라는 표현이 있다.
不爲 불위 | ~이 아니다. 불시不是와 같다.

작품설명

시인이 누구를 기다리는지는 알 수 없다. 기러기는 서풍과 마찬가지로 전통적으로 가을을 나타내므로 이 시의 시간적 배경은 가을이다. 가을이 되어 기러기가 쌍쌍이 날아온다는 소식은 화합을 의미한다. 여기서 기러기는 제3구의 어장魚腸이 편지를 비유하는 것과 연관지어 본다면 역시 편지를 비유하는 기러기발[雁足]을 연상시킬 수 있다. 그래서 시인의 몸과 마음이 편안하고 기쁘다. 시인은 임에게서 곧 소식을 받을 것을 믿기 때문에 밤마다 강가에서 기다리고 있다.

魚腸 어장 | 물고기 창자. 즉 서신을 가리킨다. 옛날에 먼 곳에서 두 마리 잉어가 왔는데 뱃속을 열어보니 편지가 나왔다는 고사가 있어 물고기 창자[魚腸]라는 말만으로 서신을 비유한다. 옛사람들은 물고기와 기러기가 서신을 전할 수 있다고 여겼다. 남조南朝 양梁나라의 왕승유王僧孺의 시 〈빨래방망이질을 노래함詠搗衣〉의 "짧은 편지, 물고기 창자에 있고, 속마음은 기러기 다리에 붙어있네尺素在魚腸, 寸心憑雁足."와 당대唐代 이교李嶠의 시 〈흰 명주素〉 중 "물고기 창자가 먼 곳에서 이르고, 기러기 다리는 상림에서 나네魚腸遠方至, 雁足上林飛."에도 동일한 표현이 나온다.

眞訣 진결 | 비결, 묘법.

誰 수 | 누가.

能 능 | ~할 수 있다.

夜夜 야야 | 밤마다. 《전당시》에서는 '몽몽夢夢'이라고 기록하였다. 장봉주는 《만수당인절구》에 근거하여 '야야夜夜'로 고쳤다.

立 입 | 서있다, 서다.

淸江 청강 | 맑은 강, 물빛이 맑고 깨끗한 강. 한편 청강은 고대 이수夷水를 가리키는 것으로 북위北魏 역도원酈道元의 《수경주水經注 · 이수夷水》에 의하면 이수는 한산佷山의 청강淸江으로 물빛이 맑아 열 길을 비추고 모래와 돌이 구분되었는데 촉지방 사람들이 그 맑고 깨끗함을 보고서 청강淸江이라고 이름 붙였다고 한다. 이 강은 장강長江의 지류로 장강 남쪽 언덕에 자리 잡고 있다고 하였다. 이 시에서 말하는 청강이 단순히 맑은 강이라는 뜻인지 아니면 실재하는 청강인지는 확실치 않다. 장봉주는 별다른 주석을 달지 않았다. 팽운생彭雲生은 강과 하천에 대한 일반적인 지칭으로 보았고(劉天文, 《薛濤詩四家注評說》, p. 31), 진문화는 청강이 기주부夔州府 개현開縣에 있다고 하고, 《도경圖經》에 의하면 촉지방의 물은 모두 탁한데, 오직 여기만 유독 맑다고 하였다(陳文華, 《唐女詩人集三種》, p. 56). 본서에서는 일단 맑은 강으로 풀었다.

해당화 계곡
海棠溪

봄은 풍경에게 신선 노을에 머물게 하누나.
수면의 물고기 몸, 온통 꽃을 둘렀어라.
세상은 신령스런 꽃 기이함을 생각지 않는데,
다투어 붉은 비단으로 얇은 모래땅 물들이누나.

春敎風景駐仙霞,
水面魚身總帶花.
人世不思靈卉異,
競將紅纈染輕沙.

∞주석

敎 교 | ~으로 하여금 ~하게 하다.
駐 주 | 머무르다.
仙霞 선하 | 신선 노을, 해당화 노을. 《백화보百花譜》의 저자 왕우칭王禹偁은 해당화를 꽃 가운데 신선이라고 말하였고, 《군방보群芳譜》에도 당나라의 재상 가탐賈耽이 《화보花譜》를 지었는데 해당화를 꽃 가운데 신선이라고 했다고 기록하고 있다. 그러므로 여기에서 신선은 해당화를 가리키며 신선노을은 해당화 꽃노을을 말한다. 한편 《한어대사전》 등에 의하면 선하仙霞는 선하령仙霞嶺으로 중국 절강성浙江省 · 강서성江西省 · 복건성福建省 등의 경계에 있는 산 이름으로 나오는데 만약 이 시의 해당계의 위치(사천성四川省 경내)와 일치한다면 가능한 해석이지만 이 시에서는 해당화 꽃노을로 보는 것이 더 타당하겠다.
總 총 | 온통, 모두, 다, 전부.
帶花 대화 | 꽃을 두르다. 물속에서 헤엄치는 물고기에 꽃 그림자가 비쳐 마치 몸에 꽃을 두른 것처럼 보이는 것을 말할 수도 있고, 꽃잎이 떨어져 물고기의 몸을 두르고 있는 모습을 형상했을 수도 있다.

작품설명

해당화계곡을 노래하였다. 해당화는 예로부터 모든 사람이 좋아한 꽃으로 '꽃 중의 신선[花中之仙]', '꽃귀비(花貴妃, 양귀비)' 등으로 불렸다. 봄에 흰색 혹은 연붉은색의 꽃이 피는데 꽃이 피면 비단[錦]과 같다고 한다. 또한 전통적으로 물가에 재배하여 마치 미인이 물을 비추는 것 같다고 한다. 이 시의 제1구와 제3, 4구는 해당화의 이런 특성을 적절한 어휘를 사용하여 잘 그리고 있다. 해당화는 품종이 매우 다양해서 이 시에서 노래하는 해당화가 구체적으로 어떤 것을 가리키는지는 정확히 알 수는 없다. 다만 사천지방에서 많이 자라는 해당화는 낙엽교목落葉喬木으로 가지를 실처럼 늘어뜨려 꽃망울을 피우며, 큰 것은 높이가 8미터에 육박하기도 한다. 이 시에서 말하는 해당계海棠溪의 위치에 대해서는 몇 가지 설이 있다. 장봉주는 사천성 중경시重慶市 남쪽 언덕, 황산黃山, 청수계淸水溪에 있다고 하였다. 진문화는 《촉중명승기蜀中名勝記》에서 인용한 양신楊愼의 《촉지보하蜀志補罅》의 기록을 언급하여 청성산靑城山에 108경이 있는데 바람과 햇살이 아름다운 날 저복궁儲福宮에 올라가서 바라보면 역력히 셀

人世 인세 | 인간세상.

靈卉 영훼 | 신령스러운 꽃. 영靈은 신령스럽다이고 훼卉는 초목으로 여기서 영훼는 해당화를 가리킨다.

異 이 | 기이하다.

競 경 | 다투어.

將 장 | ~으로(써).

紅纈 홍힐 | 붉은 무늬가 있는 비단. 꽃 그림자가 모래에 드리워진 이미지를 붉은 비단으로 물들인 것으로 묘사하여 그 표현이 절묘하다. 해당화는 봄에 흰색 혹은 연붉은색의 꽃이 피는데 꽃이 피면 비단[錦]과 같다고 한다. 홍힐이라는 표현은 이와 같은 맥락에서 이해할 수 있다.

染 염 | 물들이다.

輕沙 경사 | 모래층이 얇은 땅. 해당화는 전통적으로 모래땅처럼 물 빠짐이 좋은 곳, 즉 물가에 많이 재배하였다. '경사'라는 용어는 이와 같은 맥락에서 이해할 수 있다.

수 있으며, 해당계海棠溪는 그중 하나라고 하였다. 《한시대계》에서는 해당계가 두 군데에 있는데 하나는 중경重慶 맞은편 언덕에 있고, 다른 하나는 사천성四川省 월준현越巂縣의 북쪽 125리에 해당관海棠關이라고 하는 곳이 있는데 그 남쪽 15리를 청수보淸水堡라고 하며 그 부근으로 보기도 한다고 하고, 중경重慶 맞은편 언덕의 해당계가 더 맞는 것 같다고 하였다. 《백화보百花譜》에서 해당화는 촉땅에 많이 나고, 진중秦中이 그 다음이라고 한 것으로 보아 여기저기에 명소가 있었을 것이다. 봄의 신은 풍경을 지배하므로 이 해당화계곡[海棠溪]에 해당화 꽃노을을 머물게 했다고 말한다. 그런데 인간세상에서는 해당화의 이 신비스러운 풍경을 마음에 두지 않는다고 시인은 말한다. 해당화 붉은색의 강렬한 이미지를 붉은 비단이 모래땅을 물들이는 것으로 표현하여 해당화의 아름다움을 진하게 드러내고 있다. 이 작품은 여성작가답게 색깔에 대한 감각이 강렬하게 표현되어 있는 점이 주목된다. 명대의 황주성은 《당시쾌》에서 "곱고 빼어남이 더할 나위 없다姸秀絶倫."라고 평가하였다.

연밥 따는 배
採蓮舟

바람 앞 한 조각 잎은 연꽃을 눌러서,
초가을에 또 고기 잡았음을 알릴 수 있네.
시간 흘러 사람들의 말소리 고요해지고,
계곡 가득 붉은 소매 뱃노래 한가롭다네.

風前一葉壓荷蕖,
解報新秋又得魚.
兎走烏馳人語靜,
滿溪紅袂櫂歌初.

⊙주석

採蓮舟 채련주 | 연밥을 따는 배.
一葉 일엽 | 한 조각 잎. 작은 배를 비유한다. 나뭇잎에 비유한 한 척의 배. 여기서는 제목에 나오는 연밥 따는 배[採蓮舟]를 가리킨다.
壓 압 | 누르다.
荷蕖 하거 | 연꽃의 다른 이름.
解 해 | ~할 수 있다. 이 시에서 '해解'는 두 가지 의미로 풀 수 있다. 첫째는 조동사로서 동사 앞에 쓰여 '해당 동사를 할 수 있다'는 의미로 쓰인 경우이다. 해解는 시에서 주로 능能(~할 수 있다, can, may)과 대구를 이루어 능과 같은 의미로 많이 쓰인다. 원대元代 조문趙文의 시 〈중매하는 사람에게贈媒者〉의 "푸른 난새는 신선의 소식을 알릴 수 있고, 붉은 잎새는 궁녀의 정을 전할 수 있네靑鸞解報仙郎信, 紅葉能傳禁女情."를 비롯하여 진대晉代 도잠陶潛의 시 〈중양절에 한가롭게 지내며九日閑居〉의 "술은 온갖 근심을 떨칠 수 있고, 국화는 무너지는 나이를 통제할 수 있네酒能祛百慮, 菊解制頹齡." 등에도 같은 표현이 나온다. 이와 같이 이 시의 해解를 조동사로 본다면 이어지는 동사 '보報(알리다)'와 결합되어 '해보解報'는 '알릴 수 있

작품설명

이 시의 제목을 보면 '연蓮'은 '연戀'과 쌍관어이므로, '연밥을 따다[採蓮]'는 사랑을 얻는다는 말이 된다. '득어得魚'라는 말과 함께 보면(주석 참조) 이 작품은 연정시가 된다. 이 시는 미국에서 출판된《중국고전문학선집》(Victor Mair ed, 앞의 책)에서 명작으로 소개하였다. 명대 종성은《명원시귀》에서 "마무리 구절이 예스럽고 호탕하고 생각이 넉넉하여, 작품 전체가 고요한 기운을 갖추고 있음이 느껴진다結句古宕有餘思, 覺通篇俱氣靜矣."라고 평하였다.

초가을 저녁 무렵 시원한 바람이 물살을 가르고 한 척의 작은 배가 연꽃 사이를 오간다. 그 주변에서는 오늘밤 주연에 쓸 고기를 잡고 있는 것 같다. 바람을 가르는 잎새 하나[一葉片舟]가 연꽃을 누르는 것은 또 고기를 잡았다는 것을 알려줌이다. 신선한 물고기 요리는 입맛을 돋우고 달

다, 알려줄 수 있다'는 의미가 된다. 이때 '해보'라는 행위의 주체는 제1구에 나오는 '일엽一葉' 즉 연밥을 따는 배가 되며, 즉 일엽이 연꽃을 눌러서 (초가을에 또) 고기를 잡았다는 것을 알릴 수 있다는 의미로 풀 수 있다. 해解를 이렇게 풀면 '연밥을 따는 배[採蓮舟]'를 의인화시켜 시적인 맛이 살아난다. 또한 이 시의 제목이 '연밥을 따는 배[採蓮舟]'이므로 일엽을 주어로 처리하여 묘사하는 것도 자연스럽다. 그리고 매 구절의 언어배치가 기본적으로 4(2/2),3의 구법 즉 네 글자(두 글자 + 두 글자), 세 글자로 구성되어 있어 풍전風前, 일엽一葉, 해보解報, 신추新秋, 토주兎走, 조치烏馳, 만계滿溪, 홍메紅袂 등의 글자 배치를 보아도 '해보'의 '해'를 조동사로 처리하는 것이 자연스럽다. 한편 두 번째로 '해'를 동사 '알다'의 의미로 풀 수 있다. 이 경우에 '해'는 이어지는 구절 전체(報新秋又得魚)를 목적절(이 목적절은 다시 동사 + 목적절 구조로 보報가 동사가 되고, 신추新秋 이하 전체가 목적절이 된다)로 받아서 "초가을에 또 고기 잡았음을 알려주는 것을" 알다[解]는 의미가 되고 이 경우 '알다[解]'의 행위 주체는 시인 자신이 된다. 즉 바람 앞 한 조각 잎이 연꽃을 누르니, (이것을 보니, 이것을 통해) 고기를 잡았다는 것을 알려주고 있음을 (시인이) 알겠다는 의미가 된다. 여기에서는 첫 번째의 의미로 푸는 것이 더 적합하다고 보아 조동사로 풀었다.

報 보 | 알리다, 알려주다.

新秋 신추 | 초가을.

得魚 득어 | 고기를 잡나. 문일다聞一多는 '어魚'는 중국 민가에서 '배필' 혹은 '애인'을 나타내는 은어라고 하였다(《神話與詩》, 中華書局, 1959, p. 119). 그렇다면 '고기를 잡다[得魚]'는 '애인

이 뜨고 밤이 되니 냇가는 조용해지며 사람 소리도 없어지니 여인들이 연밥을 따며 부르는 노래 또한 한가롭고 조용하다. 진 라슨은 붉은 소매는 붉은 옷을 입고 노래하는 여인을 암시하면서 동시에 계곡에 핀 연꽃의 장밋빛 꽃잎을 암시한다고 볼 수 있다고 하였다(Jeanne Larsen, 앞의 책, p. 103).

을 얻다'는 의미로 읽을 수 있겠다.

兎走烏馳 토주오치 | 토끼가 달리고 까마귀가 질주하다(날아가다). 토주오비兎走烏飛라고도 한다. 여기서 토끼는 달을 의미하고 까마귀는 해를 의미한다. 따라서 이 네 글자는 해와 달의 운행을 의미하며 즉 시간 혹은 세월이 흘러가는 것을 나타낸다. 달 속에는 토끼[兎]가 있고, 해 속에는 세 발 까마귀[三足烏]가 산다는 전설이 있어 해는 '금조金烏'라고 불렀고, 달은 '옥토玉兎'라고 불렀다.

紅袂 홍메 | 붉은 소매. 여기서는 연밥 따는 아가씨를 가리킨다. 배 위에서 뱃노래를 합창하는 아름다운 여인의 자태로도 볼 수 있다.

櫂歌 도가 | 뱃노래. 도櫂는 배를 젓는 노이고, 도가櫂歌는 뱃노래 즉 뱃사공이 부르는 노래이다. 여기서는 채련곡採蓮曲인데 이 곡은 악부청상곡樂府淸商曲으로 "강남은 연밥 딸 수 있다네, 연잎은 얼마나 흐드러졌는지江南可採蓮, 蓮葉何田田."로 시작하는 한대漢代 악부樂府《강남곡江南曲》에서 기원하였다.

初 초 | 느릿하다. 한가롭고 여유있고 조용하다. 서완舒緩, 종용從容의 뜻을 지닌다. 당대唐代 두보杜甫의 시 〈이십사원외에게 보내며 이십운을 펴다寄李十四員外布二十韻〉 중 "소용돌이가 멈추는 것을 기다려보고, 비로소 닻줄을 느릿느릿 풀기를 기대한다試待盤渦歇, 方期解纜初."에 대한 구조오仇兆鰲의 주注 "물살이 무서워서, 그 조용함에 맡겨 닻줄을 푼다水勢可畏, 故囑其從容而解纜."에도 같은 표현이 나온다. 앞 구절의 '인어정人語靜'의 '정靜'과 대우를 이루어 동일한 분위기를 연출하고 있다.

마름, 노랑어리연꽃 못
菱荇沼

물속 노랑어리연꽃 비스듬히 파랑말 당기며 떠있고,
버들 실가지는 잎과 어우러져 맑은 물결에 누웠어요.
어느 때에 시냇가에 가서 즐길 수 있을까?
한편 마름꽃 따면서 또 한편 배를 띄우면서요.

水荇斜牽綠藻浮,
柳絲和葉臥淸流.
何時得向溪頭賞,
旋摘菱花旋泛舟.

주석

菱 능 | 마름. 바늘꽃과에 속하는 일년생 수초. 늦여름 혹은 초가을에 하얀색 혹은 담홍색의 꽃을 피우고 열매와 잎은 식용으로 쓴다.

荇 행 | 노랑어리연꽃, 조름나물과에 속하는 다년생 수초水草. 줄기는 흰색이고 잎은 자홍색이며 원형으로 물 위에 떠있다. 여름에 꽃을 피우며 줄기와 잎은 연할 때 식용으로 쓴다.

沼 소 | 못, 작은 연못. 일설에는 둥근 것을 '지池'라고 하고, 굽이진 것은 '소沼'라고 한다.

斜牽 사견 | 비스듬히 끌다. 물풀이 비스듬히 기운 채 끌어당기다.

綠藻 녹조 | 파랑말, 녹조식물. 민물, 해수, 습지 등지에서 자란다. 설도와 동시대의 시인 백거이白居易의 시 〈연못에서 한가롭게 노래하다池上閑詠〉 중 "파란 향부자는 누대 위에서 서재 다락방을 세우고, 파랑말은 못 속에서 고기잡이배를 묶네靑莎臺上起書樓, 綠藻潭中繫釣舟."에도 같은 표현이 나온다.

浮 부 | (물에) 뜨다, 둥실둥실 떠 움직이다.

柳絲 유사 | 버들가지. 수양버들 나뭇가지가 가늘고 긴 것이 실과 같아서 붙인 이름이다.

和 화 | 어우러지다 혹은 어울리다. 화和는 동사로 본다면 '어우러지다' 혹은 '어울리다'로 풀 수 있고, 진지사로 본다면 '~와, ~과(함께 움직이는 대상을 끌어들임)'의 의미로 유사柳絲가 엽葉과 함께 맑은 물결에 눕다[臥淸流]로 봐도 된다. 어떻게 보든 의미상 큰 차이는 없다. 다만

작품설명

물풀이 떠도는 연못의 풍경을 그렸다. 성도成都는 물의 도시이다. 백화담百花潭 주변 풍경이나 무담산武擔山 아래 서정西亭 앞도 곱다. 마름과 노랑어리연꽃이 둥둥 떠다니는 작은 연못의 풍경을 매우 정교하게 그려내어 시가 작은 연못 그 자체이다. 제1구에서는 제목에 나오는 노랑어리연꽃[荇]이 비스듬히 기울며 초록 말풀을 끌어당겨 둥둥 떠도는 모습을 눈앞에 그려 놓았다. 이어지는 두 번째 그림은 푸른 실버들이 노랑어리연꽃의 붉은 빛깔의 잎새와 어울려 맑은 물결에 누워 있다. 맑은 물결 위의 수초가 색감과 형상이 있는 언어를 통해 생동감 넘치는 화폭 속에 떠있다. 제3구에서는 '어느 때에[何時]'라는 두 글자를 사용하여 강렬한 그리움과 진한 고독감을 드러냈다. 마지막 구에서는 제목에 나오는 마름[菱]꽃을 끌어내어 시인의 갈망을 제목의 연못 능행소菱荇沼 안에 다 담아냈다. 기승전결로 이루어진 절구시의 모범적 구성 안에 물풀이 떠도는 작은 연못이 그리움과 함께 들어있다.

제1구에서 물속 노랑어리연꽃이 파랑말과 어우러져 있는 형상을 본다면 제2구 역시 수양버들이 길게 늘어져 물속의 잎새와 서로 어우러져 물에 누워있는 형상을 그린 것으로 보는 것이 조금 더 낫다.

清流 청류 | 맑고 투명하게 흘러가는 물.

何時 하시 | 어느 때에.

得 득 | ~할 수 있다. 동사 앞에 쓰여 가능을 나타낸다.

向 향 | 다가가다, 나아가다, 향하다.

溪頭 계두 | 시냇가.

賞 상 | 즐기다.

旋 선 | 고전시가의 상용어로서 부사로 '금방, 곧, 조금 뒤' 등의 의미로 즐겨 쓰이지만 여기서는 접속사로서 두 개의 동사 앞에서 연달아 사용되어 한편으로(일변一邊) 이렇게 하고, 한편으로(일변一邊) 또 저렇게 한다는 의미로 사용되었다.

摘 적 | 따다.

菱花 능화 | 마름의 꽃, 앞의 '능菱' 주석 참조.

泛舟 범주 | 배를 물에 띄움.

금잔화
金燈花

난간 근처 무성한 잎새는 보이지 않는데,
섬돌 아래 오직 곱디고운 꽃떨기 나부껴요.
자세히 보고 무슨 물건으로 견주려 하니,
새벽 노을이 신선 궁궐에 갓 포개지네요.

闌邊不見蘘蘘葉,
砌下惟翻豔豔叢.
細視欲將何物比,
曉霞初疊赤城宮.

☙주석

闌邊 난변 | 난간 가, 난간 근처.
不見 불견 | 보이지 않다.
蘘蘘 양양 | 양蘘은 양하蘘荷로 즉 개맨드라미이며 붉은빛을 띠고 있다. 그런데 제2구의 '염염豔豔'이라는 표현과 함께 보면 '양양蘘蘘'은 일종의 의태어로 짐작되는데 사전에는 없는 표현이다. 장봉주는 양蘘은 음이 양穰이고 붉은색이라고 하였다. 진문화는 '양양蘘蘘'을 '양양穰穰'으로 해야 한다고 보고 무성하고 많은 모양이라고 하였다. 《한시대계》에서도 오기誤記라고 하면서 무성한 모양으로 풀고, 《시경詩經》의 "풍년양양豊年穰穰"과 《사기史記 · 골계열전滑稽列傳》의 "다섯 골짜기가 우거지고 무르익어, 무성하게 집에 가득 채운다五谷蕃熟, 穰穰滿家."라는 구절을 인용하였다. 금잔화는 꽃이 필 때 잎은 보이지 않으므로 이 시의 제2구와 함께 본다면 '양양蘘蘘'은 무성한 모양을 나타내는 '양양穰穰'의 오기로 보는 것이 더 적합하다. 즉 제1구와 제2구는 잎은 보이지 않고 오직 꽃만 보인다는 것을 말한다.
砌 체 | 섬돌.
惟 유 | 오직.
翻 번 | 나부끼다.

작품설명

꽃에 대한 소묘이다. 섬돌 아래에 피어난 금잔화의 자태를 노래하였다. 금등金燈은 풀 이름으로 금잔화金盞花라고도 하고, 산자고山慈姑, 구형화九形花, 무의초無義草라고도 한다. 당대唐代 단성식段成式의 《유양잡조酉陽雜俎 · 초편草篇》에 "금등金燈은 구형九形이라고도 하는데 꽃이 필 때는 잎이 보이지 않는다."라고 하였다. 백합과의 여러해살이풀로 4~5월에 꽃줄기 끝에 별모양으로 흰 꽃이 피는데 꽃잎 외피에 진붉은 빛의 줄무늬가 있다. 꽃은 새, 나무 등과 함께 설도가 즐겨 노래한 사물이다. 명대 종성은 《명원시귀》에서 이 시에 대해 "앞의 세 구절은 느슨하게 흘러가다가, 뒤 한 구절이 사람을 놀라게 하는데 이것은 절구의 기본 구조이다. 그 아름다운 점은 처음 두 구절이 여전히 무거움을 따르지 않았다는 것이다前三句寬衍, 後一句警動, 此絶句常局也. 其佳處, 首二句仍不率重."라고 평하였다.

豔豔 염염 | 곱디고운, 아리따운 모양.
叢 총 | 떨기. 여기서는 꽃떨기를 가리킨다.
細視 세시 | 자세히 보다, 세밀히 보다.
欲 욕 | ~하려고 하다.
將 장 | ~로써, ~을(를) 가지고서.
何物 하물 | 무슨(어떠한) 물건
比 비 | 견주다.
曉霞 효하 | 새벽노을
初 초 | 갓, 막, 방금
疊 첩 | 포개다, 겹겹이 쌓다.
赤城宮 적성궁 | 신선이 사는 궁전. 적성赤城은 사천성四川省 관현灌縣의 청성산青城山이며, 적성궁은 이곳에 있는 도교의 영장靈場이다. 《독사방여기요讀史方輿紀要》에 의하면 청성산은 성도부成都府 관현灌縣 서남쪽 오십 리에 있는데 일명 적성산赤城山이라고 하며, 산 위에 적성각赤城閣이 있다고 한다. 장봉주는 적성赤城을 산 이름이라고 보고, 절강성浙江省 천대산天臺山 북쪽에 있으며, 흙색은 붉고 모양은 구름과 노을 같다고 하였다. 설도가 살았던 지방이나 도교적 취향을 고려한다면 청성산青城山의 신선궁궐로 보는 것이 더 적합하다.

새 옷 막 만들어져 입어보며 세 수
試新服裁製初成 三首

자양궁에서 붉은 비단을 하사하셨는데,
은은한 안개 몽롱히 바다 저 멀리에.
흰 토끼 솜털 차갑고, 얼음누에 고치 깨끗해,
항아가 웃음 지으며 오작교를 가리키네.

紫陽宮裏賜紅綃,
仙霧朦朧隔海遙.
霜兔毳寒冰繭淨,
嫦娥笑指織星橋.

☙제1수 주석

試 시 | 시험하다. 여기서는 갓 완성된 옷을 입어 보다.
新服 신복 | 새 옷.
裁製 재제 | 옷감을 마름질해서 옷을 만들다. 제작하다.
初 초 | 막, 갓, 방금.
成 성 | 완성되다.
紫陽宮 자양궁 | 전설에 나오는 신선이 사는 궁전. 옛날부터 신선을 부를 때 자양紫陽이라는 두 글자를 사용하였다. 주周 목왕穆王 때 이팔백李八百을 자양진군紫陽眞君이라고 불렀고, 한대漢代의 주의산周義山 또한 자양진인紫陽眞人으로 불렸다. 그래서 자양궁은 신선이 사는 궁전을 가리킨다. 여기서는 절도사의 관공서를 높여서 불렀다.
賜 사 | 하사하다.
紅綃 홍초 | 붉은색 얇은 비단.
仙霧 선무 | 어슴푸레하게 보일 듯 말 듯 은은한 안개.
朦朧 몽롱 | 몽롱함, 어른어른하여 희미함.

아홉 기운 나뉘어 아홉 빛깔 노을 되고,
다섯 영물, 신선 수레, 오색의 구름마차네.
봄바람이 봄 신의 집을 지나다가
모양 훔쳐 인간 세상 온갖 꽃을 물들였네.

九氣分爲九色霞,
五靈仙馭五雲車.
春風因過東君舍,
偸樣人間染百花.

隔海 격해 | 바다를 사이에 두고.
遙 요 | 멀다, 아득하다.
霜免 상토 | 흰 토끼.
毳 취 | 솜털, 짐승의 가는 털. 여기서는 털실로 짠 옷을 가리킨다.
冰繭 빙견 | 얼음누에고치. 일반적으로 보통의 누에고치에 대한 미칭으로 사용한다. 얼음누에는 누에의 한 종류로 이 누에고치에서 취한 실은 불에도 타지 않는다고 한다. 《습유기拾遺記》에 의하면 원교산員嶠山에 얼음누에 빙잠冰蠶이 있는데 길이가 칠촌七寸이고, 검은색이며, 뿔이 있고, 비늘이 있는데, 서리와 눈이 내린 뒤에 고치가 되며 길이가 일척一尺에 그 색깔은 오색이고 비단으로 짜면 물에 넣어도 젖지 않고, 불에 던져 넣어도 하룻밤이 지나도록 타지 않는다고 하였다.
嫦娥 항아 | 항아. 달 속에 산다는 선녀. 일반적으로 달을 비유한다. 설도의 시 〈능운사를 노래하다 두 수賦凌雲寺 二首〉 참조.
織星橋 직성교 | 오작교를 말한다. 직녀성은 은하를 사이에 두고 견우성을 향하여 일 년에 한 번 칠월 칠석에 이 다리를 건너 견우성과 만난다는 신화가 있다. 칠석날 밤에 수놓기와 바느질을 잘하게 해달라고 직녀성을 향해 기원하던 '걸교乞巧'라는 풍속이 있었다.

☙제2수 주석

九氣 구기 | 아홉 가지 기. 도교 용어. 도교에서는 선천先天의 기氣를 푸른색[蒼], 붉은색[赤], 파란색[靑], 초록색[綠], 노란색[黃], 흰색[白], 자주색[紫], 짙푸른 색[碧], 검은색[黑]의 아홉 가지 빛깔로 나뉜다.
分爲 분위 | 나뉘어 ~이 되다.

긴 치마 본시부터 상등 청정세계 법도네,
일찍이 뭇 신선 좇아가 백지풀을 잡았네.
언제나 궁중의 가무회에 가기만 하면,
허리 구부려 일제히 "공중을 걸어가며"를 부르네.

長裾本是上淸儀,
曾逐羣仙把玉芝.
每到宮中歌舞會,
折腰齊唱步虛詞.

霞 하 | 노을.
五靈 오령 | 다섯 가지 신령. 기린, 봉황, 거북이, 용, 흰 호랑이를 다섯 종의 신령스런 동물로 보았다.
仙馭 선어 | 신선이 타는 수레, 신선이 타는 학을 가리킨다.
五雲車 오운거 | 신선이 타는 오색구름 마차. 오운五雲은 한 구름이 다섯 빛깔을 갖추고 있는 것으로 속칭 오색상운五色祥雲이라고 한다.
因 인 | ~으로 인하여, 말미암아.
過 과 | 지나다, 들르다.
東君 동군 | 봄의 신, 봄을 주재하는 신.
舍 사 | 집.
偸樣 투양 | 모양, 형식, 디자인을 훔치는 것.
人間 인간 | 인간 세상.
染 염 | 물들이다.
百花 백화 | 온갖 꽃.

☙제3수 주석

長裾 장거 | 긴 치마. 도가의 복식으로, 거裾는 치마이다. 《전당시》에서는 '거裾'가 '군裙'이라고 되어있는 곳이 있다고 부기하였다.
本是 본시 | 본시부터, 본디, 본래.
上淸 상청 | 상등 청정세계. 도교에서 말하는 세 가지 청정세계[三淸] 중의 하. 도교에서는 인간 세상 밖에 '세 청정세계[三淸]'가 있다고 생각했는데 성聖은 옥청玉淸에 오르고, 진眞은 상청上淸에 오르며, 신선은 태청太淸에 오른다고 한다. 도관道觀이나 도장道長을 가리키는 데 사

작품설명

새로 만든 옷의 아름다움을 도교 용어를 빌려 노래한 시이다. 시 전체를 읽어 보면 이 새 옷은 도교의 복식이다. 제1수에서는 이 옷이 자양궁에서 하사한 것인데 토끼의 솜털처럼 차갑고 얼음누에고치처럼 깨끗하다. 달나라 선녀인 항아가 해마다 한 차례 은하수에서 오작교를 가리키며 웃으면서 천상의 직녀성에게 명하여 옷감을 짜게 한 것 같다. 이 옷은 훌륭하여 세속의 물건으로 보이지 않는다. 제2수는 이 아름다운 옷감의 색깔은 아홉 가지 기가 나뉘어 아홉 가지 빛깔의 노을이 된 것처럼 아름답다. 또 신령스런 다섯 동물과 신선이 타는 학과 구름마차처럼 아름답다. 이 옷감의 고운 빛은 무엇과 같은가? 봄신의 집을 지나는 봄바람이

용하기도 한다.

儀 의 | 법도, 법식.

曾 증 | 일찍이.

逐 축 | 쫓다, 뒤쫓아 가다.

羣仙 군선 | 뭇 신선.

把 파 | 잡다, 한 손으로 쥐다.

玉芝 옥지 | 백지풀. 상서로운 풀이라고 여겨 이 풀을 먹으면 신선이 된다고 생각하였다.

每 매 | 늘, 항상, 언제나(같은 동작이 정기적으로 반복해서 나타남을 표시함)

到 도 | 가다.

歌舞會 가무회 | 가무회. 노래하고 춤추는 모임.

折腰 절요 | 허리를 구부리다, 허리를 구부려 예를 행하다. 춤추는 모양을 가리키기도 한다. 《한어대사전》 등에 의하면 춤추는 모양을 가리키기도 한다고 하고 그 예문으로 도교의 개설서인 《운급칠첨雲笈七籤》(권106)의 "왕화가 노래를 하고, 서비가 허리를 구부려 춤춘다王華作唱, 西妃折腰."를 들었다. 설도의 이 시는 도교적 분위기가 짙은 데다가 이 구절에 '노래하다[唱]'라는 말이 함께 나오는 것으로 보아 여기서 절요折腰는 허리를 구부려 춤추는 모양을 가리키는 것으로 보인다.

齊唱 제창 | 여러 사람이 다 같이 소리를 질러 부르다.

步虛詞 보허사 | 악부樂府의 잡곡가雜曲歌에 속한다. 《악부해제樂府解題》에 의하면 도가의 곡으로 여러 신선이 아득히 가볍게 올라가는 아름다움을 노래하였다고 한다. 또한 도교에서 경전을 창하거나 예찬하는 가사를 일컫기도 한다.

모양을 훔쳐내어 세상의 온갖 꽃을 물들인 것 같다. 제3수는 이 아름다운 옷은 긴치마로 도교의 복식이다. 이 옷을 입고 궁중에 가서 허리 구부려 춤을 추며 '공중을 걸어가며'라는 도가의 노래를 흐드러지게 부른다. 설도의 신선사상이 섬세한 감수성에 의해 곡진하게 묘사되어 있다.

명대 종성은《명원시귀》에서 이 작품의 제1수에 대해 "침착하게 말하면서 또한 완연히 아름답고 유창하여 애당초 지나치게 가볍거나 지나치게 무거운 병폐가 없다. 여기에서 그 의미는 타인의 일로써 나의 시를 만들고, 나의 시로써 타인의 일을 만들었을 뿐이다. 이 뜻을 이해하면 장편을 쓰는 것도 어렵지 않다沉着語又須宛媚流潤, 始無偏輕偏重之病. 此其意義, 以他人事作我詩, 以我詩作他人事耳. 明此意, 卽作長篇不難矣."라고 평하였고, 제3수에 대해서는 "다만 뜻을 빌려서 바른 뜻을 나타냈으니 감정과 정신이 완연히 닮았다只將借意發出正意, 情神宛肖"라고 평하였다.

가을 샘
秋泉

차가운 빛이 한 줄기 띠안개를 갓 맑히는데,
그윽한 소리 멀리 열 줄 소리를 쏟아붓네.
언제나 침상에 와서 심사를 끌어당기며,
근심하는 사람에게 한밤 내 잠 못 들게 하네.

冷色初澄一帶煙,
幽聲遙瀉十絲弦.
長來枕上牽情思,
不使愁人半夜眠.

☙주석

冷色 냉색 | 차가운 빛으로 가을 달을 묘사했다.
初 초 | 갓, 막, 방금.
澄 징 | 맑히다. 맑게 하다.
一帶煙 일대연 | 한 줄기 띠안개. 일대一帶는 물건이나 경물이 한 줄기 띠를 닮은 것을 형용할 때 사용한다. 이 시에서는 안개를 형용한 것으로 우리말에서도 안개를 표현할 때 안개띠, 띠안개라고 말한다.
幽聲 유성 | 희미한 소리.
遙 요 | 멀리.
瀉 사 | 내리 퍼붓다, 쏟다.
十絲弦 십사현 | 열 줄의 거문고 소리. 여기서는 샘물소리를 형용한 것으로, 샘물소리가 열 줄의 거문고를 타는 것처럼 아름다운 소리를 낸다는 의미이다.
長 장 | 언제나, 늘, 항상.
枕上 침상 | 침枕은 베개라는 의미이지만 침상枕上은 상상床上, 침대를 가리킨다. 이때의 상上

작품설명

가을밤 샘물 소리를 노래한 영물시이다. 차가운 달빛이 요요히 비치는 가을 달밤에 밤 깊도록 잠 못 이룬 채 들리는 샘물 소리는 마치 거문고 소리처럼 아름답다. 샘은 지하에서 솟아나는 물로 그 물소리는 가늘고 잔잔하다. 시인은 근심에 젖어 잠 못 이룬다. 앞의 2연은 경물을 노래한 것으로 제1구는 가을 달의 맑은 빛이 샘물에 어린 안개띠를 맑게 거두는 것을 노래하고 제2구는 샘물의 소리가 현악기를 연주하는 듯하다고 묘사하고 있다. 제1구의 시각적 이미지와 제2구의 청각적 이미지가 어우러지는 샘물은 시인의 감정을 불러일으킨다. 뒤의 2구는 앞의 두 구의 경물에 의해 일어난 시인의 감정세계를 묘사하였는데 샘물이 시인에게 불러일으킨 감정은 근심이요, 시인은 이 근심으로 잠 못 들고 있다. 물(샘물)은 시인의 감정을 불러일으키는 고정된 무대장치이다. 제3구에서 샘물 소리가 오래도록 침상에 들려 와서 심사를 '끌어당긴다[牽]'는 활유법을 통해 시인의 감정을 생동감 있게 그리고 있다. 그런데 이 샘물은 가을 샘물로 가을(추秋, qiu)은 근심(수愁, chou)과 발음상 유사하여 연상효과가 있다. 전통적으로 물은 여성이고, 가을[秋]은 근심[愁]이니 가을 샘물은 '근심하는 여성'을 나타낸다. 명대明代의 황주성은《당시쾌》

은 한문에서 당상堂上이나 세상世上의 경우처럼 명사 뒤에 사용되어 일정한 장소나 범위를 나타내는 기능이 있을 뿐이므로 해석할 필요가 없다.

牽 견 | 끌어당기다, 당기다.

情思 정사 | 심사心思, 감정, 정서. '정情'이 '수愁'로 되어 있는 곳도 있다.

不使 불사 | ~으로 하여금 ~하지 못하게 하다.

愁人 수인 | 근심에 젖은 사람, 마음에 우수를 품고 있는 사람. 여기서는 작자 자신을 말한다. 진대晉代 부현傅玄의 〈잡시雜詩〉 중 "뜻있는 선비는 낮이 짧음을 안타까워하고, 근심에 젖은 사람은 밤이 긴 것을 알고 있지志士惜日短, 愁人知夜長."에도 이와 같은 표현이 나온다.

半夜 반야 | 한밤중. 야반夜半과 같다.

眠 면 | 잠자다.

에서 "당연히 근심하는 사람의 마음속에 가을 샘이 있을 뿐이다. 귓가에 시끄러워도 무슨 상관인가自是愁人心中有秋泉耳. 與耳畔嘈切何關?"라고 말하였다. 미국에서 출판된 《중국여성시선집》(Kenneth Rexroth & Ling Chung, *Women Poets of China*, A new directions book, 1982)에서 설도의 대표작으로 소개한 바 있다.

버들솜 노래
柳絮詠

이월의 버들 꽃은 가볍고 또 작은데요,
봄바람이 흔들어 사람 옷에 묻지요.
그것은 본래 무정한 물건인 것을,
삽시간에 남으로 날다 또 북으로 날아요.

二月楊花輕復微,
春風搖蕩惹人衣.
他家本是無情物,
一向南飛又北飛.

☙주석

柳絮 유서 | 버들솜. 버들의 열매가 익으며 씨앗에 있는 부숭이털이 솜처럼 날아다닌다.
楊花 양화 | 버들 꽃 즉 버들솜[柳絮]을 가리킨다.
復 부 | 또, 다시.
搖蕩 요탕 | 요搖는 바람이 버들가지에 불어대는 상황이고, 탕蕩은 바람에 가지가 흔들리는 모양이다.
惹 야 | 옮아 묻다, 엉겨 붙다, 물들이다.
他家 타가 | 그것. 여기서는 버들솜을 가리킨다.
本是 본시 | 본시, 본디, 본래.
一向 일향 | 《전당시》에서는 '일임一任'으로 적었는데, 장봉주는 《재조집才調集》에 근거하여 이 두 글자를 '일향一向'으로 고쳤다. 일향은 '일삽一霎'과 같은 뜻으로 '삽시간에'라는 뜻이다.

작품설명

이 시의 제목은 〈유서柳絮〉라고 되어 있는 곳이 많은데 장봉주張篷舟는 《재조집才調集》에 근거하여 〈유서영柳絮詠〉이라고 하였다. 버들솜을 노래한 영물시이다. 사물을 노래한 시에는 시인의 마음이 숨어 있다. 일반적으로 이 시는 바람에 휘날리며 이리저리 흩어지는 버들솜이 기녀의 신세와 같다는 것을 자조해서 지은 작품으로 보기도 한다. 전통적으로 '버들[楊柳]'은 여자를 의미하므로 어느 정도 타당성이 있다. 한편 유천문은 이 시를 원진과 관련지어 해석하였는데 그는 이 시에서 버들솜은 설도 자신에 대한 묘사가 아니라 원진에 대한 질책이라고 보았다(劉天文, 앞의 책, pp. 22~23). 이 시는 버들솜의 생태를 의인적으로 그러나 사실적으로 그려냈다. 이 시에 다른 의미를 부여하는 것은 독자들의 머릿속에서 일어나는 일일 뿐이다. 명대 종성은 《명원시귀》에서 이 시에 대해 "'타가他家'와 '일향一向'은 본래 속어인데 영혼과 마음이 서로 어울려 이루 말할 수 없는 활달함과 자연스러움이 느껴진다他家, 一向, 本是俗語, 靈心映帶, 便覺飄灑不盡."라고 평하였다.

무산사당을 찾아뵙고
謁巫山廟

어지러이 원숭이 우는 곳 고당을 찾아와보니까요,
길은 안개와 노을로 들어가고 초목은 향기롭네요.
산 빛깔은 아직도 송옥을 잊을 수 없고,
물소리는 여전히 양왕 위해 통곡하네요.
아침마다 밤마다 햇살누대 아래에서,
운우지정 나누다 초나라는 망했지요.
슬픔에 젖은, 사당 앞 수많은 버들은
봄이 오면 부질없이 눈썹 길이 다투지요.

亂猿啼處訪高唐,
路入煙霞草木香.
山色未能忘宋玉,
水聲猶是哭襄王.
朝朝夜夜陽臺下,
爲雨爲雲楚國亡.
惆悵廟前多少柳,
春來空鬪畫眉長.

작품설명

이 시는 설도의 현존시 중 〈모란牡丹〉, 〈옛 시를 원미지님께 부치다寄舊詩與元微之〉와 함께 세 편의 7언 율시 가운데 하나로 무산사당에 갔을 때 지은 것이다. 그런데 이 작품의 저자에 대해서는 두 가지 설이 있다. 첫째는 이 작품을 설도보다 조금 뒤에 활동한 위장韋莊이 지은 것이라는 주장이다. 《완화집浣花集》과 명대明代 조학전曹學佺의 《촉중명승기蜀中名勝記》(권1, 무산현巫山縣 조항)에서도 이것을 위장韋莊이 지었다고 하였다. 만약에 그렇다면 설도의 다른 두 편(〈모란〉, 〈옛 시를 원미지님께 부치다〉)의 7언 율시와 마찬가지로 이 시도 믿을 수 없는 것이 되어 결국 설도에게는 7언 율시가 한 편도 남지 않게 된다. 그러나 《유원시귀類苑詩歸》와 《사고전서四庫全書》에서는 모두 설도의 이름 밑에 두었고, 《전당시》에서는 설도와 위장 두 항목 모두에 넣었다. 명대의 황주성은 이 시를 설도 시로 보았고(《唐詩快》), 진문화와 팽운생 그리고 《한시대계》 등에서도 모두 설도의 시

☙주석

謁 알 | 찾아뵙다, 알현하다.

高唐 고당 | 무산묘巫山廟 혹은 무산신녀묘巫山神女廟라고 부른다. 전국시대 초楚나라의 관망대[臺觀] 이름으로 신녀봉神女峰에 있다. 초나라 회왕懷王이 꿈에 신녀神女를 만나 운우지정을 나눈 뒤 고당관高唐觀을 세웠다고 한다. 송옥宋玉의 〈고당부高唐賦〉에서 "옛날에 초나라 양왕襄王이 송옥과 운몽雲夢의 누대에서 노닐다가 고당 관망대를 바라보았다昔者楚襄王與宋玉遊於雲夢之臺, 望高唐之觀."라고 하였다.

煙霞 연하 | 안개와 노을. 일반적으로 산수, 산림, 산수풍경을 가리킨다.

未能 미능 | 아직 ~하지 못하다, 아직 ~할 수 없다.

宋玉 송옥 | 전국시대 초나라의 시인으로 굴원屈原의 제자였으며, 초나라의 대부大夫를 지냈다. 그의 스승 굴원이 추방당하자 〈구변九辯〉을 지어 그 뜻을 진술하고 슬퍼하였다. 그 밖에 〈신녀부神女賦〉, 〈고당부高唐賦〉를 지었는데 모두 우언寓言으로 자신의 감흥을 기탁하였다.

猶是 유시 | 여전히, 아직도.

襄王 양왕 | 전국시대 초나라 회왕의 아들 태횡態橫으로 즉 경양왕頃襄王을 말한다. 일찍이 송옥宋玉과 함께 고당高唐에 놀러간 적이 있었다. 송옥의 〈고당부高唐賦〉에서 신녀神女를 만난 왕은 그의 부친 회왕懷王인데 후대 사람들이 실수로 양왕襄王으로 적은 경우가 많다.

로 보았다. 장봉주 또한 이 작품의 풍격을 보면 위장의 시 같지 않다고 하고 설도의 시 속에 넣었다.《한시대계》와 팽운생은 이 시에 근거하여 설도가 원화元和 8년 봄에 장강長江을 따라 삼협三峽을 지나 강릉江陵으로 가서 원진을 만났다고 추정하였다. 또한 이 시는 설도의 시 〈서쪽 바위西巖〉와 함께 모두 강릉으로 가는 도중에 지은 것으로 보았다. 이것이 사실이라면 이 시는 그녀의 전기를 파악하는 데도 중요한 의의가 있다. 물론 이 시가 위장이 지은 것이라면 설도가 무협을 지나 강릉까지 원진을 방문했다는 증거는 약해진다.

이 시는 설도 작품 가운데 대표작으로 꼽힌다. 무산巫山은 사천성四川省 동부 무산현巫山縣 동쪽에 있는 기이한 봉우리로 모양이 '무巫'자와 비슷해서 무산巫山이라고 하였고, 이곳의 신녀봉神女峯에 무산묘巫山廟(巫山神女廟, 高唐)가 있었다. 옛 터는 지금의 사천성 무산현 무산 비봉봉록飛鳳峰麓에 있다. 무산사당을 방문한 시인은 이 사당에 얽힌 옛 고사를 떠올린다. 송옥宋玉의 〈고당부高唐賦〉에 따르면 이 신녀는 무산 남쪽의 높은 석산石山에 살며 아침에는 오색 구름이 되고 저녁에는 비가 된다. 초楚나라

朝朝夜夜陽臺下 조조야야양대하 | 아침마다 밤마다 햇살누대(양대) 아래에서. 이 구절은 전국시대 초나라 송옥의 〈고당부〉에 나오는 구절을 인용하였다. 초나라 회왕(懷王, 양왕襄王의 부친)이 고당高唐에서 노닐다가 나른해져 낮잠을 자면서 꿈속에서 한 부인을 만났다. 그녀가 말하길 "첩은 무산의 여자로서 이 고당의 객이온데 당신이 고당에 머무신다는 소식을 듣고 잠자리를 바치기를 바라옵니다."라고 하였다. 왕이 이에 사랑을 나누었다. 떠나면서 말하길 "첩은 무산의 남쪽, 높은 언덕의 돌산에 사는데 아침에는 아침구름이 되고 저녁에는 지나는 비가 되어 아침마다 저녁마다[朝朝暮暮] 햇살 누대의 아래[陽臺之下]에 있습니다."라고 하였다. 조조朝朝는 아침마다이고, 야야夜夜는 밤마다이며, 햇살 누대[陽臺]는 누대 이름인데 이 고사로 인해 나중에 양대陽臺는 남녀가 사랑을 나누는 장소를 가리키게 되었다.

爲雨爲雲 위우위운 | 비가 되고 구름이 되다, 운우지정을 나누다. 송옥의 〈고당부〉에서 초나라 회왕이 꿈에서 만난 신녀가 "아침에는 구름이 되고, 저녁에는 비가 된다旦爲朝雲, 暮爲行雨."라고 말한 데서 기원한 것으로 일반적으로 남녀 간의 육체적 결합을 가리켜 '운우지정'이라

회왕懷王이 이 신녀의 아름다움에 반하여 나라를 망쳤다고 한다. 사당 앞에 많은 버드나무가 있는데 버들잎 모양이 미인 눈썹처럼 길게 늘어져서 그 모습이 마치 미인과 눈썹 길이를 다투고 있는 것 같다고 설도는 말한다. 버들은 여성을 상징하고, 여성의 긴 눈썹은 버들잎에 흔히 비교되었다. 초나라 왕이 신녀와 운우지정을 나누다가 나라가 망하였다는 고사에서 당唐 현종玄宗이 양귀비에 빠져 안사安史의 난이 일어난 것을 떠올려볼 수도 있다.

고 한다.
惆悵 추창 | 실의 혹은 실망으로 슬퍼하고 괴로워하다.
多少 다소 | 형용사로 쓰여 '셀 수 없을 만큼 많다, (수량이) 무수히 많다'의 뜻을 나타낸다.
空 공 | 부질없이.
鬪 투 | 다투다.
畫眉 화미 | 여인의 눈썹, 화장한 눈썹. 버들잎 모양이 여자 눈썹 모양과 비슷해서 버들잎으로 여자의 눈썹을 비유했다. 여기서는 여자의 눈썹[畫眉]으로 버들[柳]을 비유했다. 한편 화미畫眉를 '눈썹을 그리다'는 의미로 볼 수도 있다.
長 장 | 길이. 화미畫眉를 '눈썹을 그리다'로 본다면 장長은 '길게'로 번역해야 하고, 화미장畫眉長은 '눈썹을 길게 그리다'이고 마지막 구절은 '눈썹을 길게 그리는 것을 다투다'는 의미가 된다. 화미장의 구조를 어떻게 보든 그 의미는 차이가 없다.

강월루
江月樓

가을바람은 마치 오강처럼 차갑고요,
갈매기, 해오라기 들쑥날쑥, 석양 그림자에요.
반달 무지개 살포시 초소문에 눕고,
성가퀴는 그윽이 고깃배 굽어보네요.
양안땅 어린아이 손뼉 치며 웃음 짓고,
자사님은 강남 풍경을 멋지게 만들었어요.

秋風彷彿吳江冷,
鷗鷺參差夕陽影.
垂虹納納臥譙門,
雉堞耽耽俯漁艇.
陽安小兒拍手笑,
使君幻出江南景.

❧주석

彷佛 방불 | 비슷하다.
吳江 오강 | 지금의 오송강吳淞江. 초당初唐의 최신명崔信明의 명구로 "단풍이 떨어지니 오강이 차갑구나楓落吳江冷."라는 표현이 있다. 설도는 이 구절을 인용하여 가을 풍경의 분위기를 진하게 묘사하고 있다.
鷗鷺 구로 | 갈매기와 해오라기.
參差 참치 | 들쑥날쑥, 들쭉날쭉한 모양.
垂虹 수홍 | 하늘에서 땅까지 반달모양으로 걸쳐 있는 무지개.

작품설명

'강월루'를 노래한 영물시이자 서경시이다. 강월루江月樓는 지금의 간양현簡陽縣에 있다. 이곳에서 서남西南 3리에 삼국시대의 양안현陽安關이 있어서 양안陽安이라고도 한다. 양안의 남쪽 30보쯤에 적수赤水가 있고, 또 안수雁水가 흘러들어 오는데 강월루는 적수와 안수 중간에 있다. 강월루는《구주요기九州要記》에 적혀 있고, 설도의 이 시도 기재되어 있다. 서촉西蜀에서 가장 웅장하고 아름다운 경치를 볼 수 있는 곳이다.

이 시는 형식상 설도의 다른 현존시들과 달리 6행의 고체시이다. 누대에서 보이는 특별한 전망, 아름다운 풍경을 묘사하고 있다. 가을바람 속에 강남의 강 풍경이 멋지다. 석양에 드리워진 무지개, 고즈넉한 망루의 작은 담장이 고기잡이배를 굽어보는 모양, 어린아이의 손뼉소리, 이 모든 것이 평화로운 강남의 경치를 멋지게 연출하고 있다. 시인은 자사가 이 강월루를 세워 이와 같은 풍경을 환상처럼 연출하였다고 말한다. 영물시에서도 사교와 찬미를 중시하는 설도 시의 개성이 묻어 있다.

納納 납납 | 사물을 끌어안는 모양.
譙門 초문 | 성문 위에 세운 망루의 문.
雉堞 치첩 | 성가퀴. 성 위에 나지막하게 쌓은 담.
耽耽 탐탐 | 깊숙한 모양, 그윽한 모양.
俯 부 | 굽어보다, 구부리다.
漁艇 어정 | 고기잡이 배.
陽安 양안 | 지금의 사천성四川省 양안현陽安縣. 당대唐代에는 간주簡州라고 불렀다.
小兒 소아 | 어린아이.
拍手 박수 | 박수하다, 손뼉을 치다.
使君 사군 | 자사刺史(관직명)를 말한다.《한시대계》와 팽운생, 유천문 등은 이 시의 양안은 당대에는 간주에 속하며 설도에게 〈곽 간주님이 밀감을 부쳐 오신 것에 답하여酬郭簡州寄柑子〉라는 시가 있으므로 이 시에 나오는 '사군使君'은 어쩌면 '곽간주郭簡州'일지도 모른다고 하였다(劉天文, 앞의 책, pp. 102~103).
幻出 환출 | 환상처럼 몽롱하게 나타내다.

서쪽 바위
西巖

난간에 기대어 떠올리네, 고래 타고 간 손님,
술잔 들고 바람 맞으며 손으로 친히 부르네.
가랑비 소리 속에 떠나는 말 멈추었는데,
석양 그림자 속에 가을매미 어지러워라.

憑闌却憶騎鯨客,
把酒臨風手自招.
細雨聲中停去馬,
夕陽影裏亂鳴蜩.

주석

憑闌 빙란 | 난간에 기대어.

却憶 각억 | 회억回憶. 떠올리다, 회상하다, 돌이켜 생각하다.

騎鯨客 기경객 | 고래 타고 간 손님. 일반적으로 시인 이백李白을 지칭한다. 《간주부지簡州府志 · 예문지藝文志》에는 이 세 글자가 '승운상乘雲上'이라고 되어 있다. 만약 원문이 '승운상'이라고 한다면 서암西巖과 관련된 이야기(작품설명 부분 참조) 중 신선 양씨가 승천한 것과 관련 있다. 그러나 원문을 '기경객騎鯨客'으로 보고 서암西巖을 이백이 독서하던 곳으로 본다면 이백이 자신을 '해상기경객海上驥鯨客'이라고 하는 표현이 있으니 이백으로 보는 것이 더 자연스럽다. '고래를 타다[騎鯨]'는 문인의 은둔 혹은 신선놀음을 가리킨다. 세상에서는 이백이 고래를 탔다고 전하는데 전대 사람들의 시문 가운데 이것을 언급한 경우(두보의 〈공소부가

작품설명

송대宋代 육유陸游의 《입촉기入蜀記》에는 중암中巖과 동암東巖이라는 이름은 나오지만 서암西巖은 보이지 않는다. 그러나 《촉중명승기蜀中名勝記》에 인용된 《도경圖經》에 의하면 간簡 땅에 사암四巖이 있고 동, 서, 남, 북이 있다고 한다. 《촉중시화蜀中詩話》에서는 이 시에서 노래한 곳은 간주簡州 서암西巖이라고 하였다. 《구주요기九州要記》에도 이 시를 인용하고 있다. 《촉지보하蜀志補罅》에 의하면 서암西巖은 간주簡州의 용천진湧泉鎭에 있는데, 돌로 새긴 관음상이 있다. 바위 동굴의 깊이는 세 길 다섯 자로 넓고, 동굴 문에 서암西巖이라는 두 글자가 새겨 있다. 바위 근처에 석주산石柱山이 있고, 바위 위에 석상이 백여 개 있으며, 석실이 여러 칸 있다. 신선 양씨陽氏가 수련을 하던 노정상爐鼎尙이 있고, 그 바위에 오르면 소요산逍遙山을 볼 수 있다. 그런데 진문화는 당대唐代에는 간주簡州(지금의 四川 簡陽縣), 만현萬縣(지금의 重慶市 萬州區) 등지에 모두 서암西巖이 있었다고 하고, 설도의 시 가운데 〈강월루江月樓〉(강월루는 簡州府治 簡陽縣 남쪽에 있다)가 있는 것으로 보아 설도가 일찍이 간주에 간 적이 있었겠지만, 시 내용을 보면 이 시에서 노래한 서암西巖은 만현의 서암(지금 太白巖이라고 부른다)일 가능성이 더 높다고 하였다. 《전촉예문지全蜀藝文志》에 의하면 이태백이 독서하던 곳은 둘인데 그중 하나는 서암에 있어 만현에서 산을

병으로 사직하고 강동으로 돌아가는 것을 전송하고 아울러 이백에게 바침送孔巢父謝病歸游江東兼呈李白〉, 이동양李東陽의 〈이태백李太白〉 등)가 매우 많다.

把酒 파주 | 술잔을 들다, 술을 권하다.

自 자 | 친히, 몸소.

招 초 | 오라고 손짓하다.

停去馬 정거마 | 떠나는 말을 멈추다. 여행을 떠나는 사람이 타는 말을 멈추게 하는 것.

亂 난 | 어지럽다.

鳴蜩 명조 | 매미의 일종으로, 가을매미[秋蟬]라고도 한다. 가을에 해가 진 뒤에도 오래도록 울음을 그치지 않는다.

마주하고 있고, 큰 호수가 정상에 있다. 다른 하나는 창명현彰明縣의 광산匡山에 있다. '기경객騎鯨客' 등과 같은 표현을 본다면 진문화의 주장이 더 타당하다.

바위에서 이백을 추억하는 시이다. 서암의 정자 난간에서 고래를 타고 떠난 시인 이백을 회상한다. 바람은 불고, 가랑비는 추적추적 내리는데, 해그림자 비치도록 매미는 어지러이 울어대니 울어대는 저 매미소리는 시인의 심란함을 대변한다. 진문화는 이 시가 시단의 선배인 이백에 대한 존경과 열애를 보여준다고 하면서 가운데 두 구는 이백의 표일한 형상을 그려낸 것이며, '수자초手自招', '정거마停去馬'는 이백이 그녀를 불러 함께 놀고 마시자고 하면서 그녀를 위해 승천의 발걸음을 잠시 멈춘 것으로 상상한 것이라고 하였다.

제3부

미지의 시들

설도의 현존 시 가운데 설도가 지은 것이라고 확신할 수 없는 시들은 모두 8수이다. 《한시대계》 말미에 추가하고 있는 3수 즉 제90수 〈양온중님께贈楊蘊中〉, 제91수 〈매화梅〉, 제92수 〈들꽃野花〉과 장봉주가 추가한 3수, 즉 〈완화정에서 서천장관 왕파 상공 및 관료들을 모시고 때 이른 국화를 함께 읊다浣花亭陪川主王播相公暨寮同賦早菊〉, 〈네 벗 예찬四友贊〉, 〈붉은 무궁화朱槿花〉가 있으며 이 밖에 〈비단성에서 봄에 바라보다錦城春望〉 1수와 장봉주가 제외시킨 〈모란牡丹〉 등이 있다.

완화정에서 서천장관 왕파 상공 및 관료들을 모시고 때 이른 국화를 함께 읊다
浣花亭陪川主王播相公暨寮同賦早菊

가을이 마지막 절기로 가는데,
동쪽 울타리에 이제 다시 볕 들어요.
푸른 꽃부리 갓 이슬에 씻기고,
황금 꽃술 절반쯤 서리 머금었어요.
스스로 여러 재주 겸한 쓰임새 있으니,
어떻게 잡초의 향기와 같겠어요.
주연에서 술잔을 주고받는 것 외에,
어찌 승냥이, 이리를 두려워하겠어요.

ঔ주석

浣花亭 완화정 | 《촉기蜀記》에 의하면 완화정은 범안사梵安寺에 있고, 그 전에는 두보초당杜甫草堂이었는데 지금은 없어졌다고 하였다.

陪 배 | 모시다.

川主 천주 | 《촉전蜀典 · 방언류方言類》에 의하면 촉지방 사람은 지방관 가운데 가장 존귀한 자를 천주川主라고 하였다.

王播相公 왕파상공 | 왕파 상공. 왕파는 이름, 상공相公은 재상의 높임말이다. 왕파는 자字가 명양明敭, 양주揚州 사람으로 원화元和 중엽에 예부상서禮部尙書, 호부상서戶部尙書가 되었고 원화 13년(818년) 정월에 검남서천절도사劍南西川節度使가 되었다. 장경長慶 원년元年(821) 2월에 소환되어 형부상서刑部尙書에 배수되었고, 다시 염철전운鹽鐵轉運 등의 관리 겸 중서시랑평장사中書侍郎平章事가 되었으며 대화大和 4년(830)에 죽었다.

暨 기 | 및, 함께.

寮 요 | 관료, 벼슬아치.

同 동 | 함께.

賦 부 | 읊다, (시가를) 짓다

西陸行終令,
東籬始再陽.
綠英初濯露,
金蘂半含霜.
自有兼材用,
那同衆草芳.
獻酬樽俎外,
寧有懼豺狼.

早菊 조국 | 때 이른 국화.
西陸 서륙 | 가을. 사마표司馬彪의 《후한서後漢書》에서 "해가 서쪽 언덕으로 가는 것을 일컬어 가을이라고 한다日行西陸謂之秋."라고 하였다. 그러므로 이 시에서 서륙은 가을을 의미하고, 가을을 대표하는 국화를 노래하기 위한 시간적 배경으로 쓰인 것이다.
終令 종령 | 마지막 절기. 영令은 절령節令(절기)을 말한다. 중양절이 가을의 마지막 절기라는 의미이다.
東籬 동리 | 동쪽 울타리. 국화를 심은 곳. 도연명陶淵明의 〈음주飮酒〉 시 20수 가운데 제5수에 "동쪽 울타리 아래에서 국화꽃잎 따고採菊東籬下"라는 표현이 나온다. 나중에는 국화를 심은 곳을 가리키게 되었다.
始 시 | 이제.
再 재 | 다시.
陽 양 | 볕이 들다, 따뜻하다.
綠英 녹영 | 푸른 꽃부리.
初 초 | 갓, 막, 방금.
濯露 탁로 | 이슬에 씻기다.
金蘂 금슬 | 황금 꽃술.
半 반 | 절반쯤, 반쯤. 윗구절의 초初와 대우를 이루어 부사로 사용되었다.
含霜 함상 | 서리를 머금다.
自 자 | 스스로.
有 유 | 가지고 있다.
兼材 겸재 | 각종 재능을 겸비하다. 겸재兼才와 같다. 국화가 약용과 식용, 벌레제거용, 염료용, 관상용 등 여러 가지 쓰임새가 있음을 말한다.
那 나 | 어찌.
同 동 | 같다.

작품설명

이 시는 각 판본에 모두 기록되어 있지 않은데 장봉주가《분문찬류당가시分門纂類唐歌詩》에 근거하여 보충하였다. 국화를 노래한 시이다. 시의 전반부 네 구절은 국화의 생장과 형상을 그리고, 후반부 네 구절은 국화의 남다른 가치를 말하고 있다. 두 번째 구절의 '동리東籬'는 도연명陶淵明의 〈음주飮酒〉 시의 "채국동리하菜菊東籬下(동쪽 울타리 밑에서 국화꽃잎을 따다)"를 떠올리게 한다. 국화는 설도가 시에서 즐겨 노래하였고, 완화계에 은거하여 사는 설도 자신의 심상을 반영하는 꽃이라고 할 수 있다. 마지막 두 구절이 내포하는 바는 의미심장하다. 국화는 술자리에서 국화주로 쓰이지만 승냥이, 이리떼를 두려워하지 않는다는 것은 바로 설도 역시 국화처럼 함부로 대할 수 없는 존재라는 것을 은근히, 그러나 강하게 보여주는 것으로 읽힌다.

衆草 중초 | 잡초, 들풀.
芳 방 | 향기.
獻酬 헌수 | 술잔을 서로 주고받다.
樽俎 준조 | 술잔과 안주 그릇. 더 나아가 연회, 주연의 의미로 쓰인다.
外 외 | ~ 외에, 이외, ~ 밖에.
寧 영 | 어찌.
懼 구 | 두려워하다.
豺狼 시랑 | 승냥이와 이리, 무자비한 사람, 잔혹한 악인.

붉은 무궁화
朱槿花

붉은 꽃 피어나 이슬 같은 얼굴, 탁문군을 미혹하네,
인동덩굴, 부용꽃, 초록 구름 피었네.
자연의 조화는 대개 안배가 정교하지,
치마저고리 때깔은 언제나 따사롭네.

紅開露臉誤文君,
司蒡芙蓉草綠雲.
造化大都排比巧,
衣裳色澤總薰薰.

주석

槿 근 | 무궁화. 일명 순舜이라고도 한다. 아침에 피어나 저녁에 시들며 꽃 색깔은 자주색, 흰색, 분홍색, 붉은색 등이 있다.
紅 홍 | 붉은색 꽃, 즉 붉은 무궁화를 가리킨다.
開 개 | 꽃이 피다.
露臉 노검 | 이슬같이 영롱한 얼굴.
誤 오 | 미혹하다.
文君 문군 | 탁문군을 말한다. 《서경잡기西京雜記》에 "탁문군의 얼굴은 언제나 부용꽃 같다卓文君臉際常若芙蓉."라고 하였다. 제1구와 2구는 '주근화朱槿花'의 붉고 고움이 탁문군과 같은 미녀의 얼굴처럼 예쁘다는 것을 말한다.
司蒡 사방 | 인동덩굴.
芙蓉 부용 | 물속에 핀 부용 즉 연꽃을 말한다.
造化 조화 | 자연의 조화, 자연계.
大都 대도 | 대개.

작품설명

이 시는 각 판본에서 기재하지 않았다. 장봉주가 《분문찬류당가시分門纂類唐歌詩》에 근거하여 보충하였다. 제1구는 붉은 꽃의 아름다움이 부용처럼 예쁜 탁문군을 미혹한다는 말로 붉은 무궁화(주근화朱槿花)를 극찬하고 있다. 제2구는 《완위별장宛委別藏》의 영인 사본에는 "□□부용초록운□□芙蓉草綠雲"이라고 되어 있는데 아마도 '사방司蒡' 두 글자가 난해하여 궐문으로 남겨놓은 듯하다. 이 시는 청대淸代 완원阮元이 《완위별장》을 영인할 때 제2구의 '녹錄'을 명백한 오기로 보고 '녹綠'으로 바꾸었다. 이 점에 착안하여 장봉주는 '사방司蒡'이라는 두 글자를 '동체同蒂'의 오기로 보고, '초草'는 '엽葉'의 오기로 보아 제2구는 '동체부용엽록운同蒂芙蓉葉綠雲'이 되어야 한다고 보았다. '부용芙蓉'은 탁문군의 양 뺨이 연꽃을 띄워놓은 것처럼 불그레하다는 것을 말하고, '엽록운葉綠雲'은 연잎이 초록 구름 같다는 것으로써 탁문군의 아름다운 머리를 그린 것으로 보았다. 동체同蒂는 연꽃과 연잎이 같은 뿌리의 물건임을 가리킨다고 보았다(劉天文, 《薛濤詩四家注評說》, 巴蜀書社, 2004, p. 25 참조).

排比 배비 | 안배. 비례를 따라 나누어 몫을 지음.
巧 교 | 정교하다, 솜씨 있다.
衣裳 의상 | 겉에 입는 저고리와 치마.
色澤 색택 | 때깔, 빛깔과 광택.
總 총 | 언제나.
薰薰 훈훈 | 따사롭고 온화한 모양.

모란
牡丹

지난 봄 시들어 떨어지던 늦은 봄 시절,
눈물이 붉은 종이 스미며 이별을 원망하였죠.
바로 무협의 헤어짐과 같을까봐 늘 걱정하나니,
어떻게 하면 다시 무릉의 기약을 할 수 있을까요?
정을 전하는 것은, 매번 향기 향해 이루어지니,
말하지 아니해도 여전히 아마도 피차 알 테지요.
단지 바라지요. 난간가 잠자리에 편안히 들어,
밤 깊도록 한가롭게 그리움을 함께 말하길요.

去春零落暮春時,
淚溼紅箋怨別離.
常恐便同巫峽散,
因何重有武陵期.
傳情每向馨香得,
不語還應彼此知.
只欲欄邊安枕席,
夜深閒共說相思.

작품설명

이 시는《전당시》에 수록되어 있지만,《재조집才調集》에서는 만당晩唐의 설능薛能이 지었다고 하였다. 장봉주는 청대淸代 초기 왕사록王士祿의《연지집례然脂集例》, 규서揆敍의《역조규아歷朝閨雅》에서 모두 설능薛能이 지었다고 하였고,《설허창집薛許昌集》에도 보인다고 하며 자신의《설도시전》에 수록하지 않았다.

모란을 노래한 영물시이다. 의인법을 사용하여 모란꽃을 묘사하였다. 모란은 당대唐代 사람들이 좋아하여 당대의 정원에서 유행한 꽃이다. 모

☙주석

去春 거춘 | 지난 봄.
零落 영락 | (꽃, 잎이) 말라 떨어지다, 시들다, 영락하다.
暮春 모춘 | 늦봄.
溼 습 | 스미다. 濕의 본래 글자이다.
紅箋 홍전 | 시를 쓰는 붉은색의 종이.
怨 원 | 원망하다, 슬퍼하다.
別離 별리 | 이별.
常 상 | 항상, 언제나.
恐 공 | 걱정하다, 염려하다.
便 편 | 바로, 곧.
同 동 | 같다, 똑같다.
巫峽 무협 | 무협은 장강長江 삼협三峽의 하나로 서쪽의 사천성四川省 무산현巫山縣 대계大溪에서부터 동으로는 호북성湖北省 파동현巴東縣 관도구官渡口에 이른다. 이곳에 무산巫山이 있고, 무산사당이 있다. 전국시대 송옥宋玉의《고당부高唐賦》에서 초楚나라 회왕懷王이 꿈에 무산巫山의 신녀神女를 만났다는 고사를 기록하고 있어서 후에는 '무협巫峽'이 남녀 간의 밀회를 가리키는 말로 사용되었다. 설도는 〈무산사당을 찾아 뵙고謁巫山廟〉에서도 이 고사를 인용하였다.
因何 인하 | 무엇으로 말미암아, 어떻게 하면.
重 중 | 다시.
武陵 무릉 | 무릉도원. 무릉도원과 관련된 고사는 두 가지가 있다. 첫째는 도연명陶淵明의 〈도화원기桃花源記〉에 나오는 무릉원武陵源(무릉도원)으로 이때의 무릉도원은 일반적으로 유토피아 혹은 세상을 피하여 은거하는 곳을 가리킬 때 주로 사용하였다. 둘째는 무릉계武陵溪인데 남조南朝 송宋나라 유의경劉義慶이 쓴《유명록幽明錄》등의 기록에 의하면 동한東漢시대 유신劉晨과 완조阮肇가 천태산天台山에 들어갔다가 계곡가에서 선녀를 만나 환대받고 돌아왔

란을 묘사한 많은 시들이 늦봄의 우울한 분위기를 드러냈다. 모란은 아름다운 여성에 비교되었는데 특히 설도 같은 기생에 비교되었다. 진 라슨Jean Larsen은 모란의 붉은 꽃잎을 '홍전紅箋'이라고 하였는데 붉은 꽃잎은 난봉꾼과 기녀가 서로 교환하는 시를 쓰는 종이를 암시하며, 모란꽃에 머금은 이슬은 눈물로 표현하였는데 이것은 먹물을 암시하기도 한다고 하였다. 또한 꽃향기는 지난 봄과 먼 곳을 향한 말없는 대화를 상기시킨다고 하였다(Jean Larsen, 앞의 책, p. 90).

는데, 밖으로 나오니 이미 칠 대가 지났고 다시 가려고 했지만 가는 길을 찾지 못했다고 한다. 이 고사는 후대에 문인들이 즐겨 인용하는 전고典故가 되었는데, 그들이 간 곳을 '무릉계武陵溪'(唐代 王之渙《惆悵詞》之十: "晨肇重來路已迷, 碧桃花謝武陵溪.") 혹은 '무릉원武陵源'(元代 無名氏《貨郎旦》第三折: "多管爲殘花几片, 悞劉晨迷入武陵源.")이라고 표현하였다. 이 시에서는 문맥상 남녀간의 만남이 성립되는 두 번째의 고사로 읽는 것이 더 적합해 보인다. 무릉계와 관련된 표현은 백거이白居易의 〈설도에게與薛濤〉에도 나온다.

傳情 전정 | 마음을 전하다. 주로 남녀 사이를 가리킬 때 쓴다.
每 매 | 매번, 늘.
向 향 | 향해.
馨香 형향 | 향기.
得 득 | 이루어지다.
不語 불어 | 말하지 않다.
還 환 | 여전히.
應 응 | 아마도. 추측을 나타내는 부사.
彼此 피차 | 피차, 서로.
只 지 | 단지, 다만.
欲 욕 | 바라다, 하고자 하다.
欄邊 난변 | 난간의 근처.
枕席 침석 | 잠자리.
夜深 야심 | 밤이 깊다.
閒 한 | 한가하다.
共 공 | 함께.
說 설 | 말하다.
相思 상사 | 서로 그리워함, 또는 남녀가 서로 사모함.

비단성에서 봄에 바라보다
錦城春望

온화한 바람이 비단성을 봄으로 꾸미며,
가랑비는 실과 같고 옥티끌을 누르네.
멋대로 시정詩情을 잡고 절경 찾으니,
고운 꽃, 진한 술은 한가로운 이의 것이네.

和風裝點錦城春,
細雨如絲壓玉塵.
漫把詩情訪奇景,
豔花濃酒屬閑人.

ᢀ주석

錦城 금성 | 비단성. 성 이름[城名]으로 금관성錦官城의 줄임말. 옛 터는 지금의 사천四川 성도成都 남쪽에 있다. 옛날 성도에 비단담당관의 관청이 있었기 때문에 '금관성錦官城'이라고 불렀고, 나중에는 성도의 별칭이 되었다. 당대唐代 이백李白의 시 〈촉도난蜀道難〉 중 "비단성 비록 즐겁다 하지만, 일찌감치 집으로 돌아감만 못하네錦城雖云樂, 不如早還家."에도 같은 표현이 나온다.

春望 춘망 | 봄의 조망, 봄에 바라보다.

和風 화풍 | 온화한 바람. 일반적으로 봄바람을 가리킨다.

裝點 장점 | 꾸미다, 장식하다.

細雨 세우 | 가랑비.

如 여 | ~와(과) 같다, ~와(과) 비슷하다.

壓 압 | 누르다.

玉塵 옥진 | 옥 티끌, 옥처럼 아름다운 먼지. 꽃잎을 비유하는 시어로 주로 흩어지는 꽃잎과 눈을 묘사할 때, 특히 초봄에 날아다니는 가벼운 가루를 묘사할 때 쓴다.

작품설명

이 시는 청대清代 동치同治 2년(1873) 《중수성도현지重修成都縣志·예문藝文》에 설도의 시로 수록되어 있다. 다른 책에서는 수록되어 있지 않으며 《전당시》에는 탁영영卓英英의 시로 수록되어 있다. 성도成都의 봄풍경에 대한 소묘이다.

漫 만 | 멋대로, 구애받지 않고, 마음대로, 내키는 대로.
把 파 | 잡다, 한 손으로 쥐다.
詩情 시정 | 시적인 정취情趣, 시를 짓고 싶어지는 마음.
訪 방 | 찾다.
奇景 기경 | 절경, 뛰어난 경치, 기이한 경관, 특이한 경치.
豔花 염화 | 아리땁고 고운 꽃.
濃酒 농주 | 진하고 맛이 좋은 술.
屬 속 | ~의 것이다, ~에 속하다.
閑人 한인 | 한가하고 일 없는 사람.

매화
梅

백옥당 앞에 한 그루 매화가요,
오늘 아침 문득 보니 몇 송이 피었어요.
우리 집 출입문은 꼭꼭 닫혔는데,
봄빛이 어디로 들어올 수 있었을까요?

白玉堂前一樹梅,
今朝忽見數花開.
兒家門戶重重閉,
春色因何入得來.

◎주석

白玉堂 백옥당 | 저택 이름으로 누구의 저택인지는 확실치 않다.
樹 수 | 그루. 나무를 세는 양사.
今朝 금조 | 오늘 아침.
忽 홀 | 문득.
見 견 | 보다.
數 수 | 몇, 두서너, 대여섯.
開 개 | (꽃이) 피다.

작품설명

이 시는 명대 말엽 천계天啓 원년元年(1621)에 간행된 양조지楊肇祉의 《당시염일품唐詩艶逸品》에서 설도의 시로 수록하고 있는데 다른 책에서는 수록되어 있지 않다. 또한 이 책은 범례에서 원본의 오류를 수정하였다고 되어 있는데 무슨 근거로 했는지에 대해서는 밝히지 않았다. 《전당시》에서는 성당盛唐의 진사進士 장유한蔣維翰의 시로 수록하였다. 장봉주는 장유한의 시는 다섯 수 남아있는데 모두 규방의 정을 노래하고 있어 의심이 된다고 하면서 좀 더 고증해 보아야 한다고 하였다(張蓬舟, 앞의 책, p. 46). 《전당시》에서는 시의 제목을 〈봄처녀의 원망春女怨〉이라 하였고 '중중폐重重閉'를 '심상폐尋常閉'라고 하였다. 호문해胡文楷의 《역대부녀저작고歷代婦女著作考》에 인용된 《연지집然脂集》(청대淸代 왕사록王士祿이 편찬한 것으로 230권이라고 하지만 간행본은 없고 필사본 9책이 남아있다)의 집례集例에 따르면 설유한薛維翰의 시라고 되어 있다. 제3구의 '아가兒家'를 여성을 가리키는 말로 본다면 설도가 소녀시절에 창작한 것일 수도 있다. 어쨌든 저자를 확신할 수 없는 작품이다.

兒家 아가 | 우리 집. 아가我家와 같은 뜻. 고대 젊은 여자가 자기 집을 부르는 말.
門戶 문호 | 출입문, 집으로 드나드는 문.
重重 중중 | 꼭꼭.
閉 폐 | 닫히다.
春色 춘색 | 봄빛, 봄의 아름다운 빛.
因何 인하 | 어디로.
入得來 입득래 | 들어올 수 있다. 입래入來는 '들어오다'의 뜻이고, 득得은 동사와 보어 사이에 서 가능(~할 수 있다)을 표시한다.

들꽃
野花

다정한 나무꾼과 목동들이 반드시 상투에 꽂아 보고요,
임자 없는 벌 나방은 마음대로 꽃방에 잠든답니다.

多情樵牧須簪髻,
無主蜂蛾任宿房.

ꩰ주석

樵牧 초목 | 나무꾼과 목동.
須 수 | 반드시, 모름지기.
簪 잠 | 꽂다.
髻 계 | 상투.
無主 무주 | 임자가 없다.
蜂蛾 봉아 | 벌나방.
任 임 | 마음대로, 제멋대로.
宿 숙 | (잠을) 자다.
房 방 | 꽃방.

작품설명

청대清代 역종군易宗涒의 《역대명원치보歷代名媛齒譜》의 〈편년고編年考〉에서 설도는 열 살에 시를 지을 줄 알았는데, 〈들꽃野花〉이라는 시를 지어 위와 같이 노래하자 그의 아버지가 근심하였다고 기록되어 있다. 이 작품은 들꽃이 목동들에게 꺾여 상투에 꽂히고, 벌이나 나방 등이 깃들이는 존재라고 노래한 것인데 부친은 이것을 볼품없는 사내들에게 마구 꺾여 밤의 잠자리가 된다고 풀어 장래에 기녀가 될 운명을 암시하는 것으로 읽었을 것이다. 그런데 〈편년고〉는 무엇에 근거한 것인지 밝히지 않았다. 《전당시》와 장봉주의 책에는 이 구절을 수록하지 않았다. 한편 명대明代 낭영郎瑛의 《칠수류고七修類稿》(권37)에서는 원元 말엽에 건안建安의 기씨暨氏 딸이 열 살에 시를 지을 줄 알아 사람들이 '야화野花'로 시를 지어보라고 하여 지은 것이라고 하였다.

네 벗 예찬
四友贊

윤색 선생의 배를 갈고,
장봉 도위의 머리를 적시어,
글씨 매파 끌어당겨 검디검게,
글자 밭에 들어가니 아름다워라.

磨潤色先生之腹,
濡藏鋒都尉之頭.
引書媒而黯黯,
入文畝以休休.

☙주석

磨 마 | 갈다.
潤色先生 윤색선생 | 벼루[硯]에 대한 비유. 윤색潤色은 윤이 나도록 매만지고 빛나게 한다는 뜻으로 벼루의 성질을 빗댄 것이다.
濡 유 | 적시다.
藏鋒都尉 장봉도위 | 붓에 대한 비유. 장봉藏鋒은 서예의 한 방법으로 글씨를 쓸 때에 붓끝이 드러나지 않게 쓰는 법을 가리킨다. 도위都尉는 관직이름으로 장군에 비해 다소 낮은 무관이다.
引 인 | 끌어당기다.
書媒 서매 | 글씨 매파. 여기서는 먹에 대한 비유.
黯黯 암암 | 검디검다.
文畝 문묘 | 글자 밭. 종이에 대한 비유이다.
以 이 | 순접의 접속사로 '~하여'라는 의미이다. 바로 앞 구절의 '이而'와 같은 역할을 한다.
休休 휴휴 | 아름다운 모양.

작품설명

이 작품은《전당시》에는 기재되어 있지 않고, 장봉주가《청이록清異錄》에 근거하여 보충하였다. 한편 진문화의《당여시인집삼종唐女詩人集三種》과 가리시마 다케시辛島驍의《한시대계》에서는 이 작품을 시로 보지 않아 수록하지 않았고, 팽운생은《설도시교정薛濤詩校正》에서 잡문류雜文類로 보았다. 명대 판본의《설도시薛濤詩》에서는〈마문슬선생지복磨捫蝨先生之腹〉이라 되어 있고,《촉고蜀故》에서는 "윤색선생의 배, 장봉도위의 머리潤色先生之腹, 藏鋒都尉之頭"라고 되어 있다. 네 벗은 문방사우인 벼루, 먹, 붓, 종이를 가리키고 이 시는 문방사우에 대한 예찬이다. 벼루를 선생의 배에 비유하고, 붓을 도위님 머리에, 먹은 붓과 벼루를 매개시키는 글씨를 만드니 글씨매파에, 종이는 글자 밭에 비유하였다. 절묘한 비유이다.

이 작품과 관련하여 오대五代 도곡(陶穀, 903~970)의《청이록淸異錄》(卷下)의《문용文用》(17)에 "촉지방에는 여성문인이 많았는데, 역시 풍토가 그렇게 만든 것이다. 원진은 평소에 설도의 이름을 듣고 있었는데 부임하여 만나보았다. 원진은 문필에 자긍심을 가지고 있었는데, 설도가 붓을 놀려〈네 벗 예찬〉을 짓기를 청하였다. 그 대략은 이러하다. '윤색선생의 배를 갈고, 장봉도위의 머리를 적시어, 글씨 매파 끌어당겨 검디검게, 글자 밭에 들어가니 아름다워라.' 원진이 탄복하였다蜀多文婦, 亦風土所致. 元微之素聞薛濤名, 因奉使見焉. 微之矜持筆硯, 濤請走筆作〈四友贊〉, 其略曰: 磨潤色(或作捫虱)先生之腹, 濡藏鋒都尉之頭; 引書媒而黯黯, 入文廟以休休. 微之驚服."라는 기록이 있다. 명대明代의 이지李贄는《분서焚書》(권2)의〈여인이 도를 배우는 것을 견해가 짧다고 여기는 것에 대한 답글答以女人學道爲見短書〉에서 "설도는 촉지방 태생이다. 원진이 듣고 서천지방으로 가고자 하여 그녀와 만났다. 설도는 붓을 휘둘러〈네 벗 예찬〉을 지어 그 뜻에 보답하였다. 원진이 과연 크게 탄복하였다. 원진은 정원貞元 연간의 호걸인데 어찌 쉬이 탄복했겠는가? 아! 한 문재와 설도가 오히려 사람으로 하여금 천리 밖에서 경모하게 할 수 있구나夫薛濤, 蜀産也. 元微之聞之, 故求出使西川, 與之相見. 濤因走筆作四友贊以答其意, 微之果大服. 夫微之, 貞元傑匠也, 豈易服人者哉. 吁, 一文才與濤者, 猶能使人傾千里慕之."라고 적고 있다.

양온중님께
贈楊蘊中

물시계 소리 유장하고, 등잔불은 깜빡깜빡,
동쪽 서쪽 널씌우개에 때때로 그림자 보이네.
달 밝은 창 밖에서 두견새 울어대며,
어찌 외로운 혼더러 밤 긴 것을 근심하게 하는가?

玉漏聲長燈耿耿,
東牆西牆時見影.
月明窗外子規啼,
忍使孤魂愁夜永.

주석

玉漏 옥루 | 물시계.
長 장 | 유장悠長하다. 길고 오래다.
燈 등 | 등잔.
耿耿 경경 | 불빛이 깜박깜박함. 조금 밝은 모양.
牆 장 | 널 씌우개. 관을 덮는 천. 고대에 상여의 관을 덮는 장식용 휘장.
時 시 | 때때로.
見 견 | 보이다.
子規 자규 | 두견새. 촉의 망제望帝의 혼이 변하여 이 새가 되었다는 전설이 있다. 성도成都 지방에 많다. 봄에 주야로 구슬피 운다.
啼 제 | 울다.
忍 인 | 어찌 ~이란 말인가. 두보杜甫의 시 〈그림을 노래함, 장군 조패에게丹青引贈曹將軍霸〉 중 "한간韓干은 오직 살만 그리고, 뼈는 그리지 못하여, 어찌 명마인 화류의 기세를 시들어 죽게 하였단 말인가干惟畫肉不畫骨, 忍使驊騮氣凋喪."에도 이와 같은 표현이 있다.

작품설명

명대의 전예형田藝蘅이 편찬한《시녀사詩女史》(권8)〈설도소전薛濤小傳〉에 이 시가 수록되어 있다. 또 명대에 간행된 지상객池上客(필명, 성명 불확실) 편찬의《명원기낭名媛璣囊》에도 이 시를 수록하고 있지만 제목은〈양온중을 애도하여挽楊蘊中〉로 되어 있고 제1구의 시구가 "옥루심장연경경玉漏深長烟耿耿"으로 되어 있다. 일본판《한시대계》의 위 원문은 송宋 계민부計敏夫의《당시기사唐詩紀事》를 따랐다. 명대 말엽 종성의《명원시귀》에는 이 작품을 설도의 시 84수에 포함하여 수록하였고 시제목과 시구는 모두《당시기사》를 따랐다. 양온중楊蘊中이 누구인지는 확실치 않다. 또한《만수당인절구》와 명대에 판각한《설도시》에도 이 작품이 수록되어 있는데,《만수당인절구》에서는 제목 아래 주석에 '사후작死後作'이라고 되어 있다.《당시기사》(권79)에 "진사 양온중이 성도의 감옥에 들어갔다. 한 부인을 꿈에 만났는데 말하기를 '나는 설도인데 시를 보냅니다' 하였다進士楊蘊中下成都獄, 夢一婦人曰: 吾薛也. 贈詩云."라고 하고 이 시를 기록하고 있다. 그러므로 이 시가 설도의 작품이라고 하는 전설은 이미 송대宋代에 있었던 것으로 추정하고 있다. 명말 청초의 풍몽룡馮夢龍은 그의《정사류략情史類畧》(권20) '정귀류情鬼類'의 설도 항목에서 관련기록을 인용한 뒤 설도는 노년에 불교에 빠졌으며, 옥사했다는 말은 들리지 않으니 이것은 이해할 수 없다고 하였다. 풍몽룡이 인용하고 있는 설도 시의 첫 구절은 '옥루심장등경경玉漏深長燈耿耿'이라고 되어 있다. 그런데 명대의 지상객池上客은 이 시를 '양온중을 애도하여挽楊蘊中'라고 제목을 붙였는

使 사 | ~하여금 ~하게 하다.
孤魂 고혼 | 외로이 의탁할 데 없는 영혼.
愁 수 | 근심하다.
夜永 야장 | 밤이 길다, 밤이 깊다. 주로 시에 많이 사용한다.

데, 이 시에서 널씌우개[牆]라고 한 것과 마지막 구절에서 '외로운 혼[孤魂]'이라고 한 것을 보면 '만挽(죽은 자를 조문하여 보냄)'이라고 제목을 붙이는 쪽이 적합하다고 보았다. 장봉주는 이 모두는 황당하고 근거가 없는 말로《전당시全唐詩 · 설도薛濤》에서는 수록하지 않았다고 하고 자신의《설도시전》에 수록하지 않았다.

설도薛濤는 누구인가?

설도薛濤(770?~832?, 자字 홍도洪度),[1] 당대唐代 최고의 여성시인이다.

꽃잎은 하염없이 바람에 지고
만날 날은 아득타 기약이 없네
무어라 맘과 맘은 맺지 못하고
한갓되이 풀잎만 맺으려는고
한갓되이 풀잎만 맺으려는고

이것은 김성태 작곡의 명곡 〈동심초〉의 가사이다. 김소월의 스승인 안서 김억에 의해 번안된 이 가사의 원작자가 바로 당대唐代의 시인 설도이다.[2] 조선의 명기 이매창을 비롯한 우리나라의 이름난 고전 여성시인들

1 설도에 대해서는 믿을 만한 사료가 없어 생졸 연도에 대해서는 의견이 분분하다. 장봉주는 관련 자료를 꼼꼼히 분석한 뒤 설도의 생졸년을 '770년~832년'이라고 주장하였다(張篷舟, 《薛濤詩箋》, 人民文學出版社, 1983, pp. 88~92 참조). 본서는 설도에 대해서 현재 가장 믿을 만한 자료인 장봉주의 《설도시전薛濤詩箋》에 근거하여 '770년~832년'설을 기본 연도로 하되 확신하지는 않아 '약'이라는 글자를 붙였다.

2 〈봄에 바라보다春望詞〉 제3수를 번안하였다.

은 모두 설도의 독자들이었다.[3]

우리 문화 속에 들어와 있는 당대唐代의 여성시인 설도, 그러나 대부분의 고전 여성문인들처럼 그녀의 생몰 연도 및 출신가문에 대한 기록은 확실치 않다.[4] 그녀는 장안長安(당대의 수도, 현재의 서안西安)의 평범한 가정에서 태어나 자랐다. 그 후 부친 설원薛員을 따라 성도成都로 이주하였으며, 부친은 사천四川에서 하급관리를 지내다가 일찍 죽었다고 한다.

설도는 어렸을 때부터 총명하고 문재가 뛰어났다. 그녀는 여덟, 아홉 살 무렵에 이미 시를 지을 줄 알았다. 그 무렵에 이런 일이 있었다고 한다. 어느 날 부친이 우물가 오동나무를 가리키며,

뜰 섬돌가 한 그루 늙은 오동나무,
솟은 줄기 구름 속으로 들어가네.

라고 읊은 뒤 어린 설도에게 나머지 반을 이어 지으라고 하였다. 그러자 소녀는 주저하지 않고 이렇게 노래하였다.

---

3 이매창이 죽은 뒤 허균은 그녀의 죽음을 애도하는 시 〈계랑을 애도하며哀桂娘〉에서 이매창을 설도에 비유하여 "누가 설도의 무덤을 들를까誰過薛濤墳?"라고 했다.

4 현재 설도의 생졸 연도와 가문 및 전 생애를 확증할 수 있는 자료는 없다. 《신당서新唐書》와 《구당서舊唐書》에도 기록이 없고 단지 야사에서 간간이 보이는 정도이며, 부분적으로 《당재자전唐才子傳》과 《설도시薛濤詩》에 전해지고 있다. 그래서 설도의 삶과 작품 그리고 관련된 사건과 인물에 대해서는 서로 다른 의견이 분분하다. 설도의 출생 연도에 대해서는 몇 가지 주장이 있는데 장봉주는 당唐 대종代宗 대력大歷 5년(770)에 태어났다고 보고, 팽운생彭雲生은 정원貞元 원년元年(785) 혹은 2년(786)에 태어나 향년 48세 혹은 47세로 보고 있으며, 유천문劉天文은 당唐 덕종德宗 건중建中 2년(781)에 태어나 향년 52세라고 주장하였다(劉天文, 〈薛濤生年考辨〉, 《社會科學研究》, 1992年 6期; 《薛濤詩四家注評說》, pp. 133~141). 유천문의 주장은 가장 최근에 나온 것으로 일정 정도 설득력이 있어 보인다. 그러나 그가 근거로 제시한 자료의 원본이 현존하는 것도 아니고 시의 제목을 비롯하여 관련된 기록들은 가필과 허구가 가능하기 때문에 완전히 확신할 수는 없다. 따라서 본서는 현재로서 가장 영향력 있고 믿을 만한 자료인 장봉주의 기록(張篷舟, 앞의 책, pp. 79~83 참조)을 참고하여 설도의 생애를 재구성하였다.

가지는 남북의 새 맞이하고요,

잎새는 오가는 바람 보낸답니다.[5]

이때 그녀의 아버지는 정색을 하였다고 한다. 아버지는 어린 딸이 지은 시구가 남북으로 왕래하는 손님을 맞이하는 기녀의 생활을 묘사한 것으로 생각하였다. 물론 설도 자신은 그런 의미로 지은 것은 아니었다. 그런데 이것이 예언이었을까?

아버지가 돌아가신 뒤 그녀는 홀어머니와 함께 살 길을 찾아야 했다. 정원貞元 원년元年(785)에 위고韋皐가 사천四川 지방의 절도사로 부임하였는데 당시 시재로 명성이 난 설도를 불렀다. 위고는 그녀의 문재를 알고 그녀로 하여금 술을 올리고 시를 짓게 한 뒤 그녀를 가기歌妓 인명부(악적樂籍)에 넣었다. 당송唐宋 시대에 여자가 가기 인명부에 들어가는 것은 완전히 예능 때문이며 후대의 창기娼妓가 매음을 겸한 것과는 다르다. 그러나 자주 남자와 접촉하기 때문에 후대 사람들이 창기처럼 보았는데,[6] 이런 시선으로 설도를 보는 것은 지나치다. 이때 그녀의 나이는 약 열여섯 살 정도였고 결국 그녀 부친의 예감은 현실이 되어 버렸다.

설도는 막부幕府를 출입하며 위고의 총애를 듬뿍 받았다. 당시 남월南越에서 위고에게 공작새 한 마리를 선물했는데 위고는 설도의 뜻에 따라 연못을 파고 새장을 마련하여 살게 하였다고 하니[7] 그 총애를 짐작할 만하다. 정원 4년(788)에 위고는 토번吐蕃을 격파하였으며 그가 촉지방을 다스리는 동안 치적이 탁월하여 사람들이 위고를 제갈공명의 후예라고

5 이 시는 본서에서 설도의 처녀작으로 보고 맨 첫 부분에 배치하였다. 이 시의 원문과 관련 설명은 본서의 해당 부분 참조.

6 譚正璧,《中國女性文學史》(百花文藝出版社, 1985, 2002 제2판), p. 173.

7 이 일은 그 뒤 무원형武元衡, 왕건王建, 백거이白居易, 한유韓愈, 이덕유李德裕, 유우석劉禹錫 등이 모두 시로써 노래하였다.

칭송할 정도였다. 그런데 사신의 무리가 촉지방에 오면 매번 먼저 설도에게 뇌물을 주었고 설도 또한 의심하지 않고 금품을 받아 상납하는 일이 있었다. 나중에 위고가 이 사실을 알고 노하여 정원 5년(789)에 설도는 송주松州(지금의 사천성四川省 송반현松潘縣)로 추방되었다가 시를 바치고서야 풀려났다. 성도成都로 돌아온 뒤 설도는 가기 인명부(악적)에서 탈퇴한 뒤,[8] 서쪽 교외에 있는 완화계浣花溪에 은거하며[9] 문 가득 비파 꽃을 심어놓고 지냈다. 그때 그녀의 나이 스무 살이었다.

위고가 촉에 주둔한 21년 동안, 그의 막부에 인재가 몰려 명성을 떨친 관료들이 그 문하에서 나왔으며 설도는 그들과 왕래하고 창화唱和[10]하면서 명성은 더욱 높아만 갔다.[11] 위고에 이어 원자袁滋, 유벽劉碧, 고숭문高崇門, 무원형武元衡, 이이간李夷間, 왕파王播, 단문창段文昌, 두원영杜元潁, 곽검郭劍, 이덕유李德裕 등 모두 11명의 절도사가 검남서천절도사劍南西川節度使로 임명되었다. 설도는 그들의 치적과 득실을 직접 보고 알고 있었기에 전임 절도사의 공과에 대해서는 설도가 자문인이 될 정도였다.

영정永貞 원년元年(805)에 위고가 세상을 떴다. 그리고 이어 원자袁滋가 임명되었으나 부임하지 못하고 곧 폄적되었다. 얼마 뒤 유벽劉碧이 주둔하여 곧장 반란을 일으키자 고숭문高崇門이 토벌하였다. 원화元和 원년元年(806)에 고숭문이 촉지방에 주둔하자 설도는 〈역적이 평정된 후 고 상공님께 올림賊平後上高相公〉이라는 시를 지었다. 이때 설도의 나이는 약 서른

8 장봉주는 설도가 악적樂籍에 머문 기간을 5년 정도로 보고 있다.

9 설도가 완화계浣花溪에 머문 시점에 대한 주장은 서로 다르다. 위고가 죽은 뒤에 머물렀다가 유벽劉碧의 난이 평정되면서 무원형武元衡 등의 절도사들과 교류하면서 다시 완화계를 떠났다가 그 뒤 만년에 다시 완화계로 물러났다고 하는 주장도 있다. 본서는 장봉주의 서술을 따랐다.

10 시나 노래를 한쪽에서 부르고 다른 쪽에서 화답하는 것.

11 설도가 완화계에 머문 이후 구체적으로 어떻게 관료들과 내왕하였는지에 대한 기록은 없다.

일곱 살쯤이었고, 완화계에 물러나 은거한 지 이미 16년이 지났다.

원화 2년(807)에 무원형이 절도사로 부임하였다. 무원형은 여느 절도사보다 더 설도의 재주를 인정하여 심지어 설도를 교서랑校書郎[12]으로 상주하려고 하였다. 이 일은 비록 상부에 접수되지는 않았지만 이 일로 설도는 여교서女校書로 불리게 되었다.[13] 설도가 무원형에게 바친 시는 모두 3수이다.

원화 4년(809) 3월에 중당中唐의 대표 시인 중의 한 사람인 원진元稹이 동천감찰어사東川監察御史로 부임하면서 설도를 만나고 싶어했다. 이때 사공司空 엄수嚴綬[14]가 원진의 뜻을 짐작하고 설도를 보내어 모시게 하였다. 설도는 재주梓州(지금의 사천성四川省 삼대현三臺縣)로 가서 원진을 만났는데 이때 〈네 벗 예찬四友贊〉을 지어 원진을 탄복시켰다. 설도는 원진에게 마음을 둔 것 같으며 동천東川에 있는 몇 개월 동안 원진과 화창한 것이 많을 것이지만 애석하게도 현존하는 작품은 별로 없다. 당시 설도의 나이는 마흔 살이었고 원진은 서른 살이었다. 이때 원진은 탄핵사건으로 미움을 사서 이해 7월에 낙양洛陽으로 옮겼다가 다음해 2월에 다시 사건에 연루되어 강릉부사조참군江陵府士曹參軍으로 좌천되었다. 장경長慶 원년元年(821)에 원진이 한림翰林에 들어갔는데 설도가 자신이 창안한 진홍색의

---

12 '교서校書'(교서랑校書郎)는 책을 비교, 대조하여 교감과 교정을 하는 일 혹은 그 일을 하는 사람을 의미한다. '설도가 기녀였기 때문에 여교서女校書'라는 호칭은 나중에는 기녀의 대명사가 되었다.

13 일반적으로 설도를 교서랑校書郎으로 상주한 것은 위고라고 전하는데 장봉주는 그렇지 않다고 하였다. 그 근거로 장봉주는 다음 두 가지 사실을 들었다. 첫째, 무원형과 동시대이면서 가장 창화를 많이 한 왕건에게 〈촉지방의 교서 설도에게寄蜀中薛濤校書〉라는 시가 있고, 이 시 속에 '만리교가의 여교서[萬里橋邊女校書]'라는 구절이 있다는 점이다. 둘째, 남송의 조공무晁公武의 《군재독서지郡齋讀書志》에서 "무원형이 교서랑으로 상주하였다."라고 하였다는 점이다.

14 촉지방 사람으로 처음에는 위고의 막부에 있다가 성도윤成都尹으로 부임하여 설도와 평소에 친분이 있었다. 이때 그는 사공司空으로 승진하여 태원절도사太原節度使를 맡고 있었다.

작은 종이를 보냈고 원진이 곧 이 종이에 〈설도에게 보냄寄贈薛濤〉이라는 시를 적어 보냈다. 당시 설도는 이미 쉰두 살이었다.

설도는 젊어서부터 중년에 이르기까지 성도成都의 서쪽 교외 완화계에 오랫동안 머물렀다. 완화계의 주민들은 대부분 종이를 만드는 것을 업으로 삼고 있었는데, 설도는 원진과 헤어져 완화계에 돌아온 뒤 종이의 폭이 너무 큰 것이 아쉽다고 여겨 곧장 기술자에게 진홍색의 작은 종이를 만들도록 하고 사람들에게 헌사하기도 하였다. 당시 사람들은 이 작은 종이가 편리하다고 여겨 이 종이를 '설도의 종이(설도전薛濤箋)'라고 불렀으며 천 년에 걸쳐 유행하였다.

설도는 만년에 성도成都 성 안 서북쪽 벽계방碧雞坊으로 옮겨 음시루吟詩樓를 세워 그곳에서 살았다. 829년(대화大和 3년)에 남조南詔가 성도成都를 습격하여 서남쪽 교외에 거주하는 사람과 가축을 대거 약탈하였는데 설도는 화를 입지 않았다. 830년(대화 4년) 겨울에 이덕유李德裕가 서천西川에 주둔하였고 다음해 가을에 주변루籌邊樓를 세웠는데 설도가 시를 지어 찬미하였다.

832년(대화 6년) 여름에 설도는 이 세상에서의 여행을 끝냈다. 향년 63세였다. 이덕유가 〈공작과 설도를 아파하며傷孔雀及薛濤〉라는 시를 지었다고 하는데 애석하게도 현존하지는 않는다. 당시 유우석劉禹錫은 소주자사蘇州刺史로 있었는데 〈서천 이상서의 '공작과 설도를 아파하며'에 화답하여和西川李尙書〈傷孔雀及薛濤〉之什〉라는 시를 지었다. 이 시는 유우석의 문집에 현존하므로 이덕유가 앞의 작품을 지었다는 것을 확인시켜 준다. 같은 해 겨울 10월 말엽에 백거이가 낙양에서 유우석의 이 시를 얻어 11월에 회신을 하면서 일부 시구를 인용하였는데 이 글의 진품은《순희비각속법첩淳熙秘閣續法帖》에 현존하므로 설도가 죽은 해는 832년임이 확실하다.

대화 6년(832) 11월에 검남서천절도사劍南西川節度使에 다시 부임한 단문창이 833년(대화 7년)에 설도를 위해 묘비문을 지었다고 하는데 현존하지는 않는다.[15] 설도의 무덤은 성도成都 동쪽 교외 금강錦江 남쪽 언덕 즉 현재 망강루望江樓 공원의 동쪽 언저리로 지금은 사천대학교 캠퍼스 안에 있는데,[16] 실제 무덤이 아니라 설도연구회薛濤硏究會가 고증에 의해 중건한 것이다. 현존하는 설도의 시에서 그녀의 행적이 언급된 곳은 성도 부근 이외에 송주松州(지금의 송번현松藩縣), 영주榮州(지금의 영현榮縣)의 죽랑묘竹郎廟, 간주簡州(지금의 간양현簡陽縣)의 강월루江月樓, 서암西巖, 재주梓州(지금의 삼대현三臺縣), 가주嘉州(지금의 낙산현樂山縣)의 능운사淩雲寺, 유주渝州(지금의 중경시重慶市)의 해당계海棠溪, 기주夔州(지금의 봉절현奉節縣)의 무산묘巫山廟(즉 신녀묘神女廟) 등의 지역이 있는데 모두 사천四川 경계에 있다.

설도는 뛰어난 시재로 이름난 기녀가 되어 당시 서천西川지방(사천四川의 서부지방)을 다스리던 절도사들과 교유하고 시를 주고받았다. 그 가운데 위고와 무원형 두 절도사에게 특히 사랑을 받았다. 당시 11명의 서천절도사西川節度使 가운데 위고韋皐, 고숭문高嵩文, 무원형武元衡, 왕파王播, 단문창段文昌, 이덕유李德裕 6명과 창화한 작품이 있다.

설도는 당대의 유명문인들과도 교제하며 시를 주고받았다. 원진元稹, 백거이白居易, 유우석劉禹錫 등의 시인들과 사귀었고 특히 원진과는 핑크빛 러브스토리가 전해 내려오지만 사실을 확인하기는 어렵다. 그녀는 또한 저명한 시인 왕건王建, 두목杜牧 등과 창화하였다.

---

15 진문화는 단문창이 대화 6년(832) 11월에 서천西川에 다시 부임한 이해 12월에 설도가 죽어 단문창이 그녀를 위해 묘지墓誌를 썼다고 하였다(陳文華, 《夢爲蝴蝶也尋花》, 上海古籍出版社, 2007, p. 63, 본서 '단문창段文昌'편 참조).

16 설도의 무덤에 관해서는 만당晩唐의 정곡鄭谷의 〈촉 땅에서 세 수蜀中三首〉의 세 번째 시에 가장 자세한 기록이 남아 있다. 정곡은 시 〈촉 땅에서蜀中〉에서 "어린 복사꽃이 설도의 무덤을 두르고 있네小桃花繞薛濤墳."라고 하였다. 이 밖에도 유함영劉咸榮의 장련長聯이 있다.

그녀는 관리와 문사들과 폭넓게 사귀면서 만인의 연인으로서 기녀의 신분에 충실하였다. 전통사회에서 기녀는 일반인이 흔히 생각할 수 있는 창녀와 달리 일종의 기예인이었다. 당시 기녀는 예술 전반에 뛰어난 재능을 발휘한 만능 탤런트였다. 비록 신분은 미천하지만 그럼에도 전통사회에서 여성으로서는 예외적으로 시적 재능을 인정받으며 남성 문인들과 일정 정도 동등하게 문화적이고 지적인 소통을 할 수 있었다. 문재가 뛰어났던 설도로서는 재능을 인정받고 발휘할 수 있다는 점에서 기녀라는 신분을 어느 정도는 받아들였을 것이다. 또한 그녀의 마음속에는 당대唐代의 또 다른 뛰어난 여성시인인 어현기魚玄機와 같은 불타는 사랑의 화염이 없었고, 게다가 달리 열렬하게 구애하는 남성도 없었기에 그녀가 결혼하는 일은 일어나지 않았다.

설도는 글씨도 잘 썼다고 한다. 《선화서보宣和書譜》에서는 설도의 서체를 칭찬하여 "글씨에 여자의 기색이 없고 필력이 과격하며 행서의 묘처는 자못 왕희지의 필법을 얻었다作字無女子氣, 筆力峻激, 其行書妙處, 頗得王羲之法."라고 하였다.

지금 사천성四川省 성도成都에는 후대 사람이 설도를 기념하여 세운 망강루望江樓 공원이 있다. 이곳에는 그녀가 종이를 만들 때 사용했다는 '설도의 우물薛濤井'과 '음시루吟詩樓'가 있다.[17] 무성한 대나무 숲으로 둘

17 사천四川 성도成都의 망강루공원望江樓公園 안 동북쪽에 빨간색으로 '설도정薛濤井'이라고 쓰여 있는 비석이 있다. 이 비석은 청나라 강희康熙 3년(1664) 3월에 기응웅冀應熊이 써서 우물 옆에 세운 것이다. 그런데 설도정薛濤井에 대한 설은 명대明代에 시작되었고 송원대宋元代 이전에는 기록이 보이지 않기 때문에 장봉주는 명대 사람들이 견강부회한 것으로 보았다. 설도가 만년에 기거했다는 음시루吟詩樓는 현존하지 않으며 정확한 위치도 알 수 없다. 현재 우물 오른편에 남아있는 음시루와 완전정浣箋亭은 모두 청대淸代 가경嘉慶 19년(1814)에 세운 것이다. 함풍咸豊 초에 누대와 정자 모두 병화兵禍로 훼손되어 보수하였고, 광서光緖 25년(1899)에 중건하면서 주변에 각종 기념관을 세워 망강루望江樓로 불렸다. 광서 29년(1903)에 설도의 조각상을 세웠다. 중일전쟁 시기에는 망강루를 제일교외공원第一郊外公園이라고 개칭하였다가 그 뒤 1953년에 망강루공원으로 다시 고쳐 불렀다. 문화대혁

러싸여 서 있는 그녀의 하얀 조각상은 언제나 우리와의 만남을 기다리고 있다.

설도의 시세계: 그 여자의 시, 그 여자의 마음의 무늬[18]

한 시대의 안개 속 꽃 자허선생 되어,
지금까지 문전 거리 풍경이 쓸쓸하네.
교서가 떠난 뒤에 아름다움 다해버려,
새 종이를 다 마름질해도 끝내 못하네.

一代煙花付子虛,
至今門巷景蕭疏.
校書去後芳黴歇,
裁盡新箋總不如.

청대 사람 은이殷彝가 지은 〈설도薛濤〉라는 제목의 시다.

설도의 시는 크게 사교용의 시와 비사교용의 시로 분류할 수 있다. 전자는 공적이면서 직업인으로서의 기녀 생활이 반영되어 있고, 후자는 사

명 기간에 설도정과 일부 건물을 제외하고 모두 없어졌다가 그 뒤 다시 보수되었다. 공원에는 약 130여 종의 대나무가 심어져 울창한 숲을 이루고 있으며 망강루공원은 성도시成都市 동쪽 교외의 유일한 명승지로 자리 잡고 있다(張篷舟, 앞의 책, pp. 151~153 참조).

18 설도의 시세계에 대한 연구논문으로 졸고, 〈薛濤詩歌的語言和意象〉(《國學學刊》, 中華人民共和國教育部 主管, 中國人民大學書報資料中心 編輯出版, 2010年 第2期, 2010. 6. 16)이 있는데 이 글의 한글본은 〈당대唐代 최고의 기녀시인의 경험과 글쓰기: 설도의 언어와 이미지〉(서경호 외 11인, 《중국의 지식장과 글쓰기》, 소명출판, 2011)로 출판된 바 있다.

적이면서 한 개인으로서의 그녀의 내면세계가 그려져 있다.

설도는 기녀였다. 그래서 그녀의 시 대부분은 사교를 목적으로 한 일종의 사교용 시이다. 그녀가 사귄 사람들은 크게 두 부류로 나뉘는데 절도사와 시인이다. 특히 서천지방에 부임해온 절도사들의 행적에 따라 사건을 서술하고 그 사람의 성취를 축하하고 염원해주는 시가 많다. 일종의 영전 축하시나 좌천 위로시이다. 그 밖에 선물을 주고받으며 상대가 보내온 물건, 예를 들면 꽃, 나무, 그림, 시 등에 대한 감사의 화답시도 많다.

상대에 대한 칭찬과 위로, 격려와 감사는 사교의 필수조건이다. 설도의 시는 사교의 기본에 충실하다. 특히 고대의 훌륭한 사람이나 관련 고사를 끌어와 상대를 칭찬하고 격려하는 방식은 기녀로서의 사교성이 돋보인다. 그녀의 칭찬의 기술은 그녀가 갖추고 있는 풍부한 교양과 지식으로 인해 더욱 빛난다. 때로 그녀는 사회문제를 눈치 채고 시 속에 날카로운 풍자를 집어넣기도 하였다. 사교시는 주로 화창, 증여, 송별의 형식으로 이루어졌다. 제목에 '수酬'가 붙은 것은 보내온 시에 대해 답하는 것이고 제목에 '화和'가 붙은 것은 화운和韻을 말하는데 다른 사람이 시를 보내온 것에 답하여 동일 운韻 계열의 글자를 써서 답한 것이다. 그리고 제목에 '별別'이 들어간 것은 전형적인 송별시다.

그녀는 또한 기녀이기 이전에 한 사람이었다. 자연과 사물을 향유하고 교감하며 마음을 나누는 감수성이 예민한 여자였다. 꽃과 풀, 나무와 새 등 아름다운 자연경물은 모두 그녀의 마음에 무늬를 드리우게 하였다.

시 속에 담겨 있는 그녀의 마음은 사랑과 자유에 대한 갈망, 그 사이에 있다. 그녀는 다정하고 화목한 사랑의 상태를 갈망하며 '연못 위에서 함께 노니는 오리'를 부러워하였다. 그러나 다른 한편으로는 자신의 마음을 '떠도는 배'와 같다고 하며 '언제 금포를 떠나 볼까나…'라며 자유에 대한 진한 갈망을 드러냈다. 자유를 지향하는 그녀의 정신세계는 신선세계와 관련된 언어들을 즐겨 사용한 데서 뚜렷이 나타난다. '사랑'과 '자유', 이 두 가지는 기녀로서의 그녀의 삶의 중심언어라고 할 수 있다. 사회적 지위와 명성이 있는 다양한 남성들과의 자유롭고 교양 있는 교제는 설도에게는 '사랑'도 '자유'도 아니었다. 온전히 한 남성과 깊은 사랑을 맺지 못한 기녀로서의 직분은 때로는 '둘만의 사랑'을 동경하게 하였고, 때로는 모든 세속적 현실에서 떠나보는 '자유'에의 충동을 일으키기도 하였다. 그러나 설도의 시는 활화산처럼 뜨겁게 감정을 쏟아 부은 당대唐代의 또 다른 재원 어현기魚玄機와는 사뭇 달랐다. 설도의 시는 온화하고 부드럽고 담백하다.

당대唐代의 이조李肇는 "노래하는 기녀이면서 시에 뛰어난 자로는 설도가 참으로 문단의 요괴이다樂妓而工詩者, 濤亦文妖也."라고 하였다. 만당晚唐의 위장韋莊은 《우현집又玄集》에서 설도를 "본 왕조의 고수 명인國朝大手名人"(《又玄集》 自序)으로 보았다. 역시 만당의 장위張爲는 《시인주객도詩人主客圖》에서 중당中唐과 만당晚唐의 시인 84명을 6주主로 나누고 설도를 "맑고 기이하고 곱고 바름淸奇雅正主"의 대열에 넣었는데 입당入堂한 여성 시인은 설도 한 사람뿐이다. 명대의 종성鍾惺은 《명원시귀名媛詩歸》에서 "설도가 어찌 다만 여자이겠는가, 참으로 한 시대의 영웅일지라 洪度豈直女子哉, 固一代之雄也"라고 하였다. 현대의 정진탁鄭振鐸은 "그 시는 참으로 칭찬할 만하다."(《挿圖本中國文學史》 第二十七章)라고 하였다.

✿ 판본, 현존시, 위작에 대하여[19]

송대宋代 조공무晁公武의《군재독서지郡齋讀書志》의 기록에 따르면 설도의 시집은 북송北宋 이전에는 촉각본蜀刻本이 있었는데 시집명은《금강집錦江集》이고 모두 5권이었다고 한다. 그러나 남송南宋에 이르러 설도의 시집은 한 권만이 남게 되었고, 원대元代에 이르러서는 한 권조차 온전하지 못하였다. 현재 우리가 읽고 있는 설도시薛濤詩의 선본善本(귀중본)은 명대明代 만력萬曆 37년(1609)에 성도成都 세묵지洗墨池 양신楊愼의 집에 소장되어 있던 초각본抄刻本《설도시薛濤詩》이다.[20]

생전에 설도는 500수가 넘는 시를 남겼다고 전하지만 현존하는 시는 약 90수 내외인데 판본에 따라 수량의 차이가 있다. 청대淸代 강희康熙 46년(1707)에 판각된《전당시全唐詩》에서는 설도의 시를 한 권(권卷803)으로 편찬하고 모두 89수를 수록하고 있다.[21] 일본의《한시대계》본에서는《전당시》의 순서대로 모두 89수를 수록하고 여기에 3수를 추가하여 모두 92수를 수록하고 있다.《한시대계》에 추가된 3수는 제90수 보유補遺〈양온중에게贈楊蘊中〉, 제91수〈매화梅〉, 제92수〈들꽃野花〉이다.

현재까지 설도의 시를 연구하는 데 비교적 좋은 자료로는 장봉주(1904~1991)가 고증한《설도시전薛濤詩箋》(北京: 人民文學出版社, 1983)이다. 이 책에 수록된 설도 시는 모두 91수이다. 장봉주는《전당시》에 수록된 89수 가운데〈모란牡丹〉을 가짜라고 보아 제외시키고《한시대계》에 수록되지 않은 시 3수(〈완화정에서 서천장관 왕파 상공 및 관료들을 모시고 때 이른 국화

---

19 설도 시집의 판본에 대한 자세한 설명은 장봉주의 앞의 책 pp. 40~43에 상세하게 소개되어 있다.

20 이 판본은 세묵지본洗墨池本이라고 하며 총 85수가 수록되어 있다. 현재 북경도서관 선본실善本室에 소장되어 있다.

21 辛島驍,《魚玄機, 薛濤》(漢詩大系 제15권)(集英社, 1964).

를 함께 읊다浣花亭陪川主王播相公暨寮同賦早菊〉, 〈네 벗 예찬四友贊〉, 〈붉은 무궁화朱槿花〉)를 추가하여 모두 91수로 확정하였다. 수록순서는 형식상 5언 절구, 5언 율시, 6언 잡언, 7언 절구, 7언 율시의 순서대로 하였고, 동일 형식 내에서는 서정抒情과 창화唱和의 순서로 하였다. 그리고 동일 범위의 시들은 창작연대를 확인할 수 있는 작품은 창작연대 순서로 하고, 알 수 없는 것은 자유롭게 배열하였다.

이 밖에 청대淸代 동치同治 2년(1873)의 《중수성도현지重修成都縣志 · 예문藝文》에는 〈비단성에서 봄에 바라보다錦城春望〉라는 작품이 설도의 시로 수록되어 있는데, 이 시는 다른 책에서는 수록되어 있지 않으며, 《전당시》에서는 탁영영卓英英의 시로 수록되어 있다. 다만 미국에서 출판된 설도의 시선집[22]에서는 이 시를 설도의 시로 수록하고 있다. 그렇다면 지금까지 남아있는 작품 가운데 공통적으로 인정하는 작품은 〈모란牡丹〉을 제외하고 《전당시》에 수록된 88수이다. 물론 이 88수 중에 일부 작품의 경우 약간의 논란의 여지가 있을 수 있다. 예를 들면 〈멀리 떨어짐에 대한 열 편의 시十離詩〉 10수, 〈무산사당을 찾아 뵙고謁巫山廟〉, 〈옛 시를 원미지님께 부치다寄舊詩與元微之〉와 같은 작품은 위작의 논란이 있어 왔다.[23] 하지만 설도의 작품으로 믿을 만하다는 것이 대체적인 결론이므로 본서에서는 이의를 달지 않았다. 이 밖에 나머지 《한시대계》에서 추가 수록하고 있는 3수와 장봉주가 추가한 3수, 일부 책에서 수록하고 있는 〈비단성에서 봄에 바라보다〉 1수, 그리고 장봉주가 제외시킨 〈모란〉 등 총 8수의 작품은 논란의 여지가 있을 수 있다. 이 8수의 작품은 작자가 누구인가에 상관없이 읽어볼 만하다. 설도의 작품이라고 하기에도 그렇고,

22 Jeanne Larsen trans and introduce, *Brocade River Poems: Selected Works of the T'ang Dynasty Courtesan Xue Tao* (Princeton, NJ: Princeton University Press, 1987), p. 82.

23 이에 대해서는 해당 작품의 '작품설명'부분 참조.

그렇다고 절대 아니라고도 할 수 없는 이 작품들은 그나마 설도와의 인연의 끈에 묶여 있을 때에나 제 얼굴을 내밀 수 있다. 그래서 이 책에서는 이들을 버리지 않고 별도로 묶어 소개하여 나중에 새로운 판본의 발견이나 다른 학자들의 연구를 통해 설도의 시로 편입되는 날을 대비하기로 하였다. 그러므로 이 책에 소개하는 시는 확증할 수 있는 작품 88수와 논란의 여지가 있는 작품 8수 모두를 합쳐 96수이다.

본서의 작품 분류

설도의 현존시로 확신하는 88수는 대부분 서정시이다. 이 가운데 설도가 즐겨 쓴 형식은 절구로 모두 82수이다. 절구 가운데 그녀가 즐겨 쓴 형식은 7언 절구인데 모두 70수로 압도적으로 많고, 5언 절구가 12수이다. 그리고 당대唐代 최고의 시형이라고 할 수 있는 율시는 겨우 4수(5언 율시 1수, 7언 율시 3수)에 불과하며 이 밖에 6언시 1수, 7언 고시 1수가 있다. 이 점은 어현기魚玄機의 현존시에 율시가 절구의 2배인 것과 비교되는데, 원대元代까지도 설도의 시는 500수가 있었다고 기록하고 있는 것으로 보아 설도의 율시는 소실되었을 것으로 추정하고 있다. 형식이 짧은 절구시가 많은 이유는 어쩌면 기녀로서 사교용의 시를 많이 지어 즉석에서 지은 시가 많기 때문일지도 모른다. 제재별로는 사교 위주의 기녀의 삶이 반영되어 다른 사람과 주고받은 창화시唱和詩가 약 3분의 2 정도 된다.

시를 분류하고 배열하는 방법은 다양하다. 장봉주는 설도의 시를 형식으로 분류하여 배열하였고, 기타 판본은 특별한 기준이 없다. 설도의 시의 경우 창작 연대를 정확히 추정하기 어려워 연대기적 배열도 쉽지 않다. 시는 인간과 삶 그리고 세상에 대한 정서적 경험의 산물이다. 연륜과 직업은 경험의 차이를 만든다. 따라서 기본적으로 기녀가 되기 이전과 기녀가 된 이후로 구분할 수 있다. 그런데 설도가 기녀가 되기 이전에 지은 것으로 추정하는 작품은 〈우물가 오동나무井梧吟〉 한 편뿐이고 더구나 이 작품은 그녀의 부친과 함께 지은 것이며 일정한 논란도 없지 않다. 이 작품을 제외한다면 설도의 현존 시는 모두 기녀가 된 이후의 작품들이다. 기녀가 된 이후 작품들의 경우에는 기녀로서의 공적 생활을 반영하는 소위 사교용 시와 그녀의 일상의 서정과 경험을 노래한 비사교용 시로 구분할 수 있다. 사교용 시는 다시 그 대상에 따라 절도사들과 교류한 시와 시인들과 교류한 시 그리고 기타의 사람들과 교류한 시로 구분할 수 있다. 본서에서는 설도의 사교용 시를 '그녀의 사람'이라는 제목을 붙여서 정리하였다. 이 작품들은 소위 '창화시'에 해당되며 그 대상에 따라 절도사들과 교류한 시와 시인들과 교류한 시 그리고 기타의 사람들과 교류한 시 등으로 구분하였다. 비사교용 시는 '그녀의 사물'이라는 제목을 붙였는데 주로 '영물시'에 해당되며 그녀의 기녀로서의 공적 생활 이외에 그녀의 사생활을 엿볼 수 있는 시들이다. 이 밖에 위작의 논쟁이 있는 시들은 '미지의 시들'로 묶어 소개하였다. 따라서 본서의 시의 배열 순서는 설도가 유년에 지은 시이자 처녀작으로 볼 수 있는 작품인 〈우물가 오동나무井梧吟〉를 설도 시의 프롤로그적 성격으로 보아 시집 맨 앞에 넣었고, 이어서 사교용 시의 절도사 부분은 절도사의 부임 순서로 배열하였으며, 기타의 시들은 분류항목 내에서 시의 중요도와 현존 최고의 판본인 세묵지본洗墨池本《설도시薛濤詩》[명대明代 만력萬曆 37년(1609)]의 수록 순서를 함께 고려하여 배열하였다.

번역의 방법

시를 번역하는 것은 어려운 일이다. 본서가 준수하려고 한 번역의 모토는 '정확하고 아름다운 번역'이다. 본서는 원시가 지닌 의미와 형식, 특징을 최대한 정확하게 옮기면서 동시에 본래의 시가 지닌 아름다움을 손상시키지 않도록 노력하였다. 번역시의 경우 의미가 정확하면서 동시에 원시가 지닌 시적 맛을 함께 살리는 것이 매우 어렵다. 본서는 역자의 능력 범위에서 최대한 정확하고 아름다운 번역이 되도록 노력하였다. 그러나 원시의 특징과 분위기에 최대한 근접하게 옮기도록 노력하였을 뿐 원시를 일부러 가공하여 아름답게 하려고 애쓰지는 않았다. 이를테면 원시의 언어나 표현이 소박하거나 거칠다면 우리말 번역에서도 마찬가지로 그런 분위기가 나도록 하는 것이 옳은 번역이라고 역자는 생각한다. 중국의 고전시는 리듬을 갖춘 정형시이다. 그래서 의미의 옮김은 어느 정도는 가능하겠지만 한시의 리듬과 정형성을 지키면서 원시에서 느껴지는 시의 맛과 멋을 우리말로 그대로 옮겨내는 것은 결코 쉽지 않다. 시는 언어의 선택과 배열의 결정체이다. 우리말의 알맞은 선택과 배열을 통해 원시의 맛과 멋을 살리는 방법은 무엇일까? 결론은 우리말의 전통 음수율인 3/4/5조를 가능한 대로 살려보는 것이라고 생각했다. 그래서 5언시는 한 구를 가능한 한 3/4/5조의 기본 리듬으로 옮기려고 하였고, 7언시는 3/4/5조를 기본리듬으로 하고 추가로 3, 4, 5음절 가운데 하나를 추가시켰다. 매 구에 대한 번역은 우리말로도 한 행으로 처리하였다. 때로는 한 구의 의미가 두꺼워서 우리말 한 행으로 옮기기 벅찬 것이 있는 것이 사실인데 이와 같은 경우 한 구를 여러 행으로 처리하면 현대적 감각으로는 멋스러워 보이는 것이 사실이다. 그러나 시는 기본적으로 형태미를 무시할 수 없으며 특히 행의 처리는 시의 형식에서 대단히 중요한 부분이다. 고전 한시는 구의 형식이 일정한 정형시이므로 번역시 역시 원문이 지닌 본래의 형태미를 손상시킬 수는 없다는 것이 역자의 기본 생각이다.

본서의 저본과 구성

이 책의 시 제목과 원문은 기본적으로 장봉주張篷舟의 《설도시전薛濤詩箋》(北京: 人民文學出版社, 1983) 표기를 따랐다. 장봉주의 책에 실리지 않은 시는 관련 원전을 따랐다. 본문 구성은 번역문을 먼저 제시하고 원문을 그 뒤에 놓았다. 시의 제목과 원문 등에 대한 서로 다른 견해는 주석과 작품설명에서 소개하였다. 주석에서는 한자와 한시에 어려움을 느끼는 일반 독자를 고려하여 각 시구의 매 글자와 구절에 대해 최대한 구체적이고 상세하게 주석을 달았다. 아울러 작품이해에 도움이 되는 관련정보를 작품설명란에 묶어 놓고 중요인물의 경우 별도의 항목을 설정하여 설도와의 관계를 고려하여 기술해 놓아 관심 있는 독자들이 쉽게 정리해 가며 읽을 수 있도록 하였다.

주요 참고문헌

이 책의 주석과 번역은 기존 주석가의 주석을 따르고 옮기기에 앞서 기본적으로 《한어대사전漢語大詞典》 등의 현존 최대 사전의 글자 풀이를 꼼꼼히 그리고 철저히 참조하였다. 그런 뒤에 주요 주석가의 주석과 설명을 빠짐 없이 비교 대조한 뒤 종합적인 판단을 하였다. 설도의 작품을 이해하기 위해 참고할 만한 자료로는 장봉주의 《설도시전》 이외에 진문화陳文華의 《당여시인집삼종唐女詩人集三種》(上海:上海古籍出版社, 1984)

과《몽위호접야심화夢爲蝴蝶也尋花》(上海:上海古籍出版社, 2007), 가라시마 다케시辛島驍의《어현기魚玄機, 설도薛濤》(漢詩大系 第15卷)(東京: 集英社, 1964), 유천문劉天文의《설도시사가주평설薛濤詩四家注評說》(四川: 巴蜀書社, 2004)이 있다.[24] 장봉주의 책은 주석이 매우 간결하여 역주작업에는 큰 도움이 되지 않는다. 진문화의 책들 중 앞의 책은 교주校注(교정과 주해)로 자구의 교정과 주석이 장봉주의 것보다 더 풍부하다. 진문화가 뒤에 낸 책은 앞의 책에 비해 주석이 좀 더 풍부하고 작품설명도 상세하다. 다만 현존하는 설도의 시의 약 절반 정도인 42수만을 대상으로 한 것이 아쉬운 점이다. 이 밖에 설도의 전기서로 윤철쟁尹鐵錚의《관령춘풍여교서 설도전전管領春風女校書 薛濤全傳》(長春: 長春出版社, 1999) 등을 비롯하여 여러 권이 있는데 이들은 모두 가정에 의한 창작일 뿐이므로 주의가 요한다. 특히 장운금張雲錦, 단길천段吉泉의《일대여시인설도一代女詩人薛濤》(成都: 四川大學出版社, 2006)는 출판 연도는 2006년이지만 실제로는 1988년 2월에 탈고한 뒤 뒤늦게 출판된 전기서이다. 이 책은 전기체로서 스토리로 구성되어 매우 흥미롭고 생동감 있게 설도의 생애를 재구성하였다. 이 책의 저자는 이 책이 사료성과 과학적 객관성을 확보하여 쓴 것으로 사료적 가치가 상당히 높다고 주장하지만 이 언급은 학술적인 측면에서는 달리 고려해야만 한다. 물론 역사적 배경과 관련된 이 책의 많은 기술은 사료에 근거한 것으로 믿을 만하다. 그런데 문제는 설도의 개인사이다. 이 책에는 설도의 현존시를 적절히 인용하여 언제 어디에서 누구를 만나서 어떤 시를 주고받은 것으로 서술하고 있는데 이것은 상상에 의한 창작이며 설도의 구체적 생애와 창작 연대를 고증하는 자료로서는 부족하다.

24 이 밖에 1960년대 촉지방 학자 팽운생彭雲生의《설도시교정薛濤詩校正》(수고본手稿本으로 중국의 설도연구회薛濤硏究會에 보존)이 있는데, 팽운생의 견해는 앞의 장봉주, 진문화, 가라시마 다케시의 책과 함께 유천문의《설도시사가주평설薛濤詩四家注評說》에 모아져 있다.

저자는 이 책이 학술적 가치가 상당히 있다고 말하고 있지만 사료적 근거나 어떤 주석도 제시되어 있지 않다. 따라서 설도의 구체적 생애와 창작 연대에 대한 참고서로서는 무리가 있다고 판단되어 본서에서는 따르지 않았음을 밝혀둔다.

설도 연보*

770(대력大歷 5년, 1세): 출생

779(10세): 777~779 사이에 〈우물가 오동나무井梧吟〉 창작

785(정원貞元 1년, 16세): 위고韋皐가 6월에 검남서천절도사劍南西川節度使로 부임하였고 그에 의해 설도는 가기歌妓 인명부인 악적樂籍에 들어갔다.

789(정원 5년, 20세): 위고韋皐가 설도에게 벌을 내려 송주松州로 추방하였으나 곧 용서받고 풀려났다. 설도는 악적樂籍에서 탈퇴하고 완화계浣花溪로 물러나 은거하였다.

805(영정永貞 1년, 36세): 이해에 위고韋皐가 사망하였다. 위고韋皐에 이어 이해 10월에 원자袁滋가 검남서천절도사劍南西川節度使로 임명되었으나 부임하기 전에 폄적되었다. 같은 해 12월에 유벽劉闢이 검남서천절도사劍南西川節度使로 부임하여 곧 반란을 일으켰다.

806(원화元和 1년, 37세): 고숭문高崇文이 유벽劉碧의 난을 평정하고 이해 9월에 검남서천절도사劍南西川節度使로 부임하였다.

807(원화 2년, 38세): 10월에 무원형武元衡이 검남서천절도사劍南西川節度使로 부임하였다.

* 연보는 장봉주의 책을 참조하여 작성하였다. 장봉주, 앞의 책 pp. 84~88 참조.

808(원화 3년, 39세): 이해에 무원형武元衡이 조정에 설도를 교서랑校書郞에 임해 줄 것을 청한 것으로 추정되는데 이 일은 성사되지 않았다.

809(원화 4년, 40세): 3월에 원진元稹이 감찰어사로 동천東川에 왔다. 이때 엄수嚴綬의 주선으로 설도는 동천東川으로 가서 원진元稹을 만났다. 원진元稹은 7월에 낙양洛陽으로 옮겼다. 이해 고숭문高崇文이 사망하였다.

810(원화 5년, 41세): 설도가 진홍색의 작은 종이를 만든 것으로 추정된다. 원진元稹은 이해 2월에 강릉부사조참군江陵府士曹參軍으로 좌천되었다.

813(원화 8년, 44세): 정월에 이이간李夷簡이 검남서천절도사劍南西川節度使로 부임하였다.

815(원화 10년, 46세): 무원형武元衡이 사망하였다.

818(원화 13년, 50세): 정월에 왕파王播가 검남서천절도사劍南西川節度使로 부임하였다.

821(장경長慶 1년, 52세): 2월에 단문창段文昌이 검남서천절도사劍南西川節度使로 부임하였다. 이해 원진元稹은 한림翰林에 들어갔고 설도와 시를 주고받았다.

823(장경 3년, 54세): 10월에 두원영杜元穎이 검남서천절도사劍南西川節度使로 부임하였다.

824 (장경 4년, 55세): 백거이白居易가 설도에게 주는 시 〈설도에게與薛濤〉를 지었다.

829 (대화大和 3년, 60세): 검남동천절도사劍南東川節度使 곽검郭劍이 12월에 서천절도사西川節度使를 겸직하였다.

830(대화 4년, 61세): 10월에 이덕유李德裕가 검남서천절도사劍南西川節度使로 부임하였다. 이해에 왕파王播가 사망하였다.

831(대화 5년, 62세): 유우석劉禹錫이 소주자사蘇州刺史에 제수되었는데, 겨울에 낙양을 지나면서 보름 동안 머물렀고 백거이白居易와 화창하였다. 이해에 원진元稹이 사망하였다.

832(대화 6년, 63세): 여름에 설도가 사망하였다. 11월에 단문창段文昌이 검남서

천절도사劍南西川節度使로 부임하였다.

833(대화 7년): 단문창이 설도를 위해 묘지문을 썼다.

835(대화 9년): 단문창이 사망하였다.

설도 시 관련도서 목록

《薛濤詩》, 上海: 光華書局, 1931

《全唐詩》(卷803)《薛濤》, 北京: 中華書局, 1960

《薛濤李治詩集》, 臺北: 臺灣商務印書館, 1983

張篷舟,《薛濤詩箋》, 北京: 人民文學出版社, 1983

陳文華,《唐女詩人集三種》, 上海: 上海古籍出版社, 1984

陳文華,《夢爲胡蝶也尋花: 李冶, 薛濤, 魚玄機詩注評》, 上海: 上海古籍出版社, 2007

辛島驍,《魚玄機, 薛濤》(漢詩大系 第15卷), 東京: 集英社, 1964

彭雲生,《薛濤詩校正》(手稿本, 成都 薛濤研究會에 보존)

羊村,《女詩人薛濤》, 成都: 四川人民出版社, 1989

王丕震,《風塵才女薛濤》, 成都: 四川文藝出版社, 1991

張正則,《女詩人薛濤與望江樓公園》(中英文合編本), 成都: 四川人民出版社, 1995

劉恩義,《同心草: 薛濤傳奇》, 成都: 四川人民出版社, 1997

尹鐵錚,《管領春風女校書 薛濤全傳》, 長春: 長春出版社, 1999

薛濤研究會編,《薛濤研究論文集》, 成都: 四川人民出版社, 2000

劉天文,《薛濤詩四家注評說》, 四川: 巴蜀書社, 2004

張雲錦, 段吉泉,《一代女詩人薛濤》, 成都: 四川大學出版社, 2006

蘇珊玉,《薛濤及其詩研究》, 臺北: 花木蘭出版社, 2008

Larsen, Jeanne trans and introduce, *Brocade River Poems: Selected Works of the T'ang Dynasty Courtesan Xue Tao*, Princeton, NJ: Princeton University Press, 1987

Wimsatt, Geneview B., *A Well of Fragrant Waters: A Sketch of the life and writing of Hung Tu*, Boston: John W. Luce and Company, 1945

찾아보기

역해자 류창교

안동 하회에서 태어나 한국고등교육재단에서 한학연수 장학생으로 사서삼경을 수학하였다. 서울대학교에서 문학박사학위를 받고, 미국 위스콘신대학교(Madison) 동아시아어문과 특별연구원, 중국사회과학원 문학연구소 방문학자, 숙명여자대학교 인문학부 초빙교수를 역임하였다. 현재 서울대학교와 연세대학교에 출강하고 있다.

저서로는 《美國의 中國文學 硏究》(2003), 《세상의 노래비평, 人間詞話》(역주서, 2004), 《왕국유평전》(2005) 등이 있고, 중국여성문학과 관련한 다수의 논문이 있다.